JN011815

にぎやかな
ロシア語メモ

あるいは眠られぬ夜の
外国語のために

黒田龍之助 著

大修館書店

凡例

＊＊	最重要語	助	助詞
＊	重要語	間	間投詞
男	男性名詞	挿	挿入句
女	女性名詞	完	完了体動詞
中	中性名詞	不完	不完了体動詞
複	複数名詞	不完・完	両体動詞
代	代名詞	不規則	不規則動詞
形	形容詞	定	定動詞
短	形容詞単語尾形	不定	不定動詞
数	数詞	＋生	生格と結びつく
副	副詞	＋与	与格と結びつく
述	述語副詞	＋対	対格と結びつく
前	前置詞	＋造	造格と結びつく
接	接続詞	＋前置	前置格と結びつく

エッセイ集としてのまえがき

　本書はエッセイ集です。ところが試しに読んでみますと、エッセイにしては各篇が短すぎると感じられるかもしれません。何かの断片といいますか、アイディアを書き留めたメモにしか見えない。誠におっしゃる通りです。何を隠そう、そういう超ショートショートエッセイをまとめてみたかったのです。副題は「眠られぬ夜の外国語のために」としましたが、本書はヒルティよりも、寺田寅彦『柿の種』とか、大橋芳子編『エプロンメモ』などの影響を受けています。

　エッセイ集にもかかわらず、本書にはロシア単語が出てきます。それもそのはず、どのエッセイもロシア単語をキーワードに綴られているのです。

　教室でロシア語を教えるとき、わたしは新出単語１つ１つについて、何か話すように心がけています。そのほうが学習者の記憶に残ると信じているからです。自分が習った先生でも、ただ文法を説明するだけでなく、単語を丁寧に解説したり、そこから想起される個人的なエピソードを話したりする先生の授業のほうが、覚えられますし、何よりも楽しかった思い出があります。それを本の形で再現してみようというわけです。

　ただしエッセイの内容が、いつでもロシアと関係があるとは限りません。単なる日常の思いつきを綴ったものもあります。途中から奇妙なキャラクターも登場します。愚痴っぽくならないように気をつけたつもりですが、ひとりでブツブツいっているような話もけっこうあるんですね。つまらなかったら、適当に読み飛ばしてください。

　ところで読者の中には、ロシア語が分からない方もいらっしゃることでしょう。その点を考慮しまして、本書はロシア語の知識がなくても読めるようにしました。ロシア語が出てきたら、さらりと無視してください。ロシア語の発音は、[　]に入れてカタカナで表しました。

　本書はゆっくり読んでください。寝るまえに少しずつ読み進めるのが理想です。それが難しければ、せめてエッセイとエッセイの間で30秒、いや、10秒でいいですから顔を上げ、どこか遠くを眺めながら、あれこれ考えてほしいのです。

単語集としてのまえがき

　ロシア単語集として、本書は甚だ不親切にできています。

　試しに他の単語集を覗いてみるといいでしょう。実に親切です。例文を挙げ、類義語の説明をし、カラー印刷が当たり前。大変けっこうですが、それでスイスイと頭に入ってくるかといえば、どうもそうではないようで。

　本書は違います。例文は気まぐれで、類義語情報はなく、色はいっさい使っていません。これで勉強しようと思ったら、自分で手帳やカードを用意して、単語や例文を書き写し、必要に応じて他の参考書から得た情報を加えていくしかないわけです。とはいえ、外国語学習で単語を覚えるには、そのような行為が不可欠ではないでしょうか。それに自分用だったら並べ方も好きにしていいし、華やかにしたければ色を塗ってもいい。そのほうが楽しいでしょう。本書が提供するのはデータに過ぎません。

　それでも単語集の役割はきちんと果たしていると自負しています。単語は厳選し、ロシア語学習の初級段階で必要な単語はすべて網羅しました。各種頻度数辞典を参照しながら、これまでの経験も合わせて、初級段階で覚えるべき単語を選び、それを重要度に応じて、＊＊は最重要語（100語）、＊は重要語（200語）のように示してあります。収録語彙数は全部で1000語。英検4級程度ですが、これだけ覚えれば初級は終了が近いでしょう。

　ロシア語の見出しに英単語を添えてみましたが、これは参考程度です。本書をまとめながら、どの英単語を充てようか、実はかなり迷いました。でもその迷いも合わせて、英語との違いを指摘しておくのも悪くないはずです。一時は英語教師もやっていたので、その経験をここで活かそうと思ったのですが、果たしてどこまで成功したのやら。

　ロシア単語を覚えるのにエッセイは不要かもしれませんが、外国語を学ぶには心が折れないためのことばが必要です。単語集として読むときも、ゆっくり進めてほしいというのが、著者の願いです。

にぎやかなロシア語メモ

あるいは眠られぬ夜の外国語のために

本文コラム **目次**

単語コラム

言語学コラム

ロシア語深夜便

＊a ［ア］接 一方 *and, but*：英語もロシア語も最初の見出し語はaですが、英語は冠詞で、ロシア語は接続詞です。aは軽い対比を表し、Он врач, **а** я инжене́р.「彼は医者で、（一方）わたしは技師です」のように使います。どっちが偉いというわけではなく、単なる対比。人はそれぞれ、言語もそれぞれ。

а́вгуст ［アーヴグスト］男 8月 *August*：英語と違い、ロシア語では月の名称の最初を大文字にしません。В **а́вгусте** жа́рко.「8月は暑いです」のように、文中では小文字で書き始めます。ラテン暦から取り入れたものですが、昔のロシア語にはスラブ独自の月の名称がありました。ウクライナ語では今もсе́рпень［セールペニ］というスラブ系の名称を使います。日本語でも8月は葉月ともいいますし、趣があって捨てがたいものの、現代ロシア語のほうが覚えやすいことは間違いありません。

авто́бус ［アフトーブス］男 バス *bus*：ロシアではВ **авто́бусе** всегда́ мно́го наро́ду.「バスはいつも人でごった返しています」。真夏のモスクワに滞在中、サンダル履きのままバスで立っていたのですが、揺れた拍子にヒールのおばさんに思い切り踏まれたことがありました。「モスクワは涙を信じない」といいますが、このときばかりは涙が出ましたね。

а́втор ［アーフタル］男 著者 *author*：Кто **а́втор** э́того словаря́?「この辞書の著者は誰ですか」と尋ねるのはヘンでしょうか。辞書は著者ではなくて編者ということになっていますが、例文は自分で考えますから「著」の部分もある気がします。この単語集もいろいろな辞書の例文を参考にしていますが、エッセイはもちろんオリジナルです。

а́дрес ［アードリス］男 住所 *address*：Да́йте ваш **а́дрес**.「あなたの住所を教えてください」。ロシアでは国名、市名、通り名の順で表記します。日本と同じです。相手の氏名は与格にします。Ивано́вой А́нне Петро́вне「イワノワ・アンナ・ペトローブナ様」。これでアンナおばさんに手紙が届きます。

алфави́т ［アルファヴィート］圏 アルファベット *alphabet*：英語のalphabet という単語とру́сский **алфави́т**「ロシア語のアルファベット」を注意深く比べますと、bがв、つまり［ヴ］に対応していることに気づきます。他にもsymbolはси́мвол［シームヴァル］です。ちなみに言語学でアルファベットといえば音と文字が基本的に1対1対応する体系であり、文字の名称としてはABCがラテン文字またはローマ字で、АБВがキリル文字です。

англи́йский ［アングリーイスキイ］圏 イギリスの *English*：ふつうは **англи́йский** язы́к「英語」ですが、最近はこの形容詞のみで、つまり язы́к「言語」なしのангли́йскийだけで「英語」を意味するような使い方を見るようになりました。わたしはこれがどうにも受け入れられません。

апре́ль ［アプリェーリ］圏 4月 *April*：ロシアにもпе́рвое **апре́ля**「エープリルフール」があるそうで、「エープリルフールだよ、ヤーイ騙された！」はС пе́рвым **апре́ля**!［スペールヴィム・アプリェーリャ］というらしいですが、使ったことがありません。

а́рмия ［アールミヤ］囡 軍、陸軍 *army*：もしロシア人からВы служи́ли в **а́рмии**?「軍隊に勤務しましたか？」と尋ねられたら、兵役を済ませたかという意味です。わたしはもちろんありませんし、その度に日本事情を説明するのが大変でした。

аспиранту́ра ［アスピラントゥーラ］囡 大学院 *graduate school*：あるとき、Я хочу́ учи́ться в **аспиранту́ре**.「わたしは大学院で勉強したい」と相談されて驚きました。だって相手はまだ高校生なんですよ。ちょっと早過ぎませんか。大学院進学の前に、まず大学で何をしておいたらよいか。この先「未来の大学院生へ」としてときどきお話ししますので、参考にしてください。ただし、わたし自身は大学院で教えていません。

аэропо́рт ［アエラポールト］ 圏 空港 *airport*：ある冬のこと、モスクワのмеждунаро́дный **аэропо́рт**「国際空港」に到着したら、屋外の気温がマイナス12度と聞いて、なんだか嬉しくなってしまいました。寒いのが大好きだから、わたしはロシア語を勉強しているのかもしれません。

どちらさまでしょうか

本書を読んでいるうちに、ロシア語の文字が読みたくなった方のために、コラムを用意しました。寝るまえに少しずつ覚えてはいかがですか。

＊　　　＊　　　＊

Кто там?

いきなり文章です。最初のКтоは［クトー］、тамは［ターム］と読みます。どちらもれっきとしたロシア語の単語で、ローマ字に転写したのではありません。こう綴るのが正しい。ロシア語の文字には形も音もローマ字と一致するものがあります。

ктоが「誰」で、тамが「そこ」、ですからКто там? は「そこにいるのは誰ですか」となるわけです。英語と違ってbe動詞に相当するものがなく、ктоとтамを並べるだけでハイでき上がり。ただし文なので、はじめは大文字に。また疑問文ですから、最後には「?」。でもこんなのは、すでに英語でお馴染みですよね。

Кто там? は、たとえば玄関のブザーがなって「どちらさまですか?」と尋ねるときに使います。ソビエト時代の人気アニメ『サワークリーム村の3人組』*にもこのセリフが出てきます。Кто там? を覚えてしまった小鳥は、郵便屋さんがブザーを鳴らすたびにКто там? をくり返します。郵便屋さんがいくら名乗っても、相手は小鳥ですからドアが開けられない。郵便屋さんはついに怒り出してしまうのですが……。

ということで、Кто там? は小鳥だって覚えられる（らしい）。

『サワークリーム村の3人組』は、家出した男の子と犬と猫が、自分たちで独立して暮らし始める物語です。犬も猫もオスですが、オス猫はロシア語でこういいます。

кот オス猫

読み方は分かりますよね？　そう、［コート］です。最後にoはありませんので、はっきり［ト］と発音しないでください。

Там кот. そこにオス猫がいます。

はじめは大文字。平叙文なので最後に「.」をつけます。be動詞はやっぱりありません。実に簡単で、隅々まで完全に理解できました。ちっとも難しくない。今夜はぐっすり眠れそう。

ところが皆さんは、これじゃご不満なんですよね。ロシア語といえば、サカサマみたいな文字とか覚えたいのに、これじゃ英語と同じでつまらない。そんな声が聞こえてきます。おやおや、ワガママですねえ。

では続きは明晩ということにしましょう。今夜はおやすみなさい。

*Трое из Простоквашино.

5

ба́бушка ［バーブシカ］ 囡 おばあさん *grandmother, old woman*：今でもロシアでは**Ба́бушка** наде́ла плато́к на го́лову.「おばあさんは頭にスカーフを巻いていました」という光景が見られるかはともかく、女性が頭を覆うのに使うスカーフを日本語で「バブーシュカ」というのはこの単語から来ています。残念ながらアクセントの位置が間違っていますが。

бассе́йн ［バスィェーイン］ 男 プール *pool*：だいぶ以前のことですが、モスクワ郊外を歩いていたら、遠くに立派な寺院を見つけました。入口の係員に中を見学したいと申し出ますと、Там **бассе́йн**.「あそこはプールだよ」といいます。はて、何のことでしょう、プールという教会専門用語でもあるのでしょうかと、イマイチ理解できないまま入ってみますと、本当にスイミングプールだったのでビックリしました。宗教を否定した時代に、市民プールに作り替えたのでしょう。その後どうなったかは知りません。

бе́гать ［ビェーガチ］ 不完 不定 走り回る *run*：さる教育評論家が、子どもの成長に大切なのは「作文とかけっこ」だと話したそうです。確かに Де́ти **бе́гают** по́ дво́ру.「子どもたちが中庭を走り回る」ことは成長に欠かせない大切なことです。ただしわたしの場合は、作文はいいけれど、かけっこは苦手な子どもでした。とはいえ、その反対もいるでしょう。だから自分に合わせて「作文か、かけっこ」にしてはどうでしょうか。

беда́ ［ビダー］ 囡 災難 *trouble*：ネクラーソフ『ほらふき船長航海記』は、ソ連版ほら男爵の物語です。船長が自分の船に побе́да「勝利」と名づけますが、進水式のときにガタガタと揺れ、そのため船に飾った船名から по の2文字が取れて беда́「災難」となってしまいます。まさに Они́ попа́ли в беду́.「彼らは災難に陥った」わけですが、さて、この可笑しさを日本語で表すのは、どうにも難しいです。

бежа́ть ［ビジャーチ］ 不完 定 （一方向へ）走る *run*：幸せなときはВре́мя бежи́т бы́стро.「時がどんどん過ぎていきます」。マックハリー王国のミハイル王子は、毎日が幸せ過ぎて時の過ぎるのを忘れてしまい、おかげで遅刻ばかり。それでもどこか憎めません。この単語集では日々楽しく生きる現代の「幸福な王子」、ミハイルくんの日常をレポートしていきましょう。

⁑ **без** ［ビス］ 前 ＋生 〜なしで *without*：反対がc ＋造「いっしょに」で、英語のwithに相当します。イメージしやすいため、英語でもロシア語でもすぐ身につきますが、対応する日本語はさまざまです。たとえば、わたしはコーヒーにミルクは入れても砂糖は入れませんが、そんなときは**Без** cа́хара, пожа́луйста.「砂糖なしでお願いします」といいます。一方、外出すればЯ ходи́л **без** ша́пки.「わたしは帽子を被らずに歩いていた」ですし、家に帰ればКто́-нибудь звони́л **без** меня́?「だれかわたしの留守に電話してきましたか」と尋ねます。同じбезでもいろいろと訳し分ける必要がありますが、こんなことをあれこれ考えるのがわたしは好きです。

белору́сский ［ビラルースキイ］ 形 ベラルーシの *Belorussian*：大学院生のころにベラルーシ語を勉強したかったのですが、уче́бник **белору́сского** языка́「ベラルーシ語の教科書」が当時はありませんでした。辛うじて手に入ったのがロシア人向けの概説書で、文字と発音はそれで学びましたが、実際の音を聞いたのは首都ミンスクに着いてからです。

┌─ **ちょっとだけベラルーシ語講座** ─┐

ベラルーシ語の文字ўは、英語のwに相当する半母音［ウ］です。またoには常にアクセントがあります。例：aўтобус［アウトーブス］**バス**、доўга［ドーウハ］**長く、長い間**、слоўнік［スローウニク］**辞書**。

＊ **бе́лый** ［ビェールイ］ 形 白い *white*：ロシア文学は文庫本でも手軽に読めます。いちばん薄くて短い、つまりいちばん安いのは、おそらく某文庫に収録されているドストエフスキーの*Бе́лые но́чи*『白夜』でしょう。孤独で空想家の青年と少女の出会いを描いた初期の作品ですが、ルキノ・ヴィスコンティ監督により映画化されています。いきなり『カラマーゾフの兄弟』に挑まないで、こんな中編小説から入るのも悪くありませんよ。

бе́рег ［ビェーリク］⑨ 岸 *bank*：有名なロシア民謡「カチューシャ」の歌詞には、Выходи́ла на́ **бе́рег** Катю́ша, на высо́кий бе́рег, на круто́й.「カチューシャは岸辺に歩み出る、高く険しい岸辺に」というのがあります。ここのメロディーが、日本で広く知られているとのちょっとだけ違います。

бесе́да ［ビスィェーダ］⑨ 話し合い、会話 *talk, conversation*：通訳の仕事で、この後はофициа́льная **бесе́да**「公式な会談」じゃなくてプライベートだから、黒田さんも気を楽にしてアルコールをどうぞといわれても、決して飲みませんでした。そういうときこそ、重要な話になるのですから。

библиоте́ка ［ビブリアチェーカ］⑨ 図書館 *library*：未来の大学院生へ。図書館は必要な本を予約して受け取るだけの場所ではありません。ましてや無料の貸本屋ではないのです。まずは出かけてみてください。わたしが幼かったころは家から歩いて行ける範囲になかったので、バスに乗って出かけては、брать кни́ги в **библиоте́ке**「図書館で本を借りる」のが好きでした。書架の間を巡るのが楽しいし、新刊書店では見たことないような古めかしい本と出合えたことも嬉しかったです。これがуниверсите́тская **библиоте́ка**「大学図書館」ともなれば、さらに洋書との出合いが待っています。外国語の好きな人にとっては、まさに宝の山。本を読まない外国語は底が浅いのです。

благодари́ть ［ブラガダリーチ］不完，**поблагодари́ть** ［パブラガダリーチ］完 感謝する *thank*：「ありがとう」はСпаси́бо！［スパスィーバ］ですが、もうすこし丁寧な表現に**Благодарю́** вас！「感謝いたします」があります。同じ内容をいろいろ表現できれば、実力がついてきた証拠です。

бли́зкий ［ブリースキイ］形 近い *near*：**бли́зкий** друг「近しい友人」は、必ずしも年齢が近いわけではありません。わたしには、20歳ほど年下のドイツ語教師、30歳くらい年下のフランス語教師がとても近しかったりします。大切なのは**бли́зкие** взгля́ды「近い視点」ではないでしょうか。◆**бли́зко** ［ブリースカ］副／述 近く／近い *near*：教師にとって頭の痛いのが遅刻。Шко́ла **бли́зко** от до́ма.「学校は家から近い」人に限って遅刻が多かったりします。やはり適度な距離が必要なのです。だからオンラインなんてものは……。

* **бог** ［ボーフ］圏 神 *god*：大学の黒田ゼミではロシア語がほぼ必修で、ゼミ内の準共通語です。となれば、覚えた表現は使ってみたいもの。使用頻度ナンバーワンは**Бо́же мой!**「ああ、神様！」。бо́жеはбогの呼びかけの形。英語のOh my god!でおなじみなので、お互い分かりやすいのでしょう。

бога́тый ［バガートゥイ］圏 金持ちの *rich*：わたしの周囲には**Я хочу́ быть бога́тым**.「俺は金持ちになりたい」といった野心家はいなくて、むしろ楽をして稼ぎたいタイプが多かったです。中学生のとき、クラスメートが公務員になりたいといい出しました。だってさ、勤務中に将棋指しててもいいんだってよ。どこから聞きつけてきた情報かは知りませんが、わたしは心底驚いて、思わず聞き返しました。えっ、そんなに将棋が好きなの？

* **бо́лее** ［ボーリエ］圖 もっと *more*：大学で言語学を教えていますが、学期の途中で学生がごっそり欠席することがあります。他の教員が中間試験をするからです。一方、わたしはしません。つまり学生にとっては**Э́то бо́лее ва́жно**.「そちらがもっと大切」というわけです。成績に直結する試験は無視できません。仕方ないことですが、寂しく感じます。

боле́ть ［バリェーチ］圈完 痛い *hurt*：コンピュータに向かって原稿を長い時間書いていますと、だんだん**У меня́ боля́т пле́чи**.「わたしは肩が痛い」ことになってきます。カミさんも同じで、最近ではお互いに肩を揉んだりしており、すっかり年寄りです。

больни́ца ［バリニーツァ］囡 病院 *hospital*：産院で生まれたのち、50代も半ばを過ぎた現在に至るまで、**Я никогда́ не лежа́л в больни́цах**.「わたしは入院したことがありません」。秘訣は簡単なことですが、ここで教えるのはちょっともったいない。

больно́й ［バリノーイ］圈 病気の *sick, ill*：わたし自身は健康ですが、若い教え子の中には**Он бо́лен**.「彼は病気です」、**Она́ больна́**.「彼女は病気です」という者もいます。бо́ленやбольна́ は形容詞の短語尾形で、一時的な状態を示すときに使います。病気は一時的なものと信じたいです。

* **бо́льше** ［ボーリシェ］ ❶ 形 もっと *more*：アンナおばさんはЧем бо́льше, тем лу́чше.「多ければ多いほどよい」と信じています。タダならなんでも貰っておこうという精神で、スーパーマーケットでポリ袋をトイレットペーパーのように引き出し、自分のカバンに仕舞い込みます。❷ 副 これ以上 *more*：そういうのを目にすると思わず、Бо́льше так не де́лайте!「もうやめてください」といいたくなります。この先は、このちょっと困ったアンナおばさんにも注目していきましょう。

** **большо́й** ［バリショーイ］ 形 大きい *big, large*：北杜夫『楡家の人々』を読んでいると、больша́я семья́「大家族」って大変だなと感じます。わたしは子どものころが4人家族、今ではカミさんと2人暮しですから、家の中にたくさんの人が同居している状態が想像できません。ましてや使用人のいる生活なんて、考えただけでも気疲れします。

борьба́ ［バリバー］ 女 戦い *fight*：ロシア人にとって平和は勝ち取るものらしく、борьба́ за мир「平和のための戦い」のような表現をしばしば耳にします。日本の大学もなにかというと「戦略」ですし、外国語は「武器」になると表現されます。ディベートやプレゼンテーションでСтуде́нты веду́т борьбу́ за пе́рвое ме́сто.「学生たちは1位を目指して戦っている」ようですが、すぐに闘いたがる好戦的なことばは、相手の心に響きませんよ。

боя́ться ［バヤーッツァ］ 不完 恐れる *be afraid of*：水木しげる『ゲゲゲの鬼太郎』が大好きで、オバケに親しみながら成長しましたので、С де́тства я не боя́лся привиде́ний.「子どものころからオバケが怖くありませんでした」。いや、ホントは少し怖かったのですが、親しんでいたことは間違いありません。このオバケから民俗学やフォークロア、さらにはゴシック小説にまで興味が広がります。オバケはわたしの原点の1つです。

брат ［ブラート］ 男 兄・弟 *brother*：У меня́ нет бра́тьев.「わたしには男兄弟がいません」ので、その感覚が摑めません。では友だちの兄や弟が羨ましかったかといえば、そういうことはまったくないです。妹が1人いるだけで、充分に手を焼いていましたから。

брать［ブラーチ］不完, *взять［ヴズィャーチ］完 取る *take*：いずれだれ かが **брать** де́душку по́д руку「おじいさんの手を取る」ことになります。 手を取ってもらうおじいさんがわたしです。取るほうはやってきましたが、 逆は慣れていないので、練習しておいたほうがいいかもしれません。手始 めに酷く酔っ払って、若者に介抱させてみましょうか。

броса́ть［ブラサーチ］不完, **бро́сить**［ブローシチ］完 投げる、捨てる *throw*：断捨離はしません。Нельзя́ **броса́ть** свои́ ну́жные ве́щи.「必要 なものを捨ててはいけません」。なんでもかんでも捨ててしまえば、いず れ後悔するに決まっています。わたしのエッセイには、捨てずにおいたモ ノの話が多いです。モノが溜まるのは、生きてきた証です。

бу́дто［ブーッタ］接 まるで *as if*：Он расска́зывает, **бу́дто** сам ви́дел.「彼 は自分で見てきたかのように話す」ことが悪いとは限りません。表現力が 豊かだとそういうこともあります。むしろ朴訥と語るのを無邪気に信用す るほうが、問題ではないでしょうか。

бу́дущий［ブードゥシィイ］形 未来の *future*：将来、**бу́дущий** учёный「未 来の学者」や **бу́дущий** профе́ссор「未来の教授」を目指しているのでし たら、わたしに期待しても時間の無駄です。そういうことは、他の方にお 尋ねください。わたしが求めているのは外国語が大好きな大学生です。

бума́га［ブマーガ］女 紙 *paper*：ある女性が、わたしからロシア語をほん の少し学んだのちに現地に出かけました。20世紀末のことで、当時のロ シアのホテルはサービスが充実しておらず、気がつけばトイレに紙があり ません。廊下には掃除のおばさんがいましたが、生憎ロシア語しか分から ない。そのとき、わたしが教えた「紙」という単語が急に浮かんで、［ブ マーガ、ブマーガ］と騒いだら、トイレットペーパーがもらえたとのこと でした。黒田先生のおかげですと礼をおっしゃるのですが、わたしとしま してはДа́йте, пожа́луйста, **бума́гу**.「どうぞ紙をください」のように、 「紙」は目的語を示す対格に変えて、［ブマーグ］としてもらいたかったで す。

✳**бы** ［ブィ］助 ～ならば（対応する英語なし）：わたしにはХорошо́ бы́ло **бы**.「そうだったらよかったのに」といった後悔がありません。これまでの人生、たいした能力もないのにここまでやってこられただけで、上出来と考えることにしているからです。そうすれば気楽ですから。

быва́ть ［ブィヴァーチ］不完 よくある *happen*：映画は好きですが、Вы ча́сто **быва́ете** в кино́?「あなたはよく映画館に行きますか」と問われれば、実はほとんど行きません。映画館で上映されている新作映画に興味が持てないので、家で古いDVDを鑑賞しています。21世紀の作品が合わないのか、はたまた21世紀そのものが合わないのか。

бы́стро ［ブィーストラ］副 速く *quick*：フランス語でビストロは小さな料理店や居酒屋のことですが、その語源はこのロシア単語だそうです。1815年のワーテルローの闘いで、ロシア兵が早く料理を出せという意味で**Бы́стро!**「早く！」と使ったというのですが、ホントでしょうか。トルストイ『戦争と平和』には、ロシア兵がフランス語を使っている場面もあります。フランス語で「早く！」Vite!くらい、ロシア兵もいえたはず。

✳**быть** ［ブィーチ］不完 いる・ある *be*：ハムレットの有名なセリフTo be or not to be.「生きるべきか、死ぬべきか」はロシア語で**Быть** и́ли не **быть.**です。ロシア語の連辞は現在形ではふつう登場しませんから、「ああロミオ、どうしてあなたはロミオなの？」は Роме́о, о заче́м же ты Роме́о!となり、быть がありません。英語の初歩のようにI am, you are, he is......といった丸暗記の必要がないのです。でもこの単語集をここまで読んだあなたなら、だからといってロシア語がやさしいなどとは、決して考えないでしょう。

吾輩は猫である

みなさんが期待する、いかにもロシア語らしい文字を紹介しましょう。

*　　　*　　　*

Я И

ローマ字のRやNの裏返しみたいな文字です。サカサマじゃなくて裏返し。ロシア語の文字にはローマ字のサカサマなんてありません。Rのサカサマはяですし、NのサカサマはやっぱりNですよね。

яは［ヤ］、иは［イ］の音を示します。どちらの文字もそれだけで単語になります。яは「わたし」です。

Я кот. 吾輩は猫である。
（ヤー　コート）

夏目漱石の小説のタイトルを訳せば、こんな感じでしょうか。もっともкотにはオス猫のほかに売春婦の情夫、いわゆる「ヒモ」の意味がありますので、これでは「吾輩はヒモである」と誤解されそう。ロシア語版では「あなたの従順なる下僕の猫」と意訳されたことがありました。

一方иは「と」「そして」、つまり英語のandに当たります。

КОТ И Я 猫とわたし
（コート　イ　ヤー）

こんなタイトルの歌もあるようですし、猫好きの方ならブログのタイトルにも使えます。写真を添えれば、ヒモと間違われることもないから安心。

иとよく似た文字にйがあります。上に小さなuみたいなのが載っていて、こういうのがつくのはиだけ。иは英語のi、йはyの音を示します。

МОЙ КОТ わたしのオス猫
（モーイ　コート）

мойは「わたしの」という意味です。

*　　　*　　　*

つぎの文字も見たことがあるのでは？

Д

顔文字で使われるので、すっかり有名になりました。音は英語のDに当たります。

ДОМ 家
（ドーム）

東京ドームの「ドーム」ですね。東京ドームほど大きくなくても、一戸建てはみんなдом。「わたしの家」はмой домです。

Там мой дом.
（ターム　モーイ　ドーム）
そこにわたしの家があります。

遠くからも見える大きな一戸建てマイホームなんて、マンション暮らしのわたしには夢のまた夢。現実はкотの額ほどの狭さです。あ～あ。

今日はさっさと寝ることにします。

В

＊**в**［ヴ／フ］前 **❶** +前 ～で（場所を示す）*in*：こんなに短い前置詞ですが、侮ってはいけません。あとに続く単語によって発音が変わりますので、注意が必要です。**Я живу́ в Москве́.**「わたしはモスクワに住んでいます」というときは［ヴ］と発音しますが、**Я живу́ в Петербу́рге.**「わたしはペテルブルグに住んでいます」では［フ］です。無声子音の前では無声化する。それだけのことなのに、これが摑めないばかりに前置詞そのものが使いこなせない人さえいます。外国語というものは、発音に自信が持てないと覚えられないのではないでしょうか。**❷** +対 ～へ（行先を示す）*in*：同じ前置詞なのに、結びつく格によって意味が違うというのも、英語しか勉強したことのない方には恐怖のようです。**Я е́ду в Москву́.**「わたしはモスクワへ行きます」と**Я е́ду в Петербу́рг.**「わたしはペテルブルグへ行きます」を比べれば、対格は前置格と違って格語尾が違うことに気づきます。いろいろヤヤコシイですが、こればっかりはどうしようもありません。

ва́жный［ヴァージヌイ］形 大切な *important*：アンナおばさんに**Что для вас са́мое ва́жное в жи́зни?**「あなたは人生で何がもっとも大切ですか」と尋ねたら、返ってきた返事が「お金と健康」。なるほど、なんとも分かりやすい……。◆**ва́жно** 述 大切だ *important*：では、あなたはどうでしょうか。**Что вам ва́жно?**「あなたには何が大切ですか」。

＊**ваш**［ヴァーシ］代 あなた（たち）の *your*：所有代名詞の練習は、まるで所持品検査です。**Э́то ваш нож?**「これはあなたのナイフですか」、**Э́то ва́ше ору́жие?**「これはあなたの武器ですか」、**Э́то ва́ше лека́рство?**「これはあなたの薬ですか」……もうやめましょう。

＊**вдруг**［ヴドルーク］副 急に *suddenly*：カバンにはいつも傘が入っています。**Вдруг пошёл дождь.**「急に雨が降り出した」せいで困った経験があるからです。天気に文句はいえないので、備えるしかありません。一方、外国語に備えるのは、電子辞書をカバンに忍ばせるのが関の山でしょうか。

* **ведь** ［ヴィェーチ］接 だって *you see*：何度も Не забу́дьте принести́ кни́гу, **ведь** вы обеща́ли.「忘れずに本を持ってきてくださいね、だって約束したのですから」といっているのに、戻さない人がいます。でも大切な本は貸し出さないことにしていますから大丈夫。それより本をきちんと返すかどうかで、相手を試しているのですよ。ふふふ。

везти́ ［ヴィスチー］不完 定（乗り物で）運ぶ *carry*：旧ソ連で Грузови́к **везёт** молоко́ в го́род.「トラックがミルクを街へ運んでいる」のを見ました。ミキサー車みたいなドラムがついていて、そこに МОЛОКО「ミルク」って表記されていたので分かったのです。あんなふうに運んだら、攪拌されてミルクの質が変わってしまわないでしょうかね。

век ［ヴィェーク］男 世紀 *century*：なにせ двадца́тый **век**「20世紀」からロシア語をやっているものですから、два́дцать пе́рвый **век**「21世紀」という表現がどうも使いにくいです。年号にしても ты́сяча девятьсо́т...「19XX年」は自然に出てきますが、две ты́сячи...「20XX年」は苦手。つまり世の中から20年以上も遅れているわけです。でも考えてみれば、20世紀には大学院で сре́дние века́「中世」を勉強していましたから、遅れていたのはなにも今始まったことではなかったのです。

вели́кий ［ヴィリーキイ］形 偉大な *great*：未来の大学院生へ。外国語の勉強が進めば、いろいろな **вели́кий** учёный「偉大な学者」と、著作を通して出合うことになります。どんな学者がどんな本を書いたかという知識は、勉強を進めるうえで非常に大切です。ただし偉大な人が書いたというだけで、本の内容を信じてはいけません。

ве́рить ［ヴィェーリチ］不完，**пове́рить** ［パヴィェーリチ］完 信じる *believe*：実現を確信するという意味では対格を使って **Ве́рьте** в свою́ побе́ду!「自分の勝利を信じてください」ですが、信用という意味では与格を使い、Не **ве́рьте** слу́хам.「噂を信じちゃいけないよ♪」となります。怪しげな情報がどうにも止まらないで氾濫していますから、注意しましょう。

ве́рно［ヴィェールナ］述 そのとおり *right*：黒田さんって、もしかして趣味とかないんじゃないですか。ええ、Соверше́нно **ве́рно!**「まったくそのとおり！」ついでにいっておきますと、外国語は趣味じゃなくて仕事です。

верну́ть［ヴィルヌーチ］完 戻す *return*：マンション購入で資金を借りましたが、Мы сра́зу **верну́ли** долг.「わたしたちはすぐに負債を返しました」。借金は不安なのです。

верну́ться［ヴィルヌーッツァ］完 帰る、戻る *return*：11年間のフリーランス語学教師時代を経て、2018年から再び大学で研究室を持つことになりました。だからといって**Я верну́лся** к свое́й рабо́те.「わたしは仕事に復帰した」という感じとは違います。その間も非常勤講師として常に教えてきました。どんな職位でも学生にとっては同じ教師です。

весёлый［ヴィショールイ］形 陽気な *cheerful*：ミハイル王子は **весёлый** хара́ктер「明るい性格」なので、女の子からキツイことをいわれても、TOEFLのスコアが伸びなくても、いつでも楽しそうです。◆**ве́село**［ヴィェースィラ］副／述 陽気に／陽気だ *cheefully*：王子は生きるためのスキルや、就職に有利な資格には目もくれず、Он **ве́село** проводи́т вре́мя.「楽しく時間を過ごしています」。これほど陽気な人はいまどき珍しいです。

весна́［ヴィスナー］女 春 *spring*：教師とは毛布です。学生は先生のおかげで暖かいといってくれますが、それは本人が熱を発しているから。冷たいものをいくら毛布にくるんでも、暖かくはなりません。しかも毛布と同じく、教師はいずれ不要となります。За зимо́й сле́дует **весна́**.「冬の後は春になる」わけです。◆**весно́й**［ヴィスノーイ］副 春に *in spring*：待ち佗びた季節ですから、Хорошо́ **весно́й** в па́рке.「春に公園で過ごすのは楽しい」はずなのに、花粉症に苦しむ人が増えてしまいました。わたしは花粉症ではありませんが、細かいものが空中に舞っているのですから、やっぱり鼻がムズムズします。毛布にくるまっている冬のほうがマシです。

вести́ ［ヴィスチー］ 不完 定 連れて行く *lead*：アンナおばさんのところへお友だちが来ました。Мне ну́жно **вести́** вас в го́род.「わたしはあなたを町へ案内しなければなりません」と張り切るおばさんですが、実は Я не зна́ю, куда́ **ведёт** э́та доро́га.「この道がどこに続いているのかわからない」というほどの方向音痴。それじゃガイドは務まりません。

＊**весь** ［ヴィェースィ］ 代 すべての *all*：今日も **весь** день「一日中」原稿を書いていました。どんなに筆が進まなくても、差し当たりなにか書いてみることを心がけています。気に入らなければ、あとで書き直せばいいのです。自分の文章を直していく作業は嫌いではありません。映画監督がフィルムを編集するようなものなのでしょう。だんだんと整っていく過程は楽しいものです。そのために、ときには無理して書くのです。

ве́тер ［ヴィェーチル］ 男 風 *wind*：大都会のビルの谷間で暮らしているせいか、На у́лице си́льный **ве́тер**.「外は風が強い」ということが多いです。傘がまともにさせず、気をつけないと折れそうになります。そういうときは半分すぼめて、その中に頭を入れます。歌川広重の東海道五十三次の蒲原の図みたい。もっとも、広重の絵は雪の中ですけどね。

＊**ве́чер** ［ヴィェーチル］ 男 ❶ 晩 *evening*：大学生のころは По **вечера́м** я ходи́л в шко́лу иностра́нных языко́в.「晩には外国語学校に通っていました」。❷ パーティー *party*：だから Я ре́дко быва́л на **вечера́х**.「わたしはパーティーにはめったに参加しませんでした」。そのせいか、夜に出かける習慣がいまだになく、コンサートや観劇に行かずに家でDVDを観ています。◆**ве́чером** ［ヴィェーチラム］ 副 晩に *in the evening*：しかもDVDを観終わったら、Я ложу́сь спать ра́но **ве́чером**.「わたしは夜早く寝ます」。最近は年齢のせいか、すっかり早寝になりました。だからといって早起きはしませんから、要するにナマケモノなのです。

вещество́ ［ヴィシィストヴォー］ 中 物質 *substance*：歳を取ると人体のобме́н **веще́ств**「新陳代謝」が悪くなりますが、世の中は入れ替わればいいというものではありません。

B

17

вещь ［ヴィェーシィ］ 囡 もの *thing*：ミハイル王子は買い物が大好き。いろんなものを買ってしまうので、気がつけばВ ко́мнате мно́го веще́й.「部屋にはものがたくさんある」という状態です。それでもお客さんが来るとなったら張り切って、部屋の模様替えまでやっちゃう王子。そのためさらにいろんなものを買いますから、ものは増える一方です。

* **взгляд** ［ヴズグリャート］ 团 ❶見解 *opinion*：お酒を飲みながら楽しく語り合うことが大切。これがわたしの**взгляд** на жизнь「人生観」です。❷視線 *glance*：たったそれだけのことなのに、Почему́ вы смо́трите на меня́ таки́м стро́гим **взгля́дом**?「どうしてそんな厳しい視線でわたしを見るのですか」。

взро́слый ［ヴズロースルイ］ 团 大人 *adult*：美術館でбиле́т для **взро́слых**「大人用入場券」とбиле́т для дете́й「小人用入場券」では値段が違うのは分かります。でも外国人が割増料金というのは納得できません。だいたい、どうやって外国人だと判断するのでしょうか。試しに切符売り場で「大人一枚」とロシア語でいってみたら、現地人用の入場券が買えました。旧ソ連は多民族国家なので、つまり顔じゃないんです。

* **взять** ［ヴズィャーチ］ 完 → брать

* **вид** ［ヴィート］ 团 ❶様子 *look*：誰だってУ вас уста́лый **вид**.「お疲れですね」なんていわれたくないですよね。「太りましたね」とか「老けましたね」とかだってうれしくありません。だけど他人にはいいたくなる。そういう表現が多くて困ります。❷種類 *type*：ロシア語ではКаки́м **ви́дом** спо́рта вы занима́етесь?「どんな種類のスポーツをなさいますか」という質問に対して、チェスや将棋と答えることができます。ただそこまで広げても、わたしはスポーツと名のつくものはまったくやりません。❸体（たい）*aspect*：スポーツの代わりに取り組んでいるのが文法です。ただし万能ではありません。動詞のнесоверше́нный **вид**「不完了体」とсоверше́нный **вид**「完了体」の違いを教えてくださいといわれても、そんな簡単に説明できるものじゃないですし、使いこなすにはかなり時間がかかります。

* ви́деть［ヴィーヂチ］不完, ***уви́деть**［ウヴィーヂチ］完 会う、見える、分かる *see*：子どものころから目が悪くて、Я пло́хо **ви́жу**.「よく見えません」。遠視なので遠くはいいのですが、近くから急に人が現れてРад вас **ви́деть**.「お会いできてうれしいです」なんていわれ、戸惑うことがよくありました。最近は老眼まで加わって本当に厄介です。おや、共感しませんか。でもね、若い方だっていずれはВы **уви́дите**.「分かりますよ」。

ви́дно［ヴィードナ］述 見える *visible*：アンナおばさんは高いところが好き。今日も高層ビルの屋上に上がってОтсю́да хорошо́ **ви́дно** го́род.「ここからは街がよく見える」とご満悦。でも風が強いから注意してくださいね。

ви́лка［ヴィールカ］女 フォーク *fork*：ミハイル王子はОн ест ножо́м и **ви́лкой**.「ナイフとフォークを使って食べます」が、これは幼いころから躾けられたものです。育ちの良さが表れます。ただし支払いはしません。

вино́［ヴィノー］中 ワイン *wine*：ワインは日本でずいぶん普及しましたが、恐れている方も少なくありません。難しい規則があって、不適切な注文をするとバカにされるのではと怖がっているのでしょうか。でも自分が飲むのですから、好きなものにすればいいですし、そもそもお金を払っているのはこっちです。わたしはどんな料理でもЯ люблю́ бе́лое сухо́е **вино́**.「辛口の白ワインが好きです」。

висе́ть［ヴィスィェーチ］不完 かけてある *hang*：ホテルの部屋には、たいていНа стене́ **виси́т** карти́на.「壁には絵がかけてあります」。でもその絵が素晴らしいことはまずありません。どうしてでしょうか。

вку́сный［フクースヌイ］形 おいしい *tasty*：ときどきЭ́то са́мое **вку́сное** блю́до во всём ми́ре.「これは世界でいちばんおいしい料理だ」という方がいらっしゃいますが、味の好みは人によってさまざまですから、世界一どころか、町内一だって決められません。◆**вку́сно**［フクースナ］副／述 おいしく／おいしい *tasty*：食べ物なんて、自分で食べて気に入ったらО́чень **вку́сно**!「とってもおいしい！」といえば、それでいいのです。

19

* **власть**［ヴラースチ］囡 権力 *power*：若いミハイル王子はまだ大学生です から、Он не име́ет никако́й вла́сти над всем.「彼はあらゆることに対し て何の権限もありません」。それでも楽しそうなのが、王子のいいところ。

* **вме́сте**［ヴミェースチェ］副 いっしょに *together*：道の説明は難しいもので す。それが外国語となればなおさらです。そういうときはПойдёмте вме́сте.「いっしょに行きましょう」といって連れて行くほうが早いです。 案内しながら、迷惑にならない範囲で、外国語で話しかけましょう。

вме́сто［ヴミェースタ］前 +生 ～の代わりに *instead*：今ではвме́сто ру́сского языка́「ロシア語の代わりに」他のスラブ系言語から学習を始め ることも可能です。ただしスラブ諸語にたくさん触れたいのでしたら、ロ シア語からはじめることを強く推奨します。

внима́ние［ヴニマーニエ］中 注意 *attention*：「ご清聴ありがとうござい ました」はСпаси́бо за внима́ние.「ご注目ありがとうございました」です。 静かに無視されるより、ガヤガヤしても注目してもらうほうが嬉しいです。

* **вода́**［ヴァダー］囡 水 *water*：旧ソ連時代にはавтома́т для прода́жи воды́ 「水の自動販売機」がありました。備え付けのコップを注入口の下に置き、 お金を入れてボタンを押すと水が出てきます。もうすこしお金を出せば、 シロップという名の怪しい甘いものが飲めました。コップは使い回しで、 そばの洗浄機でコップを逆さに押し付けて洗います。神経質な人だったら 絶対に飲まないでしょう。とはいえ前に並んでいたお婆さんが、飲み終 わった後でハイと渡してくれたコップを、不潔だと退けるのは人間として どうでしょうか。わたしは飲みましたね。真夏の炎天下を歩いた後でこの シロップはなかなかおいしくて、そんなことはどうでもよかったのです。

води́ть［ヴァヂーチ］不完 不定 ❶案内する *conduct*：大学生のころ、ロシア 語観光通訳ガイドとしてЯ води́л иностра́нных тури́стов по То́кио.「外 国人観光客に東京を案内していました」が、当時はそれほど東京に詳しい わけではなく、仕事を通して学んだことのほうが多いくらいでした。

❷運転する *drive*：そもそも**Я** не уме́ю **води́ть** маши́ну.「わたしは車の運転ができません」。不便ではありませんかと尋ねられますが、東京では徒歩と公共交通機関で充分に移動できます。そうやって街を学んできました。

во́дка ［ヴォートカ］ 女 ウォッカ *vodka*：Я люблю́ **во́дку.**「わたしはウォッカが好きです」というのも、運転しない理由の1つですね。そのほうが世のため人のため自分のため。

вое́нный ［ヴァイェーンヌイ］ 形 戦争の、軍の *military*：人はひとたび心に**вое́нное** положе́ние「戦闘状態」を持つと、なかなか抜けられないのではないでしょうか。反戦を唱えるときも、戦闘的な人が多い気がします。

возвраща́ться ［ヴァズヴラシィャーッッァ］ 不完 ，**возврати́ться** ［ヴァズヴラチーッッァ］ 完 帰る *return*：遅い時間まで授業を担当していますので、**Я возвраща́юсь** домо́й по́здно.「わたしは帰宅が遅い」です。1日中しゃべり続けて、喉はカラカラ。そりゃ、帰る途中で少し潤したくなりますよね。

во́здух ［ヴォーズドゥフ］ 男 空気 *air*：В деревня́х **во́здух** чи́стый.「田舎は空気がきれいだ」といいますが、都会育ちのわたしは空気が汚くても首都に住み続けたいです。

вози́ть ［ヴァズィーチ］ 不完 不定 （乗り物で）運ぶ *carry*：ロシア語の観光通訳ガイドとして**Я вози́л** тури́стов по го́роду в авто́бусе.「観光客をバスで市内を案内した」経験は数えきれません。途中で降りることもありますが、炎天下だったりするとバスから出たくない人もいました。いちばん出たくなかったのが、ガイドのわたしでした。

* **возмо́жность** ［ヴァズモージナスチ］ 女 可能性 *possibility*：アンナおばさんはせっかちで、なんでも**Де́лайте** по **возмо́жности** бы́стро.「できるだけ速くやってください」といいますが、ものには限度があるんですよ。間に合わないものは間に合いません。

возмо́жный ［ヴァズモージヌイ］形 可能な *possible*：ミハイル王子は何事につけポジティブなので、Всё ка́жется **возмо́жным.**「すべて可能なような気がする」らしく、夢のような将来を語ります。でもそれって、全部うまくいったときの話ですよね。◆**возмо́жно** ［ヴァズモージナ］副／述 可能な／可能だ *possible*：一方わたしは疑い深いタチなので、Ра́зве э́то **возмо́жно?**「それって本当に可能なの？」と、逆に王子に尋ねてしまいます。

* **война́** ［ヴァイナー］女 戦争 *war*：学生時代に Я чита́л 《**Войну́** и мир》 Толсто́го.「わたしはトルストイ『戦争と平和』を読んだことがありました」が、戦争の部分は描写が難しく、平和な場面しか分かりませんでした。それはわたしが幸せな時代に生まれたからかもしれません。

войти́ ［ヴァイチー］完 → входи́ть

вокру́г ［ヴァクルーク］前 ＋生 〜のまわりに *around*：昔テレビのクイズ番組で、優勝者がпутеше́ствие **вокру́г** све́та「世界一周旅行」に行くのが羨ましくてたまりませんでした。今でも映画『八十日間世界一周』は好きですが、自分は世界中を回るのではなく、限られた地域をくり返し訪れるほうが性に合っていることに気づいたのは、大人になってからです。

волна́ ［ヴァルナー］女 波 *wave*：子どものころに海辺で遊んでいたら、На мо́ре бы́ли огро́мные **во́лны.**「海には大波が出ていた」ため、大きな波を被って溺れかけ、それ以来しばらく海に近づきませんでした。経験から学ぶ慎重な性格だと思うのですが、周囲からは臆病者といわれました。

во́лосы ［ヴォーラスィ］複 髪 *hair*：50代になってから、У меня́ седы́е **во́лосы.**「わたしはグレーの髪をしている」というほどでもありませんが、白髪が目立つようになりました。染めないんですかと尋ねる人がいますが、余計なお世話です。この歳になっても白くなる髪が存在するのですから、それだけでありがたいと考えなければいけません。

* **вообще́** ［ヴァアプシィェー］副 一般に *generally*：**Вообще́** я согла́сен.「だ
いたい賛成です」という方は、細かいところで文句が多いので困ります。
総論賛成、各論反対というやつです。まあ人にもよりますから、**вообще́**
говоря́「概していえば」なのですが。

* **вопро́с** ［ヴァプロース］男 質問 *question*：未来の大学院生へ。「つまらない
質問ですが」と前置きする方がいますが、外国語に関してはつまらない質
問というものがありません。Ка́ждый вопро́с **ва́жный**.「どの質問も大切
です」ので、安心して質問してください。

восемна́дцать ［ヴァスィムナーッツァチ］数 18 *eighteen* → оди́ннадцать

во́семь ［ヴォースィミ］数 8 *eight*：ミハイル王子は**встать в во́семь** часо́в
утра́「朝8時に起きる」のが習慣です。目が覚めれば、今日はなにをしよ
うかと毎日ワクワクしているのですから、まったくもって幸せです。でも
ね、今日は大学の授業がありますよ。

во́семьдесят ［ヴォースィミヂスィト］数 80 *eighty* → де́сять

восемьсо́т ［ヴァスィムソート］数 800 *eight hundred* → сто

воскресе́нье ［ヴァスクリスィェーニエ］中 日曜日 *Sunday*：В **воскресе́нье**
я на я́рмарку ходи́ла.「日曜日に市場へ出かけ」で始まる*Неде́лька*「1週
間」という歌は、実はロシア人の間であまり知られていないようです。

восто́к ［ヴァストーク］男 東 *east*：歌の話題が出たので、По́езд идёт на
восто́к.「列車は東へ向かう」って例文を考えたのですが、太田裕美「木
綿のハンカチーフ」みたいですね。あっ、ご存じない。失礼しました。

восьмо́й ［ヴァスィモーイ］数 8番目の *eighth*：ロシアなど旧社会主義圏で
は、**Восьмо́е** ма́рта — междунаро́дный же́нский день.「3月8日 は 国 際
女性デー」ということを知っていますと、一目置かれるかもしれません。

＊＊ **вот**［ヴォート］助 ほら *here is*：この単語は日本語訳が難しく、**Вот** ключ. を「ほら鍵ですよ」と訳すと、乱暴といいますか、なにか雑な感じになってしまいます。本当は「はい鍵です」としたいのですが、そうすると「はい」がYesの意味と勘違いされそうで、教えるときはいつも困ります。

впервы́е［フピルヴィーエ］副 はじめて *for the first time*：わたしも**впервы́е** в жи́зни「生まれてはじめて」外国語を話した瞬間がありました。そのときの感動を、いつまでも忘れないようにしたいものです。

вперёд［フピリョート］副 前へ *forward*：あるときロシア人の子どもたちとスケートリンクに行きました。わたしはスキーなら多少の心得があるですが、スケートはそのときが впервы́е в жи́зни「生まれてはじめて」（上で覚えた表現をもう一度）でした。重心のかけ方がスキーと違い、転びそうになるから足元ばかり見てしまい、子どもたちから Смотри́ **вперёд**!「前を見て！」と注意されました。あとで聞けば、子どもたちはスケート選手養成クラスに通っていたのだそうです。なんだ、プロの卵だったのか。

впечатле́ние［フピチトリェーニエ］中 印象、感銘 *impression*：ある人から Ва́ша кни́га произвела́ на меня́ большо́е **впечатле́ние**.「あなたの本はわたしに大いなる感銘を与えました」といわれて、ビックリしました。だって文法書なんですよ！

врач［ヴラーチ］男 医者 *doctor*：某半国営放送局でロシア語講座を担当したときのこと。Он **врач**.「彼は医者です」という例文を使おうとしたら、ダメ出しされました。問題は日本語で、「医者」じゃなくて「医師」でなければならない。そういう内部規定があるとのこと。他にも「ゴールデンウイーク」はダメで、「大型連休」が正しいそうです。

＊ **вре́мя**［ヴリェーミャ］中 時間 *time*：外国語を学ぶためには、時間を確保しなければなりません。У вас есть **вре́мя** для изуче́ния иностра́нных языко́в?「あなたには外国語を学習する時間がありますか」。難しければ、学習を始めるのはちょっと待ちましょう。

＊**все**［フスィェー］匮 みんな *all*：スポーツとかのスローガンにある**Все** за одного́, оди́н за **всех**.「みんなは1人のために、1人はみんなのために」って、なんだかすごいプレッシャーですよね。その点、外国語は個人プレーですから気が楽です。そもそも競うものではありませんし。

＊**всё**［フスョー］中 全部 *all*：授業中の**Всё** поня́тно?「全部わかりましたか」という質問には気をつけましょう。面倒だから適当に肯定すると、先生から細かい箇所を突っ込まれたりしますからね。性格悪いな。あれ、その先生ってわたしのこと?

＊**всегда́**［フスィグダー］副 いつも *always*：現代人は何かに「はまり」やすいようです。Он **всегда́** игра́ет на компью́тере.「彼はいつもコンピュータでゲームをしている」というのは珍しくありませんし、SNSや動画ばかり観ている人もいます。一種の中毒で、やめられないのでしょう。中毒にもいろいろあって、たとえば年間に何本も論文を発表している人なんて、いってみれば勉強中毒なんでしょうかね。そんなことを考えていたら、某大学の大学院に進学した教え子が、「世の中には勉強がやめられない人がいるのです」と話していました。正に的を射た表現です。恐ろしい。ところが数年後、その教え子自身が勉強中毒になってしまいました……。

всё-таки［フスョータキ］接 それでもやはり *for all that*：別に**Всё-таки** мне нра́вится Росси́я.「なんだかんだいって、ロシアが好きなのです」が悪いことではありませんよね。いつも愛されている国の専門家は、ちょっとでも欠点を指摘されると嘆かれますが、こちらはいつも批判されているので、かなり図太いです。ええ、いろいろありますが、ロシアが大好きです。でも、ロシア以外にも好きな国がたくさんあります。

вспомина́ть［フスパミナーチ］不完, **вспо́мнить**［フスポームニチ］完 思い出す *remember*：最近ではЯ ча́сто **вспомина́ю** про́шлое.「わたしはよく過去を思い出します」というのが、なんだか悪いことのように捉えられます。でも未来ばかり見て、過去をまったく思い出さないのは、寂しくありませんか。わたしは過去を大切にしています。

встава́ть ［フスタヴァーチ］不完，**встать** ［フスターチ］完 ❶立ち上がる
stand up：いつの日か、**встава́ть** с ме́ста「席から立ち上がる」ときに
ドッコイショなんていう日が、自分にも果たしてくるのでしょうか。イヤ
だな。❷起きる *get up*：その一方で、**Встава́й**! Уже́ пора́!「起きなさい。
もう時間ですよ」とはいわれなくなりました。自分で起きるのが気持ちい
いです。あれ、目が早く覚めるのも歳のせい？

встре́ча ［フストリェーチャ］女 出会い *meeting*：思いがけない人に会った
とき、「うわー、どうしたの？」とか「珍しいね」などといいます。「奇遇
ですなあ」というのもあります。ロシア語ではКака́я прия́тная **встре́ча**!
「なんて嬉しい出会いでしょう！」で、わたしはこれが気に入っています。

встреча́ть ［フストリチャーチ］不完，**встре́тить** ［フストリェーチチ］完
出迎える *meet*：長年の習慣で、Мы всегда́ **встреча́ем** Но́вый год ти́хо
и споко́йно.「新年はいつも静かで穏やかに迎えます」が、その昔ペテル
ブルクで夜中まで賑やかに過ごしたことがあります。（→год）

встреча́ться ［フストリチャーッツァ］不完，**встре́титься** ［フストリェー
チッツァ］完 会う *meet*：携帯電話を持っていないので、人と会うときに
はДава́йте **встре́тимся** в пять часо́в на вокза́ле.「5時に駅で待ち合わせ
ましょう」などと事前に決めておきます。ところが若い人は、万が一わた
しと会えなかったらどうしようと、不安になるらしいです。この不便さの
ことを「昭和のデート」と呼んだ教え子がおりました。

* **вся́кий** ［フスィャーキイ］代 あらゆる *any*：**Вся́кому** де́лу своё вре́мя.
「あらゆる物事にはタイミングというものがある」といいますが、これは
外国語学習にも当てはまります。タイミングを外すとうまく行きません。
これについてはбез **вся́кого** сомне́ния「疑う余地がありません」。

вто́рник ［フトールニク］男 火曜日 *Tuesday*：У нас есть уро́к ру́сского
языка́ во **вто́рник**.「ロシア語の授業は火曜日にあります」が、学生の間
では火曜日を「太る肉」と覚えるのが定着してしまいました。恥ずかしい。

* **второ́й**［フタローイ］数 2番目の *second*：21世紀になってからЯ изуча́л ру́сский язы́к как **второ́й** иностра́нный.「わたしは第2外国語としてロシア語を学びました」という方が減ったようですが、これは選択肢が増えたためですから、むしろ喜ばしいことです。ロシア語教師としましては、第3外国語や第4外国語としてのロシア語選択も歓迎します。

входи́ть［フハヂーチ］不完，**войти́**［ヴァイチー］完 入る *enter*：誰かの部屋に入るときはノックして、Мо́жно **войти́**?「入ってもよろしいでしょうか」と聞くのがふつうですよね。そして相手が**Входи́те**, пожа́луйста.「お入りください」というまで待つ。それなのに最近では面接試験でさえ、これが守れない人が増えているそうです。不思議です。

вчера́［フチラー］副 昨日 *yesterday*：旧ソ連時代にロシア人のグループがビートルズをロシア語でコピーしました。イエスタデイはもちろん［フチラー］なのですが、それだと歌い出しの音符と合わないんですね。だからЛишь **вчера́**......［リシュ・フチラー......］つまり「ほんの昨日」としました。歌詞を訳すときはこういう工夫が必要です。

** **вы**［ヴィ］代 あなた（たち）*you*：初対面の方からМы мно́го слы́шали о **вас**.「お話はかねがね伺っております」と話しかけられることが増えました。えっ、何を聞いたのですか。そんなこといわれたら、落ち着きません。

выбира́ть［ヴィビラーチ］不完，**вы́брать**［ヴィーブラチ］完 選ぶ *choose*：未来の大学院生へ。大学でКак **вы́брать** второ́й иностра́нный язы́к?「どのようにして第2外国語を選ぶか」は重要です。ところが多くの先生は、自分の興味があるものを選びましょうなど、明言を避けています。わたしも普段はそうですが、今回ははっきり申し上げておきます。難しそうな言語を選んでください。ひとりで歯が立ちそうにない外国語は、まずは先生のもとで習うのがいちばんです。

* **вы́йти**［ヴィーイチィ］完 → выходи́ть

вы́пить ［ヴィーピチ］囹 → пить

выполня́ть ［ヴィパルニャーチ］丕完，**вы́полнить** ［ヴィーパルニチ］囹
実行する *carry out*：Ну́жно **вы́полнить** план в срок.「計画を期限まで
に達成しなければならない」なんて、社会主義時代の不自由な働き方みた
いですが、日本も先々まで予定が決まっている社会ではないでしょうか。
そういう社会は順調に進めばいいですが、突発的なことが起こると弱いで
す。外国語学習も同じで、壮大な計画を立てる人ほど挫折してしまいます。

вы́расти ［ヴィーラスチィ］囹 → расти́

* **высо́кий** ［ヴィソーキイ］　　形 高い *high, tall*：В университе́те стоя́т
высо́кие зда́ния.「大学内に高層ビルが建っている」ことが当たり前にな
りました。ところがわたしの勤めている大学は埋め立て地なので高い建物
が造れないらしく、3 階建ての校舎が広く伸びています。おかげで長い廊
下を歩いていれば、学生が声を掛けてくれます。◆**высоко́** ［ヴィサコー］
副／述 高く／高い *highly*：さらにキャンパスは空港が近いため、**Высоко́**
в не́бе лети́т самолёт.「空高く飛行機が飛んで」いて、これも気に入っ
ています。

вы́ставка ［ヴィースタフカ］囡 展示会 *exhibition*：以前、チェコ人の画家
によるスラブをテーマとした絵画が日本で公開されたので、Мы посети́ли
вы́ставку.「わたしたちは展覧会を訪れました」。平日に出かけたのです
が、入口には長い行列ができていたので、見学は諦め、前売りチケットは
無駄になりました。わたしとカミさんはチェコを訪れたときに見ればいい
ので、そうでない方にお譲りしたつもりです。その展覧会を訪れた方々が、
今もスラブのことを覚えていらっしゃるといいのですが。

выступа́ть ［ヴィストゥパーチ］丕完，**вы́ступить** ［ヴィーストゥピチ］
囹 出演する、報告する *perform*：Учёные **выступа́ют** с докла́дом на
собра́нии.「学者たちが会議で報告をしています」というような場は研究
者にとって大切なのですが、あの雰囲気が苦手で、もう長いこと出席して
いません。どうも研究者には向いていないようです。

вы́учить［ヴィーウチチ］完 →учи́ть

выходи́ть［ヴィハヂーチ］不完, ***вы́йти**［ヴィーイチィ］完 出る *go out*：ロシアでは混雑しているバスや電車から降りるとき、行く手を遮る人にВы **выхо́дите?**「つぎ降りますか」と聞くのがエチケットです。降りるのならДа.「はい」と答え、そうでなければ黙って道を譲ります。「降りま〜す！ 降ろしてくださ〜い！」と叫ぶより、はるかにエレガントではないでしょうか。

言語学コラム　ロシア語と英語

　ロシア語は言語の系統としてインド・ヨーロッパ語族に属します。英語とは親戚関係です。ただしそれほど近い親戚とはいえません。英語の知識だけでロシア語の意味を類推することは難しいです。

　しかしときどき似ている単語があります。дом「家」は英語のdomeと同様にラテン語のdomusが起源です。ラテン語に限らず、ロシア語が英語から受け入れた単語なら、そりゃ似るわけですよね。ではкот「オス猫」とcatはどうか。нос「鼻」とnoseは？　мой「わたしの」とmyは関係があるのでしょうか（「ロシア語深夜便第3夜」参照）。

　こういうものを学問的に証明するのは、実はかなり難しいのです。それでも単語を覚えるときには類推が大切ですから、英語と似ているなあと考えてもいいのではないでしょうか。

　英語と関連づけて覚えられそうな単語を探してみました。

　спорт［スポールト］**スポーツ**。もちろんsportです。ロシア語はpが巻舌ですから、そこは気をつけて。

　маши́на［マシーナ］**車**。これは英語のmachineと関係がありますが、機械の中でも車に限定されて使われるのが一般的です。同じmachineでも日本語に入ったらミシンになりました。

　исто́рия［イストーリャ］**歴史**。英語ならhistoryですが、hが消えています。これはフランス語から入ったため。せっかくですから、関連づけて覚えたいところですね。

ゴーゴリの「鼻」

дを使った顔文字、わたしはдの部分が鼻だとばかり思い込んでいたのですが、あれは口なんですってね。

<ruby>рот<rt>ロート</rt></ruby> 口

рは巻舌です。巻舌が苦手という方、騙されたと思って勢いよく「サッポロラーメン」といってみましょう。きっと巻いています。巻かないほうが難しいくらい。それとも、騙されたとお怒りでしょうか。まあもっとも、巻かなくてもさほど気にすることはないのですが……。とにかく［プ］といってはダメ。

日本語のラ行音をロシア語で表記するときはрを使います。わたしの名前「龍之助」のイニシャルはрです。サインはロシア語で書くのですが、知らない人は怪訝そうな顔をします。でも「ぴゅーのすけ」じゃありませんからね。

ロシア語の文字には英語と形がそっくりなのに、まったく違う音を表わすものがあって、これが厄介なんです。

<ruby>он<rt>オーン</rt></ruby> 彼

英語から考えるとOh! みたいですが、ロシア語のнは英語のn。ビックリしてないし、昭和の野球選手でもありません。

<ruby>нос<rt>ノース</rt></ruby> 鼻

сは英語のsの音を表わします。英語のсもcityではsの音ですが、語末にあるとクと読みたくなりますので注意。

『鼻』というタイトルの小説をご存知でしょうか。芥川龍之介？ 彼も確かに書いていますが、ロシアではニコライ・ゴーゴリの作品に*Hoc*つまり『鼻』という中篇があります。ある朝、小役人が目を覚ますと自分の顔から鼻がなくなっている。マスクをして鼻を探しに街へ出てみれば、なんと自分より身分の高い役人となって歩いているという、なんとも奇妙な話です。

<ruby>Он мой нос.<rt>オーン　モーイ　ノース</rt></ruby>
彼はわたしの鼻です。

こういうシュールな発想についていけない方には、次の文をどうぞ。

<ruby>Он мой брат.<rt>オーン　モーイ　ブラート</rt></ruby>
彼はわたしの兄（弟）です。

братは英語のbrotherで、兄でも弟でも可。бはbにちょっと似ています。рはもちろん巻舌です。

今夜は夢の中でも舌を巻く練習をしましょうか。るるるるる〜。

газе́та［ガズィェータ］囡 新聞 *newspaper*：毎朝、Я чита́ю газе́ту.「わた
しは新聞を読む」のが習慣になっています。海外滞在中は売店で現地の新
聞を買い、喫茶店で読みます。朝の新聞は、頭の言語モードを切り替える
のに最適です。だからこそご注意を。かつて日本で英字新聞を読んでいた
のですが、そうすると頭の中が英語モードになってしまいます。日本にい
るときは、頭を日本語モードにしておかなければ。

＊＊**где**［グヂェー］副 どこ *where*：多くのロシア人が Где вы учи́лись?「どこ
で勉強したのですか」と質問します。つまりロシア語を勉強するために留
学はしたか、だとしたらそれはモスクワか、サンクトペテルブルクか、は
たまた他の都市か、というわけです。わたしはすまして答えます。В
То́кио.「東京で」。留学なんかしなくたって、ロシア語は学べます。

где́-то［グヂェータ］副 どこかで *somewhere*：Где́-то я вас ви́дел.「どこか
でお目にかかりましたよね」とよくいわれました。わたしの偽物が出没す
るのかと、疑りたくなるほどです。そんなによくある顔ですかね。

＊**гла́вный**［グラーヴヌイ］形 主な *main*：多くの人が гла́вный врач「医長」
とか гла́вный инжене́р「技師長」とか、「長」がつく役職に就きたいよう
です。ところがわたしの友人は гла́вное направле́ние「主流」から外れた
人ばかりなのか、偉い人がいません。

＊**глаз**［グラース］男 目 *eye*：海外事情について、Я ви́дел свои́ми глаза́ми.
「わたしは自分の目で見たのです」と強く主張する方がいます。留学や仕
事で現地の滞在が長かったので、自信がおありのようです。とはいえ、自
分の目で見た世界には限界があります。日本に暮らしているだけで、日本
のすべてが分かるわけではありませんよね。

глубо́кий ［グルボーキイ］形 深い *deep*：О́зеро Байка́л — са́мое **глубо́кое** в ми́ре.「バイカル湖は世界でいちばん深い」ことで有名です。かつて訪れたとき、深さは分かりませんでしたが、8月なのに寒くて、水が冷たかったです。バイカル湖の名物料理といえばо́муль［オームリ］という白身魚のグリル。とてもおいしいですが、最近は自然保護のため漁獲が制限されているそうで、残念です。◆**глубоко́** ［グルバコー］副／述 深く／深い *deeply*：バイカル湖は固有種が豊富なことでも有名です。Каки́е ры́бы живу́т **глубоко́** в о́зере?「どんな魚が湖の奥深くに住んでいるのですか」。

гляде́ть ［グリヂェーチ］不完, **погляде́ть** ［パグリヂェーチ］完 見る *look*：星新一のショートショートを通して、真鍋博のイラストが好きになりました。岩田一男『英絵辞典』という英語学習本は彼との共著ですが、**гляде́ть** на карти́ны「絵を眺める」のを楽しんでいるうちに語彙が増え、さらには他の外国語にまで応用したくなります。

＊**говори́ть** ［ガヴァリーチ］不完 話す *speak*：よくВы **говори́те** по-ру́сски о́чень хорошо́.「ロシア語を話すのがとても上手ですね」といわれます。うれしいのですが、そういう人に限ってロシア語どころか外国語はまったく知らなかったりするのです。どうやって上手だと判断するのでしょうね。

＊**год** ［ゴート］男 年 *year*：一度だけ、ロシアで新年を迎えたことがあります。サンクトペテルブルクの知人の家だったのですが、時報が鳴って年が明けると、一斉にС Но́вым **го́дом**!「あけましておめでとう!」といいながらшампа́нское ［シャムパーンスカエ］というソビエト製スパークリングワインで乾杯しました。そこまでは映画などから知っていましたが、そのあとに知り合いと電話をかけあう習慣は知りませんでした。さらには近所の人が続々と訪ねてきます。もちろん深夜です。やはり特別な日なんですね。

＊**голова́** ［ガラヴァー］女 頭 *head*：子どものころはУ меня́ **боли́т** голова́.「わたしは頭が痛い」ということがなかった気がします。はじめて経験したのは、大人になって二日酔いのせいだったはずですが、よく覚えていません。思い出したくもない。

* **го́лос** ［ゴーラス］ 男 声 *voice*：容姿を褒められるよりも、У вас хоро́ший го́лос.「声がいいですね」といわれるほうがよっぽどうれしいです。「ラジオ講座の声に癒されました」といわれたときには、感激しました。声にはふだんから気を遣っているので、それが伝わったことが満足なのです。

гора́ ［ガラー］ 女 山 *mountain*：высо́кая гора́「高い山」とか крута́я гора́「険しい山」に登って、「ヤッホー」なんていいません。だって、のどに悪そうじゃないですか。

го́рло ［ゴールラ］ 中 のど *throat*：のどにはいつも気を遣っています。У меня́ боли́т го́рло.「のどが痛い」なんてことがないように、授業中は水筒を持ち込んで、ときどき潤しています。学生たちはいったい何を飲んでいるのかと興味津々ですが、ただの水です。潤せればいいんですから。それなのに免疫を高める特別な飲料水とか、のどによいハーブティーとか、いろんな噂が飛び交っています。人は言外の意味を探ろうとするようです。

* **го́род** ［ゴーラト］ 男 町 *city*：Каки́е города́ вы лю́бите?「どんな町が好きですか」と尋ねられれば、答えはたいてい「首都」です。外国ならモスクワ、プラハ、ロンドン、パリなんか気に入っています。ただしわたしは東京が大好きなので、海外に移住するつもりはありません。

горя́чий ［ガリャーチイ］ 形 熱い *hot*：暑いのは弱いですが、熱いのもダメです。горя́чий суп「熱いスープ」も苦手です。いわゆる猫舌というやつですね。◆**горячо́** ［ガリチョー］ 副／述 熱く／熱い *hot*：熱く語るのも苦手です。горячо́ спо́рить「激論を交わす」なんてやめてほしいです。人間、冷静が肝心。クールにいきましょう。

господи́н ［ガスパヂーン］ 男 氏 *Mr.*：Да́мы и господа́!「紳士淑女の皆さん」は、英語のLadies and gentlemenで、語順はどちらも女性が先。ちなみにレディーファーストはда́мы вперёд「女性が前へ」やснача́ла да́мам「最初は女性に」などと表現するようです。

гости́ница ［ガスチーニツァ］囡 ホテル *hotel*：旧ソ連時代に、В Москве́ я
останови́лся в гости́нице.「モスクワでホテルに滞在していた」ときの
話です。身に覚えのない電話代を請求され、文句をいいに担当部署まで行
くことにしたのですが、モスクワ・オリンピックのときに建設された大型
ホテルだったので、到達するまでずいぶん時間がかかりました。やっとた
どり着き、その時間はホテル内のレストランで夕食をとっていたのだから
電話はありえないと抗議したのですが、先方は頑として受け付けません。
悔しいので、このことは帰国後に報告させてもらう、わたしは国立大学の
教員（当時）だから、日本の文部科学省に報告する義務があるのだと捨て
台詞をいって、また長い時間をかけて戻りますと、部屋の電話が鳴りまし
た。先方曰く、「問題はすべて解決しました」。キツネにつままれたような
話ですが、とにかく1コペイカも払わずに済みました。実話です。

гость ［ゴースチ］男 客 *guest*：これまで訪れた海外の都市で、もっとも滞
在期間が長いのはチェコの首都プラハです。1、2年に1度は訪れて30年、
馴染みの店もたくさんあります。ただし住んだことはありませんから、い
つもбыть в гостя́х「お客に行っている」に過ぎません。でも住み慣れた
東京だって、どこかお客なのかもしれません。

* **госуда́рство** ［ガスダールストヴァ］中 国家 *state*：ルイ14世がいったとさ
れる L'État, c'est moi.は「朕は国家なり」、ロシア語ではГосуда́рство —
э́то я. と訳されます。日本語は「朕」が先ですが、フランス語とロシア語
は「国家」が先。確かに「国家、それはわたしである」では、日本語とし
て締まりません。◆ * **госуда́рственный** ［ガスダールストヴィンヌイ］
形 国家の *state*：高校生は学費の安い、госуда́рственный университе́т
「国立大学」に入るのが親孝行と考えます。その範囲内で専攻を選ぶので
しょうか。一方で皇室の多くが「朕は私学なり」です。

гото́вить ［ガトーヴィチ］不完, **пригото́вить** ［プリガトーヴィチ］完
❶料理する *cook*：男性でЯ хорошо́ гото́влю.「わたしは料理がうまい」っ
て自慢する人がイヤです。料理は日常の一部で、当たり前のこと。顔を洗
うのがうまいとか、歯を磨くのが上手だとかで、自慢しないのと同じです。

❷用意する *prepare*：当たり前といえば、学生が勉強するのも当たり前ですが、Вы **пригото́вили** уро́к?「授業の準備をしてきましたか」と尋ねても、やってくる学生は限られています。だから期待しません。その代わり授業中に忙しく頑張ってもらいます。

гото́виться［ガトーヴィッツァ］不完，**пригото́виться**［プリガトーヴィッツァ］完 用意する *prepare*：さらにВы **гото́витесь** к экза́мену?「試験の準備をしていますか」とは絶対に聞きません。それは自分でやること。もちろん教師としては、試験を頑張ってほしいですよ。でも試験にばかり拘る学生は、何かを見失っていることが多く、しかも試験が終われば勉強を続けないのです。そんな人を育てたいわけではありませんから。

гото́вый［ガトーヴイ］形 用意できた *ready*：旧ソ連のピオニールキャンプで、Бу́дьте **гото́вы**!「準備せよ!」に対してВсегда́ **гото́в** /**гото́ва**.「準備万端!」と答えることを覚えました。当時は社会主義事業に対する用意を問うバリバリのイデオロギー表現でしたが、「準備はいつでもできています」なら今でも使えるはず。できていればの話ですが。

грани́ца［グラニーツァ］女 国境 *border*：わたし はучи́ться за **грани́цей**「国境の向こうで学ぶ＝留学する」ことがありませんでした。これはむしろよかったです。わたしの性格からすれば、たとえばモスクワにいるとチェコ語が勉強したくなって、プラハにいるとロシア語が勉強したくなるに決まっています。多外国語は日本でこそ実現できるのです。

гро́мко［グロームカ］副 大声で *loudly*：授業中のミハイル王子は、Он всегда́ чита́ет **гро́мко**.「いつも大きな声で朗読します」。おかげで間違いもはっきり分かってしまうのですが、これはとてもいいことです。ふつうは教師がГовори́те ещё **гро́мче**!「もっと大きな声でいってください」と何度もくり返さなければならないほど、みんな声が小さいですから。

* **гру́ппа**［グルーパ］囡 グループ、型 *group*：たとえロシア人にКака́я у вас гру́ппа кро́ви?「血液型は何型ですか」という質問をしたところで、そういう占いがないのでまず通じません。わたしも興味がないのですが、日本人はこれが大好きで、聞かれるたびに憂鬱になります。

гуля́ть［グリャーチ］不完 散歩する *go for a walk*：首都が好きなくらいですから、自然の中より**гуля́ть** по го́роду「町を散歩する」のが好きです。大都会モスクワを裏通りまで散歩すれば、いろんな発見があります。とはいえわたしはこの20年くらい、モスクワはもちろんロシアには行っていません。頭に浮かぶロシアは、20世紀の風景です。

* **да**［ダー］助 はい *yes*：これまでの人生で、究極の選択 Да и́ли нет?「イエスかノーか」を迫られたことがありますか。保留は許されず、下手に答えようものなら仕事や市民権を失ったり、牢獄に繋がれたり、さらには命を奪われる危険性さえある。歴史を振り返れば、そういう時代や社会もありました。そんな経験がないだけでも、幸せな人生です。

* **дава́ть**［ダヴァーチ］不完,* **дать**［ダーチ］完 与える *give*：品物が近くにあれば、**Да́йте** мне э́то.「わたしにこれをください」は便利です。ところが旧ソ連では商品がカウンターの向こうにあって、自分では取れません。上から2番目のを取ってくださいとか、左から4番目の赤いのですとか、もっと面倒な表現が必要でした。

давно́［ダヴノー］副 長い間 *long*：かつては東京郊外の一軒家で暮らしていましたが、今ではЯ живу́ в це́нтре го́рода уже́ **давно́**.「都心に住んで長くなります」。ビルの谷間のマンション住まいですが、快適です。

да́же ［ダージェ］助 〜さえ *even*：ミハイル王子には世間知らずなところが あります。Об э́том зна́ют все, да́же де́ти.「そのことなら誰でも知って いますよ、子どもだってね」といわれても、知らないものは知りません。 あまり責め立てないでいただけますか。

далёкий ［ダリョーキイ］形 遠い *far*：東京の自宅から通っている大学は千 葉県にありますので、それなりに**далёкий** путь「遠い道のり」です。◆ **далеко́** ［ダリコー］副／述 遠く／遠い *far*：さらに**далеко́** от ста́нции 「駅から遠い」ので大変ですが、その代わり歩きながらいろんなことが考 えられます。行きはたいていその日の授業の進め方。帰りは自宅に戻って からの仕事のことです。他にはビールや肴のこともよく考えます。

да́льше ［ダーリシェ］副 より遠い、先へ *further*：ロシア語専門学校で授 業中に先生から Чита́йте да́льше.「先を読んでください」といわれるた びに緊張しました。きちんと発音しなければやり直しを求められるからで す。家で何度も音読して備えました。

дари́ть ［ダリーチ］不完, **подари́ть** ［パダリーチ］完 贈る *present*： Нельзя́ **дари́ть** кни́ги.「本を贈ってはいけません」。本は自分で選ぶもの だからです。もっともよくないのが、書店員にお勧めを尋ねること。人任 せで本を選ぶくらいなら他の物を贈りましょう。

* **дать** ［ダーチ］完 → дава́ть

два ［ドヴァー］数 2 *two*：大学院生時代の話です。友人マスダは19世紀ロ シア思想を専門にしていました。彼は是非とも入手したい邦訳書が絶版で 手に入らないと常々嘆いていたのですが、あるときその本をわたしが古本 屋で偶然に見つけました。もちろん手に入れて、彼の目の前に置き、さあ、 いくらで買うかと尋ねたところ、彼は値段も聞かないで、お前の買った в **два** ра́за бо́льше「2倍の」値段で買い取るといいました。わたしは彼 に買値のまま譲ることにしました。本の価値が分かっている男だと分かっ たからです。

два́дцать ［ドヴァーッツァチ］圏20 *twenty*：日本の大学1年生は、だいたい18歳か19歳。そんな中、ロシア語学科に2浪して入学したのがアベちゃんでした。彼が嫌いなのは年齢の表現。秋学期になっても、多くはMне девятна́дцать лет.「わたしは19歳です」やMне два́дцать лет.「わたしは20歳です」のように「歳」がлетで複数生格なのに、自分だけMне два́дцать оди́н год.「わたしは21歳です」で単数主格になるのがつらいそうで、「あ〜あ、クラスで俺だけгодかよ」と嘆いていました。しかもみんなが単数主格に追いつくころ、アベちゃんはMне два́дцать два го́да.「わたしは22歳です」と、こんどは単数生格でした……。（→ де́сять）

двена́дцать ［ドヴィナーッツァチ］圏12 *twelve* → оди́ннадцать

* **дверь** ［ドヴィェーリ］囡 ドア *door*：ロシアで地下鉄に乗ると、発車前にОсторо́жно, две́ри закрыва́ются.「ご注意ください、ドアが閉まります」というアナウンスが流れます。その直後に物凄い勢いで閉まるので、これは本当に注意しなければなりません。

две́сти ［ドヴィェースチ］圏200 *two hundred* → сто

движе́ние ［ドヴィジェーニエ］囲 運動 *motion*：都会っ子なので、На у́лице большо́е движе́ние.「通りは交通量が多い」ほうが安心します。かつてモスクワ郊外の空港から乗ったバスが都心部の旧カリーニン通りに入ると、幅広い通りに車がひしめき合っていて、なんだかうれしくなりました。

дво́е ［ドヴォーイェ］圏2人、2個 *two*：カミさんと料理店に入るとき、何名様ですかと尋ねられれば、もちろんНас дво́е.「2人です」と答えます。ところが「お1人様ですか」と聞いてくる店員がいます。カミさんが小さいから見えないのでしょうが、ずいぶん失礼じゃありませんか。

двор ［ドヴォール］團 中庭 *yard*：早口言葉をひとつ。На дворе́ трава́, на траве́ дрова́, не руби́ дрова́ на траве́ двора́.「中庭には草、草の上には薪、中庭の草の上の薪は切ってはいけません」。深い意味はありません。

де́вочка ［ヂェーヴァチカ］⼥ 女の子 *girl*：ふつうは14〜16歳くらいを指すようですが、呼びかけの場合はそうとも限りません。海外のロシア語関係の学会で、大学教授のおばさまが同僚たちに「ねえ、皆さん」というつもりでНу, де́вочки! と呼びかけていました。それに応えた方々は、どう見ても16歳より上で、わたしはひどく動揺しました。

де́вушка ［ヂェーヴシカ］⼥ 若い娘 *girl*：辞書や会話集には、女店員などに対する呼びかけとして年齢に関係なくДе́вушка!「お嬢さん！」と呼びかけるように、とあります。はじめて旧ソ連に行ったとき、ホテルの鍵番のおばさんがデスクの近くに見えなかったものですから、覚えたとおりにДе́вушка!と呼びかけました。そうしたら奥から結構なお年のお婆さんが出てきて、「あんたにお嬢さん呼ばわりされる覚えはないよ」といわれてしまいました。当時こちらはまだ20歳。そりゃそうですよね。

девяно́сто ［ヂヴィノースタ］数 90 *ninety* → де́сять

девятна́дцать ［ヂヴィトナーッツァチ］数 19 *nineteen* → оди́ннадцать

девя́тый ［ヂヴァートゥイ］数 9番目の *ninth*：アイヴァゾフスキーのДевя́тый вал『第9の波』は、ペテルブルクのロシア美術館で現物を目にすれば、その迫力に圧倒されます。子どものころ以来の海恐怖症が再来しそうです。

де́вять ［ヂェーヴィチ］数 9 *nine*：ゼミ生のクゥちゃんは大学在学中、英語以外にОна́ изуча́ла де́вять иностра́нных языко́в.「彼女は9つの外国語を勉強しました」。集中講義でポルトガル語、ペルシア語、イタリア語、ロシア語、ドイツ語、ラテン語、タイ語、フランス語を学習して、さらにスウェーデン語は独学です。すばらしいことだと思うのですが、周囲は「そんなにやって何になるの？」といった感じで、理解がないそうです。

девятьсо́т ［ヂヴィチソート］数 900 *nine hundred* → сто

де́душка［ヂェードゥシカ］圐 おじいさん *grandfather*：いずれ年を取った
とき、Де́душка повторя́ет одно́ и то же.「おじいさんは同じことをくり
返す」とはいわれたくないものです。絶対にそうはならないからねと、学
生たちには事あるごとにくり返しています。あれ？

* **де́йствие**［ヂェイストヴィエ］圉 行動、効力 *act*：旧ソ連滞在中、のどが痛
かったり口唇ヘルペスが腫れたりして、現地で薬をもらうことがありまし
た。すると必ずЛека́рство ока́зывает си́льное де́йствие.「薬が強い効力
を発揮する」ので、あっという間に治るのです。ソビエト医学、恐るべし。

действи́тельно［ヂストヴィーチリナ］圖 本当に *really*：検定試験のスコ
アが高いから英語が得意だと主張するのですが、そういう方に限って新聞
も本も読まない、映画もドラマも観ない。それでВы действи́тельно
понима́ете по-англи́йски?「あなたは本当に英語が分かるのですか」。

де́йствовать［ヂェーイストヴォヴァチ］不完 行動する、効く *act*：アンナ
おばさんにはСлова́ на неё не де́йствуют.「ことばが彼女には効かない」
ことがあります。いくら説得しても効果がないのです。困ってしまいます。

дека́брь［ヂカーブリ］圐 12月 *December*：В декабре́ я всегда́ за́нят.「12
月はいつも忙しい」。師走というくらいですから、なんだかセカセカして
います。わたしは集中講義に出かけるので、さらに時間がありません。

* **де́лать**［ヂェーラチ］不完,* **сде́лать**［ズヂェーラチ］完 する *do*：ミハイ
ル王子、Что вы де́лаете?「何をしているのですか」。ああ、де́лать
убо́рку「掃除をしている」ところなんですね。またお客さまを迎えるの
ですか。でも、今日の授業はいいのですか。

** **де́ло**［ヂェーラ］圉 こと *thing*：Как дела́?「お元気ですか」のように、習っ
た表現がそのまま使えるのがロシア語のいいところ。これが英語ですと、
教科書にある表現は不自然だとか、現代はこっちのほうが気の利いた言い
回しだとか、変化球に満ちた洒落た会話が常に求められる気がします。

день ［ヂェーニ］ 男 ❶ 日 *day*：Когда́ у вас **день** рожде́ния？「誕生日はいつですか」と尋ねるからには、ちゃんと覚えてくださいね。わたしの場合はВосемна́дцатого сентября́. です。あえて日本語訳はつけませんよ。❷ 昼 *noon*：自分の誕生日も忘れて**День** и ночь я занима́юсь ру́сским языко́м.「昼も夜もロシア語を勉強しています」といわれれば、ロシア語教師としてはうれしいですが、やはり休息も大切です。◆**днём** ［ドニョーム］ 副 昼に *in the afternoon*：И **днём** мне хо́чется спать.「昼も眠たくなる」ようなら、栄養ドリンクを飲んで頑張ったりしないで、静かに休んでください。

де́ньги ［ヂェーニギ］ 複 金 *money*：Всё мо́жно купи́ть за **де́ньги**.「なんでも金で買える」と信じている方もいらっしゃいますが、そうはいかないことをわたしは旧ソ連で悟りました。貴重な経験です。

дере́вня ［ヂリェーヴニャ］ 女 村、田舎 *village, country*：Мой де́душка и ба́бушка живу́т в **дере́вне**.「わたしのおじいさんとおばあさんは田舎で暮らしています」というのが、昔話の定番です。ところがわたしの親戚はみんなが都会に住んでいたので、昔話がピンときませんでした。

де́рево ［ヂェーリヴァ］ 中 木 *tree*：сде́лано из **де́рева**「木で出来ている」ものが好きです。木製の書棚やテーブルは、古くなれば新しいときとは違った味が出てきます。人間もそうありたいものです。

де́сять ［ヂェースィチ］ 数 10 *ten*：Сосчита́йте до **десяти́**.「10まで数えなさい」という表現は、どこでもよく使うでしょう。外国語の初級では、1から10まで学習するのがふつうです。でもわたしの授業では0から9までをまず覚えてもらいます。そうすれば、たとえばホテルの部屋が1209だったら、1、2、0、9と1つずついって、フロントでカギを受け取ることができます。何よりもロシア語は**де́сять** 10と**де́вять** 9がとても似ているので、混乱を避け、いっぺんに教えないようにしているのです。

déсять「10」、двáдцать「20」、трúдцать「30」、сóрок「40」、пятьдесят
「50」、шестьдесят「60」、сéмьдесят「70」、вóсемьдесят「80」、
девянóсто「90」。このうち「20」は「21」「22」などの説明のために
項目を設けています。また「40」については、該当箇所でその語源を
説明しました。

déти［ヂェーチィ］匿子どもたち *children*：夫婦2人で暮らしています。У
вас есть **déти**?「お子さんはいらっしゃいますか」と尋ねられれば、もち
ろんいないと答えるのですが、ときにはどうしていないのかと質問が続く
場合があり、ちょっと面倒です。そういうときは、同じような境遇の夫婦
から教わったのですが、少しだけ悲しそうな顔をしてНет, к сожалéнию,
у нас нет **детéй**.「いいえ、残念ながら、いないんですよねぇ」といえば
いいそうです。そうすれば流石にそれ以上は尋ねてきません。ただしやり
過ぎると養子縁組を世話しようかとなるそうですから、ほどほどに。◆
déтский［ヂェーツキイ］形子どもの *childish*：生まれ育った家の隣が
déтский сад「幼稚園」でした。いつも騒がしいのは仕方ありませんが、
その歌声があまりに酷かったので、孫が音痴になることを心配した祖母の
意見で、わたしは遠くの **déтские** ясли「保育園」に通いました。

дешёвый［ヂショーヴイ］形安い *cheap*：物を買うのだったら安いほうが
いいです。でも本だけは値段で決めてはいけません。**дешёвая** кнúгаでも
優れた作品がたくさんあります。古本屋の軒先に、思わぬ名作が隠れてい
るかもしれません。◆**дёшево**［ヂョーシェヴァ］副安く *cheap*：ロシア
語でもДёшево купúть — дéньги погубúть.「安物買いの銭失い」という
そうです。いずこも同じですね。ただしくり返しますが、本だけは例外で
す。

дирéктор［ヂリェークタル］男長 *director*：「長」だけでは日本語としてい
ささか座りが悪いですが、このロシア単語は**дирéктор** шкóлы「校長」、
дирéктор завóда「工場長」、**дирéктор** теáтра「劇場支配人」、**дирéктор**
бáнка「銀行の頭取」のように、後ろに生格をつけるだけで例がどんどん
広がります。これは授業で使えます。

дли́нный ［ドリーンヌイ］形 長い *long*：**дли́нные** во́лосы「長い髪」は平和の象徴だと信じています。その証拠に、兵士ってみんな髪が短いじゃありませんか。

‡**для** ［ドリャ］前 ＋生 〜のために *for*：かつて熱心に学んだロシア語入門書にこんな例文がありました。**Для** вас, мо́жет быть, э́то легко́, но **для** меня́ о́чень тру́дно.「あなたにはこれはやさしいかもしれませんが、わたしにはとてもむずかしいです」。苦手科目の多かった身として、深く共感してしまいます。

днём ［ドニョーム］副 → день

‡**до** ［ダ］前 ＋生 〜まで *before*：**До** свида́ния!「さようなら」は「再会のときまで」という意味です。今は別れても、いつか再会したい気持ちを表します。もっと具体的に **До** за́втра!「明日まで」というのもあります。一方 Проща́йте!「さらば」となりますと、この先もう会えそうにありません。

до́брый ［ドーブルイ］形 親切な、よい *kind, good*：ロシア語の挨拶は **До́брое** у́тро.「おはようございます」、**До́брый** день.「こんにちは」、**До́брый** ве́чер.「こんばんは」のように、どれも**до́брый**を使います。代わりにхоро́ший「よい」は使うことはできません。どうしてって、どうしてもなんだよー。理屈だけじゃないのが、人間の言語です。

дождь ［ドーシチ］男 雨 *rain*：Пошёл **дождь**.「雨が降り出した」のに、それを認めたくない気持ちがあります。傘を取り出すのが面倒くさい、小降りだから大丈夫、もうすぐ止むだろう。目の前で困ったことが始まっても、行動しない。後で大変なことにならなければいいのですが。

докла́д ［ダクラート］男 報告 *report*：未来の大学院生へ。学会や研究会で чита́ть **докла́д**「報告をおこなう」とき、絶対に守ってほしいのが時間です。ダラダラ話す報告に優れたものはありません。制限時間を考慮しながら的確に発表ができて、やっと一人前です。しかしこれができない人が世界中で圧倒的に多く、悪いお手本ばかりで困ります。

до́лгий［ドールギイ］形 長い *long*：**до́лгая** жизнь「長寿」は目出度いことですが、高齢化社会になると問題もいろいろあることが分かってきました。昔は長生きすればそれだけで幸せだと信じていたのに。未来のことは分かりません。◆**до́лго**［ドールガ］副 長く、長い間 *long*：わたしは会議というものが本当に嫌いです。でも世の中には正反対の人もいます。Почему́ он говори́т так **до́лго**?「どうして彼はあんなに長いこと喋っているんだ？」まさか、高齢化とは関係ないですよね。

※ до́лжен［ドールジェン］述 ❶〜しなければならない *must*：Мы **должны́** боро́ться за справедли́вость.「わたしたちは正義のために闘わなければならない」という人が増えると、世の中かえって息苦しくなるのは、どうしてなんでしょうか。❷借りている *owe*：それよりもСко́лько я вам **до́лжен**?「あなたにいくら借りがあるんでしょうか」と自らの借金を尋ねてくれる人のほうが嬉しいです。もっとも、尋ねるだけで返さない人もいますが。

* дом［ドーム］男 家 *house*：Ско́лько этаже́й в ва́шем **до́ме**?「あなたのお住まいは何階建てですか」。わたしは11階建てマンションの3階に住んでいますが、それより上の階には上がったことがありません。屋上があるかどうかも知らないのです。自分の住居なのに、考えてみれば不思議です。

до́ма［ドーマ］副 家で *at home*：アンナおばさん、いらっしゃい。ようこそわが家へ。Бу́дьте как **до́ма**.「どうぞ自宅のようにお寛ぎください」ね。あっ、だからって胡坐をかくのはやりすぎです。

домо́й［ダモーイ］副 家へ *home*：昨日は人と会う約束があったので、Я верну́лся **домо́й** по́здно.「遅く帰宅しました」。けっこう飲んで、一部は記憶も怪しいのに、それでもちゃんと帰れるのですから、帰巣本能ってすごいです。

* доро́га［ダローガ］女 道 *road*：外国人のお役に立ちたいからと外国語を学ぶ方がいます。Я покажу́ вам **доро́гу**.「道を教えて差し上げましょう」というのは結構ですが、外国人以外にも教えていただけるのでしょうか。そもそも地理には詳しいのですよね？

дорого́й ［ダラゴーイ］ 形 ❶高い *expensive*：昔から**дорого́й** костю́м「高価な服」に縁がありません。着飾る趣味がないからです。❷親愛なる *dear*：でも**дорого́й** друг「親愛なる友人」は大切です。わたしの場合、みんな飲み友だちですけど。◆**до́рого** ［ドーラガ］ 副 高価に *expensive*：つい飲みすぎてしまい、気がつけば Ну́жно заплати́ть **до́рого.**「高い金を支払わなければならない」ということもあります。でも、それだけの価値がある時間を過ごしています。服よりも高価です。

достава́ть ［ダスタヴァーチ］ 不完, **доста́ть** ［ダスターチ］ 完 入手する、取り出す *get*：夜は Я **достаю́** молоко́ из холоди́льника.「私は冷蔵庫からミルクを取り出します」。寝るまえにミルクを飲むと、胃が落ち着いてよく眠れるのです。お試しあれ。

дочь ［ドーチ］ 女 娘 *daugher*：学生が提出するリアクションペーパーに、空々しいお世辞が書いてありますと、ははあ、さては授業を聞いていなかったなと分かります。シェークスピア『リア王』を読みましたから、甘言には気をつけているのです。У короля́ три **до́чери.**「王には3人の娘がありました」が、正直に答える者は限られておりました。

* **друг** ［ドルーク］ 男 友だち *friend*：ロシアでは Ста́рый **друг** лу́чше но́вых двух.「ひとりの古き友はふたりの新しい友に勝る」といいますが、新しい友だちも悪くありません。

** **друго́й** ［ドルゴーイ］ 形 別の、次の *another*：大学卒業後に Я перешёл в **друго́й** университе́т.「わたしは別の大学に移りました」が、嬉しいのは図書館でこれまで見たことのなかった本と出合えることでした。В **друго́й** библиоте́ке **други́е** кни́ги.「別の図書館には違った本がある」というのは、エーコ『薔薇の名前』にも共通する喜びです。

дру́жба ［ドルージバ］ 女 友好 *friendship*：быть в **дру́жбе** с сосе́дями「隣人と仲良くする」のは難しいです。それは国家間でも個人でも同じ。ちなみにわたしは、近所のガレージの開け閉めの際の騒音に悩まされています。

* **ду́мать** ［ドゥーマチ］ 不完 ，**поду́мать** ［パドゥーマチ］ 完 思う、考える *think*：文章の苦手な方ほど Я ду́маю, что...「わたしは……と思います」という定型表現に頼ります。日本語の文章でも、すべて「思います」で終わらせる者は珍しくありません。そこで「思う」の使用を禁じます。すると代わりに「考えます」ばかりになってしまいます。

* **душа́** ［ドゥシァー］ 女 心 *soul*：世間には де́тская душа́「子どもの心」を何か神聖であるかのように考える方がいます。残念ながら、わたしはそういう心がない子どもでした。「サンタクロースが煙突から入ってくる」と聞かされたときは、そんな不用心なことでいいのかと、防犯について真剣に悩みました。可愛げが微塵もありません。

дя́дя ［ヂャーヂャ］ 男 おじさん *uncle*：［ヂャーヂャ］は血縁関係があってもなくても使えます。子どもが大人の男性を呼びかけるとき、日本語では年齢によっておじさんとおにいさんを使い分けますが、ロシア語ではそのような区別がありません。かつて旧ソ連を旅行したとき、ベンチに座る老人が赤ん坊をわたしのほうに向けて「ほーら、дя́дя にニッコリしなさいね」といいました。当時のわたしは20歳です。ショックでした。それから数十年。わたしは学生たちに дя́дя と呼ばせています。あるロシア人から、それはおかしい、ふつうは дя́дя ×××のように、後に名前がくるものだと指摘されました。でも学生たちにとって дя́дя はわたしだけだから、これでいいのです。ちなみに映画『男はつらいよ』でも、満男は寅次郎をただ「おじさん」と呼んでいます。Мой дя́дя са́мых че́стных пра́вил,「ぼくのおじさんは四角四面の男だが」（プーシキン『エブゲーニイ・オネーギン』）。

ロシア名物、帽子・イクラ・マトリョーシュカ…

オス猫котはくり返し出てきましたが、今夜はメス猫です。

コーシュカ
кошка メス猫

шは漢字の「山」に似ていなくもないですが、縦棒3本はすべて同じ長さ。[シュ]の音を表し、英語ではshで2文字のところが、ロシア語は1文字です。

シャープカ
шапка 帽子

пは［プ］の音を表します。円周率π（パイ）と関係あるといえば覚えやすい方がいるかもしれませんが、数学が苦手だったわたしは、頭痛がひどくなるばかり。

ロシアの冬は毛皮のшапкаが欠かせません。毛皮は種類によって値段がかなり違い、銀ギツネやミンクは非常に高価です。わたしのшапкаはビーバー（бобр［ボーブル］）の毛皮で、耳を覆う部分があり、ふだんはそれを天辺に上げてヒモで結わいていますが、寒いときは下ろして使います。

кошкаもшапкаも2番目と5番目の文字がそれぞれ母音を示しています。ロシア語の単語は母音が2つ以上あれば、そのうち1つだけ強く、少し長めに発音されまして、これをウダレーニエといいます。英語風にアクセントといってもいいのですが、せっかくなのでウダレーニエにいたしましょう。

кошкаはоに、шапкаは最初のаにウダレーニエがあります。

*　　　*　　　*

ウダレーニエはいろんな場所に現れます。最初の母音とは限りません。

イクラー
икра イクラ

日本語のイクラはロシア語が語源とされています。ウダレーニエは最後のаにあります。辞書や教科書では「´」を付けて、ウダレーニエの位置を示します。кóшка, шáпка, икрá.

「´」がなくても、ウダレーニエの位置が分かることもあります。

マトリョーシュカ
матрёшка マトリョーシュカ

ёは「ヨ」の音を表わしますが、ここにはいつでもウダレーニエがあります。だからわざわざ「´」をつけません。

マトリョーシュカはロシアのこけし型木製人形で、中に同形の小さな人形が入れ子式に入っています。一説によれば箱根細工の影響を受けているとか。

帽子、イクラ、マトリョーシュカ。今夜の夢はロシアの名産品がいっぱいです。

E-Ё

＊ **его** ［イヴォー］㈹ 彼の *his*：Сегóдня **егó** день рождéния.「今日は彼の誕生日です」のсегóдня「今日」とегó「彼の」は、гを/v/で発音する例外です。あとはНичегó.「大丈夫」もそうですから注意しましょう。

＊ **её** ［イヨー］㈹ 彼女の *her*：「わたしの」は後に続く名詞によって、мой дом「わたしの家」、моя машúна「わたしの車」、моё винó「わたしのワイン」など、いろんな形になりますが「彼女の」は不変化なので簡単です。**её** дом「彼女の家」、**её** машúна「彼女の車」、**её** винó「彼女のワイン」。しかもегó「彼の」と違って、読み方も難しくありません。

éздить ［イェーズヂチ］㊀㊁ 行く（乗り物で通う）*go*：На рабóту я **éзжу** на электрúчке.「仕事へは電車で通勤しています」が、車内は読書の時間です。ただ帰りは疲れているので、外国語の単語集を眺めています。おかげで退屈しません。

＊ **éсли** ［イェースリ］㈰ もし *if*：授業中に**Éсли** бы у вас бы́ло мнóго дéнег, что вы купúли бы?「もしお金がたくさんあったら、何を買いますか」という質問で仮定法の練習をしますと、学習者が作る例文は新しい洋服やおいしいケーキといった庶民派から、最新のコンピュータや外車、さらには飛行機や城を買おうという気宇壮大な人まで実にさまざまで面白いです。

естéственный ［イスチェーストヴィンヌイ］㈧ 自然の *natural*：未来の大学院生へ。世間では「科学」や「研究」といえば、暗黙のうちに**естéственные** наýки「自然科学」を指します。гуманитáрные наýки「人文科学」は相手にされません。覚えておきましょう。

＊＊ **есть** ［イェースチ］㊀ ある *there is*：Что **есть** в э́том гóроде?「その町には何がありますか」。わたしが求めるのは地下鉄と古本屋。この2つは絶対に欠かせません。

есть［イェースチ］不完, **съесть**［スイェースチ］完 食べる *eat*：お腹が空いたらЯ хочу́ **есть**.「わたしは食べたい」と表現します。英語のhungryに相当するのはголо́дный「飢えている」、そのあとはたいていкак волк「オオカミのように」と続きますから、だいぶ大袈裟ですよね。

е́хать［イェーハチ］不完 定 行く（乗り物で向かう）*go*：無賃乗車することを**е́хать** за́йцем「ウサギで行く」といいます。ロシアではウサギが臆病者のイメージで、検札が来ないかと怯えている様子を描写しているわけです。なにも不正してまで急ぐことはありませんよね。Ти́ше **е́дешь**, да́льше бу́дешь.「静かに行けば、遠くに行ける（＝急がば回れ）」。

＊**ещё**［イシィョー］副 ❶さらに *some more*：さてДа́йте мне **ещё** одно́ пи́во.「ビールをもう1杯ください」。別にいいでしょう？ ❷まだ、今のところ *still*：だってЯ **ещё** не пья́ный.「まだ酔ってはいません」し。これくらいで酔うもんですか。こちとら長年飲んでますからね。❸すでに、早くも *even*：なんたって、**Ещё** студе́нтом я люби́л пи́во.「すでに大学生のころからビールが好きだったんです」から、筋金入りってわけよ。ひっく。あはは。あれ、あんた日本酒に変えちゃうの？

жаль［ジャーリ］述 気の毒だ、残念だ *sorry*：ミハイル王子はテストが苦手ですが、だからといって落ち込んだりしません。**Жаль**, что вы не сда́ли экза́мен.「試験に落ちて残念だったね」と慰められても、そもそも気にしていない様子。メンタルの弱い人が多い現代では、むしろ貴重な存在です。

жа́ркий［ジャールキイ］形 暑い *hot*：日本ではЛе́том стои́т **жа́ркая** пого́да.「夏は暑い天気が続きます」ね。◆**жа́рко**［ジャールカ］副／述 暑く／暑い *hot*：アンナおばさんは暑いのが大嫌い。Сего́дня **жа́рко**.「今日は暑いです」。Вчера́ бы́ло **жа́рко**.「昨日は暑かったです」。За́втра то́же бу́дет **жа́рко**.「明日も暑いでしょう」。こんな日本の夏にウンザリです。よく分かります。

* **ждать**［ジダーチ］不完 待つ *wait*：С нетерпе́нием жду отве́та. 「首を長く してお返事お待ちしております」というのは、手紙ならいいですが、SNS 時代は早急な返信を期待していますから大変です。みなさん、せっかちなんですよね。ときにはНа́до то́лько вы́учиться ждать.「待つということだけは覚えなきゃ」（1970年代の流行歌Наде́жда「希望」より）。

* **же**［ジェ］助 いったい（対応する英語なし）：Что же вы молчи́те?「いったいどうして黙っているのですか」といった文の「いったい」のニュアンスが分かるようになったら、ロシア語は中級に進んだといえるでしょう。そのためにはバラバラな例文だけでなく、ふだんからまとまった文を読むことが必要です。

жела́ть［ジラーチ］不完, **пожела́ть**［パジラーチ］完 願う *hope*：Жела́ю Вам сча́стья и здоро́вья. 「幸福と健康をお祈り申し上げます」という表現は定番です。お断りの際に使う「お祈りメール」とは違いますから、まるごと覚えてください。「幸福」と「健康」が生格になっておりますが、このようなものを文法では「希求の生格」といいます。

* **жена́**［ジナー］女 妻 *wife*：ロシアで出版された日本語会話集を読んでいたら、「家内」はмоя́ жена́「わたしの妻」であり、それに対して「奥さん」はва́ша жена́「あなたの妻」であると説明されていました。実際の使い方を的確に捉えています。ただし、そもそも「家内」という表現を避けたがる人がいることまでは、説明されていませんでした。

жена́тый［ジナートゥイ］形 結婚している *married*：かつてはロシア人から、Вы жена́ты?「結婚なさっていますか」とよく質問されました。Нет, я не жена́т.「いいえ、結婚していません」と答えると、いろいろ心配してくれました。余計なお世話です。あるときなんか、コルホーズ副議長の娘を紹介されそうになって、真剣に逃げました。

жени́ться [ジニーッツァ] 不完・完 結婚する *marry*：Они́ **жени́лись.** 「彼らが結婚しました」ときのスピーチより。「……ええ、正行くん、麻美さん、本日はご結婚おめでとうございます。ところでロシア語には「結婚する」を意味する**жени́ться** [ジニーッツァ] という動詞がありますが、これは不完了体でもあり、完了体でもあります。つまり長く継続することを表す不完了体動詞にもなりますし、一回だけの動作を示す完了体動詞としても使えるわけです。もう少し詳しく申し上げれば、男女が結婚するという意味では完了体です。この披露宴のように時間に制限がございます。一方で男性が女性を娶るという意味では、不完了体にも完了体にもなるのです。これはなんだか意味深長ですね。男の努力が大切ということでしょうか。いずれにしましても、お二人のご結婚が末永く続く不完了体であることを祈りつつ、わたくしの祝辞とさせていただきます」。

* **же́нщина** [ジェーンシィナ] 女 女性 *woman*：旧ソ連時代から**Же́нщина** име́ет ра́вные права́ с мужчи́ной. 「女性は男性と同等の権利を有している」と言われ続けていますが、少なくとも文法に関してはそうも行きません。職業名では男性形で女性をも指し示すことがあり、「彼女は医者です」Она́ врач. というときの「医者」は男性と同じ形です。「女性宇宙飛行士」は**же́нщина-космона́вт** というのですが、これもけっこう無理やりですね。

живо́й [ジヴォーイ] 形 生きている、生き生きとした *alive*：人は表情です。**живы́е** глаза́ 「生き生きとした目」は、たとえマスク姿でも分かります。ミハイル王子はわたしが財布を出しますと、目が生き生きします。

живо́т [ジヴォート] 男 おなか *stomach, belly*：本を読むときはベッドの上で**лежа́ть на животе́** 「腹ばいになっている」ことが多いです。У меня́ боли́т **живо́т.** 「おなかが痛い」ときも同じようにします。傍からすれば、いつもゴロゴロしているように見えることでしょう。カミさんからはゴマフアザラシに似ているといわれます。

‎**жизнь** ［ジーズニ］ 囡 ❶ 生命 *life*：Существу́ет ли на Луне́ **жизнь**?「月に
生命はいるのか」という疑問は、非科学的でしょうか。ウサギは無理でも、
何かいたら楽しいなと子どものころから想像していました。❷ 人生、生
活 *life*：そんな調子でしたから、何事についても現実的で数字しか信じな
い人にпе́рвый раз в **жи́зни**「生まれてはじめて」会ったときは、驚くと
ともに心底がっかりしました。わたしにはску́чная **жизнь**「つまらない生
活」に思えるのですが、взгляд на **жизнь**「人生観」の違いですかね。

‎**жить** ［ジーチ］ 囲 ❶ 生きる *live*：父とわたしは年齢の差が30歳ありまし
た。Мой оте́ц **жил** пятьдеся́т шесть лет.「わたしの父は56歳まで生きま
した」が、わたしは最近、この年齢を超えました。だからといって**жить**
до́лго「長生きする」のが目的というわけではありません。❷ 住む、暮ら
す *live*：大切なのは**жить** дру́жно「仲良く暮らす」ことです。喧嘩ばか
りの人生はつまりません。

‎**журна́л** ［ジュルナール］ 團 雑誌 *magazine*：実をいいますとКаки́е **журна́лы**
вы выпи́сываете?「どんな雑誌を定期購読していますか」と聞かれると
困ります。雑誌を読む習慣がありません。小学生のころ、友だちは学習雑
誌とかマンガ雑誌を読んでいましたが、わたしは単行本ばかりでした。そ
れなのに今では雑誌の連載をあれこれやっていて、不思議な気持ちです。

‎**за** ［ザ］ 圙 ❶ ＋造 ～のうしろに、～の向こうに *at*：どこかに招待され、
Го́сти сиде́ли **за** столо́м и разгова́ривали.「お客が食卓につき、話をし
ています」と、たいてい誰かが乾杯の音頭をとります。❷ ＋対 ～に対し
て *for*：そのとき**За** что мы вы́пьем?「何に乾杯しましょうか」となれば、
一般的には**За** здоро́вье!「健康に」ですが、別の表現も使ってみたいです
ね。**За** знако́мство!「知り合ったことに」は長いでしょうか。**За** нас!「わ
たしたちに」だったら簡単で覚えやすく、ちょっと気が利いています。

забыва́ть ［ザブィヴァーチ］不完，**забы́ть** ［ザブィーチ］完 忘れる *forget*：「あなた、よくロシア語を覚えているわね」。久しぶりに会ったガリーナ先生は、うれしそうにこういいました。「ロシア語と関係のある仕事なの？」ええ、まあそうですね。「それはよかったわ」とほほ笑む先生が、続けていったことばが忘れられません。Все **забыва́ют** ру́сский язы́к...「みんなロシア語を忘れていくのよね……」。学生時代は猛勉強して覚えた外国語、なかには留学までして身につけた外国語も、使わなければ忘れてしまいます。ガリーナ先生にとって、こんな寂しいことはありません。

заво́д ［ザヴォート］男 工場 *factory*：かつてロシア語の教科書にはОте́ц рабо́тает на заво́де.「父は工場で働いています」のような表現がよく出てきました。英語ではそういうことがなかった気がします。旧ソ連が工業化を推進していたからでしょうか。

за́втра ［ザーフトラ］副 明日 *tomorrow*：よくНе откла́дывайте на за́втра!「明日に延ばすな」とはいいますが、それができない方も多いでしょう。でも外国語の単語だけは、家に帰ってから集中しようなどと後回しにしないで、授業中に覚えたほうがいいですよ。

за́втракать ［ザーフトラカチ］不完，**поза́втракать** ［パザーフトラカチ］完 朝食をとる *have breakfast*：わたしは朝食をとる習慣がありません。ふつうはコーヒーだけです。それでもホテルに滞在しているときは、せっかくですからЯ за́втракаю в рестора́не.「わたしはレストランで朝食をとります」。といっても、卵くらいしか食べませんが。

зада́ние ［ザダーニエ］中 任務、課題 *task*：東欧の某国で夏季外国語講座に参加していたときのことです。授業ではдома́шнее зада́ние「宿題」が出るので寮に戻ってからやるのですが、当時は物資が欠乏していて、机のスタンド用の電球が二人部屋に1つしかありません。そこで夕方になると、ルームメイトと1つの電球を貸し借りして、勉強したものでした。どうです、ちょっとカッコいいエピソードでしょ？

зада́ча ［ザダーチャ］ 女 課題 *assignment*：いくら例文だからといって、На́до вы́полнить зада́чу.「任務を遂行しなければならない」なんて、なんだか諜報部員みたいでイヤです。わたしには関係ない。ついでにзада́ча по фи́зике「物理学の問題」もさっぱり縁がありません。

зайти́ ［ザイチー］ 完 → заходи́ть

зака́нчивать ［ザカーンチヴァチ］ 不完, **зако́нчить** ［ザコーンチチ］ 完 終える *end*：あっ、ちょうどЯ зака́нчиваю рабо́ту.「わたしは仕事を終えるところです」から、飲みに行くのはちょっと待ってもらえませんか。

＊ **зако́н** ［ザコーン］ 男 法 *law*：Зако́н есть зако́н.「法律は法律」。こういう構文をトートロジー（同語反復）というのですが、この表現は妥協を許さない、厳しい意味合いのものが多いです。遅刻は遅刻、万引きは万引き、さらに不倫は不倫……。

закрыва́ть ［ザクルィヴァーチ］ 不完, **закры́ть** ［ザクルィーチ］ 完 閉める *close*：誰かにВы не забы́ли закры́ть дверь на ключ?「ドアのカギを閉め忘れていませんか」と尋ねられたわけでもないのに、確かめに戻ってしまうことがあります。でも気をつけるに越したことはありません。

закрыва́ться ［ザクルィヴァーッツァ］ 不完, **закры́ться** ［ザクルィーッツァ］ 完 閉まる *close*：わたしが通ったロシア語専門学校は雑居ビルの一室にありました。古くて立て付けが悪く、Окно́ не закрыва́ется легко́.「窓がなかなか閉まらない」ということもしばしば。雨が降りだして雨音がうるさく、リスニングに困ったこともありましたっけ。

закры́тый ［ザクルィートゥイ］ 形 閉まっている *closed*：閉まっている商店やレストランの入口に英語でCLOSEと表記されていますと、落ち着かない気分になります。ひょっとするとCLOSEDより多いかもしれません。ロシア語では形容詞を中性短語尾形にしてЗАКРЫТО「閉店、使用中」となります。トイレでこの表示が出ていたら、無理に開けないように。

зал ［ザール］ 男 ホール *hall*：ロシアの博物館や美術館では、勝手に見学することができなくて、ガイドに案内されます。Тури́сты ходи́ли по **за́лам** музе́я.「観光客は博物館のホールを巡りました」というのがふつうです。自分のペースで見られないのも残念ですが、元気なガイドにあちこち引き摺り回されるのは、かなり疲れます。

замеча́тельный ［ザミチャーチリヌイ］ 形 すてきな *wonderful*：ミハイル王子の決めゼリフは**замеча́тельная** же́нщина「すてきな女性」です。後輩の女子学生に向かって「すてきな女性になってくださいね」といいながら微笑みます。さすが王子、われわれ平民には思いつかないお言葉です。

замеча́ть ［ザミチャーチ］ 不完 , **заме́тить** ［ザミェーチチ］ 完 気づく *notice*：どうしてМы не **заме́тили** оши́бки.「わたしたちは誤りに気づきませんでした」ということが多いのでしょうか。あれだけ注意していたのに、なぜか間違ってしまう。この単語集にもあるかもしれません。（→оши́бка）

за́муж ［ザームシ］ 副 結婚する *get married*：わたしには妹がおりまして、Она́ вы́шла **за́муж** в три́дцать лет.「彼女は30歳で結婚しました」。今では3人の子持ちでございます。◆**за́мужем** 副 結婚している *married*：以来、Она́ **за́мужем** бо́льше двадцати́ лет.「彼女は結婚して20年以上になります」が、夫婦仲がよければ何でもいいです。

занима́ться ［ザニマーッツァ］ 不完 勉強する *engage in*：昨日、ミハイル王子はОн **занима́лся** всю ночь.「一晩中勉強していました」そうです。しかもОн **занима́лся** ру́сским языко́м.「彼はロシア語を勉強していました」というから驚きです。一体どうしたのでしょうか。噂によればSNSでロシア語を話す美人と知り合ったらしく……。

за́нят ［ザーニト］ 形 忙しい *busy*：Я о́чень **за́нят/занята́**.「わたしはとても忙しい」という言い訳はしたくありません。どんなに忙しくても、興味があれば時間は捻出できるものです。断るときははっきり伝えるようにしています。例：お引き受けしないのは、原稿料が安いからです。（→ нет²）

заня́тие ［ザニャーチエ］囲 授業 *lesson, class*：欠席した本人によれば Она́ не ходи́ла на **заня́тия** из-за боле́зни.「彼女は病気で授業に来られませんでした」とのこと。いや、理由はいいんです。病気だろうが、就活だろうが、教育実習だろうが、欠席したことには変わりありません。それでも、ときには授業よりも優先させるべきものがあります。それは映画かも知れないし、大切な人に会うことかもしれません。それはそれとして、欠席した分は自分でなんとかしてください。大学生は大人です。

за́пад ［ザーパト］囲 西 *west*：今日も Со́лнце захо́дит на **за́паде**.「太陽が西に沈みます」。1日よく働きました。きっとビールが美味しいです。

заплати́ть ［ザプラチーチ］完 → плати́ть

зате́м ［ザチェーム］副 それから、そのあとで *then*：外国語の授業では Прочита́йте текст, **зате́м** переведи́те.「テキストを読んで、それから訳してください」という形式が多いですが、わたしは基本的に音読だけをさせます。指名された学生が読み上げて、質問があればそれに答え、なければ次の学生に替わります。こちらから質問することもありますが、そのままのこともあります。訳さなくても読み方を聞いていれば理解しているかどうか分かりますし、初級段階では訳読より暗唱に努めてほしいのです。

заходи́ть ［ザハヂーチ］不完，**зайти́** ［ザイチー］完 寄る *come in*：高校時代、По́сле заня́тий я **заходи́л** в библиоте́ку.「放課後は図書館に寄っていました」。高校の隣が区内最大の図書館だったので、自習室で勉強したり、好きな本を読んだりしていました。ひとりの時間が好きでした。

заче́м ［ザチェーム］副 なぜ、なんのために *why*：**Заче́м** вы изуча́ете ру́сский язы́к?「なぜあなたはロシア語を学んでいるのですか」という問いに対して、どう答えてもいいとは思うのですが、「敵を知るため」といわれますとガッカリします。いろんな立場があるでしょうが、相手を敵と見なして勉強できるなんて、わたしにはどうしても信じられないのです。

звать ［ズヴァーチ］不完，**позва́ть** ［パズヴァーチ］完 呼ぶ call：Как вас зову́т?「お名前は何とおっしゃいますか」と尋ねたら、復唱してしっかり覚えましょう。ロシア人には似たような名前が多く、しかもふつうは愛称形を使いますから厄介ですが、間違えたら相手は気を悪くします。

звезда́ ［ズヴィズダー］女 星 star：ミハイル王子は под счастли́вой звездо́й「幸運の星の下」に生まれたのでしょうか。それとも根っからの楽天家なのでしょうか。いずれにせよ、星占いなんか信じる必要はありません。

星占いの12星座

Ове́н「牡羊座」、Теле́ц「牡牛座」、Близнецы́「双子座」、Рак「蟹座」、Лев「獅子座」、Де́ва「乙女座」、Весы́「天秤座」、Скорпио́н「蠍座」、Стреле́ц「射手座」、Козеро́г「山羊座」、Водоле́й「水瓶座」、Ры́бы「魚座」。占い好きのロシア人は少なくありません。雑誌にも星占いコーナーがあり、短い記事ですから挑戦するのですが、普段から読みつけていないせいか、なかなか難しいです。

звони́ть ［ズヴァニーチ］不完，**позвони́ть** ［パズヴァニーチ］完 電話する call：ロシア人との別れ際、**Позвони́те** мне пото́м.「じゃあ後で電話ください」といわれると憂鬱になります。そもそも電話が苦手なのに、それが外国語だと負担が大きい。用件だけ伝えて早く切りたいのに、相手は「それで、あれからどうなった?」みたいな話を続けるのです……。

звук ［ズヴーク］男 音 sound：不思議なことに**зву́ки** ру́сского языка́「ロシア語の音」が好きという方は多く、音に惹かれて勉強を始める人もいます。でも言語は音だけではありません。発音至上主義者はつまりません。

зда́ние ［ズダーニエ］中 建物 building：首都圏を中心に высо́кие и краси́вые **зда́ния** университе́та「高くてきれいな大学の建物」がますます増えています。なんだか会社のオフィスみたいです。就職後を見据えた訓練なのでしょうか。建物だけでなく、最近の大学は会社に近づいてきて、これからは大学教員も会社員になる訓練をさせられそうです。

* **здесь**［ズヂェースィ］副ここで *here*：ロシア語で出席を取るとき、名前を呼ばれたら**Здесь!**「ここです」と返事します。英語のHere! と同じですが、発音はちょっと難しい。下手だと恥ずかしいので、練習しましょう。

здоро́вье［ズダローヴィエ］中健康 *health*：乾杯の定番といえば**За здоро́вье!**「健康のために！」です。アルコール摂取は健康と結びつきにくいのに、決まってこれなんですね。よし、健康のために飲むぞ。

здра́вствуйте［ズドラーストヴィチェ］助こんにちは *hello*：朝昼晩といつでも使える便利なあいさつ表現です。最初から5番目のвは発音しません。名前もいっしょに呼びかけます。**Здра́вствуйте, А́нна Петро́вна!**「こんにちは、アンナ・ペトローブナさん！」

зелёный［ズィリョーヌイ］形緑の *green*：原稿を推敲するときは、作成した文書をプリントアウトして、**зелёная ру́чка**「緑のペン」で書き込みをしていきます。赤は目立ちすぎますし、青は濃いと黒との区別がつきにくい。緑色がちょうどいいのです。

* **земля́**［ズィムリャー］女❶土地 *land*：おそらく**владе́ть землёй**「土地を所有する」方は現実的なのでしょう。目に見えるものだけを信じているのかもしれません。❷地球 *earth*：しかし**Земля́ дви́жется вокру́г Со́лнца.**「地球は太陽の周りを回っている」のように、目に見えなくても信じなければならないこともあります。いろいろ難しいです。

зе́ркало［ズィェールカラ］中鏡 *mirror*：授業の主役は生徒です。生徒が**уви́деть себя́ в зе́ркале**「自分を鏡に映してみる」と、そこに映っているのが教師なのです。つまり教師は生徒の光で輝く、鏡のような存在でなければなりません。

зима́［ズィマー］女冬 *winter*：**Я о́чень люблю́ зи́му.**「わたしは冬が大好きです」。ひさしぶりに会ったときに**Ско́лько лет, ско́лько зим!**「いくつの夏が、いくつの冬が（あなたと会わずに過ぎ去ったことでしょう）！」という表現がありますが、わたしにとっては冬だけで充分で、夏は不要です。

◆ *зимóй［ズィモーイ］副 冬に *in winter*：それでは冬に何をしている
かといえば、**Зимóй я хожý на лы́жах.**「冬はスキーをします」というの
は若いころの話で、いまは暖かい部屋でヌクヌクしています。暑いのは嫌
いでも、温かいのはうれしいのです。

знакóмиться［ズナコーミッツァ］不完, **познакóмиться**［パズナコー
ミッツァ］完 知り合う *meet*：ミハイル王子に新しいガールフレンドがで
きました。なんでも砂漠の国のお姫さまで、ロシア語も話せるらしい。し
かも**Он познакóмился с ней чéрез интернéт.**「彼女とはインターネット
経由で知り合いました」。王子はそのお姫さまがとても気に入って、自分
のお嫁さんにしたいといっています。ちょっと、それ大丈夫ですか？

знакóмый［ズナコームイ］形 知り合いの、見覚えのある *familiar*：近所を
歩いていますと、**знакóмое лицó**「見覚えのある顔」によく出会います。
スーパーの店員さん、飲み屋のおじさん、お弁当屋のおばさんなど、ほと
んど面識のない人でも自然に顔を覚えてしまうのです。こんな感じで、外
国語の単語も覚えられればいいのに。

✺**знать**［ズナーチ］不完 知っている *know*：何もやる気が起こらず、**Я не
знáю, что дéлать.**「どうしたらいいのか分かりません」というとき、そ
れが外国語学習なら、わたしはとりあえず単語や文章を書き写すか、ある
いはパソコンに入力することにしています。しばらくすると、不思議なく
らいに気持ちが落ち着いてきます。まるで写経です。

знáчит［ズナーチト］挿 つまり *it means*：わたしの書いたロシア語入門書
には、第1課に「つまり」が出てきますが、重要なのに学生は覚えていま
せん。**Знáчит, вы забы́ли.**「つまり、忘れたんですね」。

знáчить［ズナーチチ］不完 意味する *mean*：ロシア人に**Что знáчит э́то
слóво?**「この単語はどういう意味ですか」と質問するのは簡単。でも相
手の説明を理解するには、かなりの語彙力が必要です。だから入門書には、
この表現を載せないことにしています。

зо́нтик［ゾーンチク］男 傘 *umbrella*：またまたロシア語入門書の話ですが、わたしが書くものは傘がよく出てくると指摘されたことがあります。そうかもしれません。傘を使えば、入門でも不自然でない例文が作れます。Э́то ваш зо́нтик?「これはあなたの傘ですか」。Чей э́то зо́нтик?「これは誰の傘ですか」。Где мой зо́нтик?「わたしの傘はどこですか」。実は傘をよく失くしますので、最後の文は実用的でもあります。

зуб［ズープ］男 歯 *tooth*：歯科医が Вы хорошо́ чи́стите зу́бы ка́ждый день?「毎日歯をちゃんと磨いていますか」と聞きますので、当然ですと言い返してやりたいのですが、それができません。通院している歯科医院では、50過ぎの中年男であるわたしをなぜか子ども扱いします。「一所懸命に磨かないと、バイ菌さんがこれくらいじゃ剥がれてなるものかって、しがみついていますよ〜」。バカにしてんのかと文句をいいたいのに、やっぱりいえません。挙句の果てに、「奥さまは歯みがきが上手でいらっしゃるから、コツを教えてもらうといいでしょう」ときました。憤懣やるかたないのですが、どうにも反論できません。口が開けっ放しというのはつらいです。

㊙㊙㊙㊙㊙ **文字の名称**

　英語でもaは「エー」、bは「ビー」という名前があるように、ロシア語の文字にも1つ1つに名前があります。

　а「アー」б「ベー」в「ヴェー」г「ゲー」д「デー」е「イェー」ё「ヨー」ж「ジェー」з「ゼー」и「イー」й「イー・クラトカエ」к「カー」л「エル」м「エム」н「エヌ」о「オー」п「ペー」р「エル」с「エス」т「テー」у「ウー」ф「エフ」х「ハー」ц「ツェー」ч「チェー」ш「シャー」щ「シシャー」ъ「トヴョールドイ・ズナーク」ы「ウィ」ь「ミャーフキー・ズナーク」э「エー」ю「ユー」я「ヤー」

　それにしてもイー・クラトカエとか、トヴョールドイ・ズナークとか、ミャーフキー・ズナークとか、どうしてそんなに長いの？　種を明かせばイー・クラトカエは「短いイ」、トヴョールドイ・ズナークは硬音記号、ミャーフキー・ズナークは軟音記号という意味で、その文字の特徴を説明しているだけなんです。でも最初はやっぱりビックリしたなあ。

第5夜 Yesか、Noか

今夜は復習から。これまで紹介した文字を左が大文字で、右が小文字で並べてみました。目下のところ計16文字です。

Аа Бб – – Дд – Ёё – –
Ии Йй Кк -- Мм Нн Оо
Пп Рр Сс Тт – – – – –
Шш – – – – – – – – Яя

この並べ方はロシア語のアルファベットの順番でして、--のところには、まだ紹介していない文字が入ります。

大文字と小文字を比べてみます。кやмやтの大文字はサイズをそのまま大きくしてК, М, Тです。英語はKとk、Мとm、Тとtのように形が微妙に違いますが、ロシア語はもっとシンプル。

形が大きく違う文字にはАとа、Бとб、Ёёとだなどがあります。目新しいのがбの大文字のБでしょう。よく眺めて、記憶に焼きつけてください。

大文字と小文字で形が大きく違う文字を新しくご紹介しましょう。

Е е

あまり新しい気がしませんか。確かにローマ字にもありました。ロシア語でもすでにЁёは学習済みです。そこからテンテンを取り去るだけですね。

問題はその音。Ееの音は実に微妙でして、カナで強いて表せば［ィエ］あるいは「イェ」になります。［ヤ］［ユ］［ヨ］の初めの部分と同じ子音を［エ］につけた感じです。

нет ニェート いいえ

ネートではなくて［ニェート］です。

ソビエト時代の政治家アンドレイ・グロムイコは、国連の安全保障理事会で何度も拒否権を発動したため、「ミスター・ニェット」といわれました。ロシア語としては「ニェット」より［ニェート］のほうが近い気がします。ちなみに英語表記はMr. Nyetです。

нетの反対はこうなります。

да ダー はい

よく分かりもしないのに、いい加減に通訳する人を、昔は「ダーダー通訳」といっていました。グロムイコと違って、つい「ハイハイ」といってしまうんですね。

そろそろ眠くなってきたのではありませんか。даそれともнет？

и ［イ］接 ～と～、そして *and*：ロシア文学にはトルストイВойна́ и мир『戦争と平和』、ドストエフスキーПреступле́ние и наказа́ние『罪と罰』、ブルガーコフМа́стер и Маргари́та『巨匠とマルガリータ』のように「と」が多いです。「と」はロシア語で［イ］ですが、イタリア語ではe［エ］で、チェコ語ではa［ア］です。スウェーデン語のochは［オ］と発音されることもあります。「ウ」だって、どこかの言語にあるかもしれませんね。

игра́ ［イグラー］女 ゲーム *game*：いろいろありましたが、結局В То́кио проходи́ли Олимпи́йские и́гры.「東京ではオリンピックが開催されました」。もともと運動会には興味がないので、病気が蔓延しているときに「国際運動会」を開催した理由が、いまだに理解できません。

игра́ть ［イグラーチ］不完，**сыгра́ть** ［スィグラーチ］完 する *play*：これだけは英語を使って説明させてください。Я игра́ю с соба́кой.「わたしは犬と遊びます」。Вы игра́ете на скри́пке?「あなたはバイオリンを弾きますか」。Он игра́ет в футбо́л.「彼はサッカーをします」。Она́ игра́ла гла́вную роль в спекта́кле.「彼女は芝居で主役を演じました」のように、日本語だったら「遊ぶ」「弾く」「（球技を）する」「演じる」となるところが、英語ならすべてplayで済みます。英語を嫌わないでロシア語を学ぶほうが、断然お得なようです。

идти́ ［イッチー］不完定 行く *go*：Куда́ вы идёте?「どちらへいらっしゃるのですか」という質問に対して、プライバシー侵害のように反応する人がいます。お気持ちも分かりますが、それでは外国語会話の授業が成り立ちません。そんな場合に備えて、架空の設定を決めておいたらいかがですか。Я иду́ танцева́ть с принце́ссой /с при́нцем.「プリンセス／プリンスと踊りに行くのです」と答えたら、それ以上は詮索されないはず。

из ［イズ］ 前 ＋生 ❶ 〜から *from*：Откýда вы？「どちらからいらっしゃいま
したか」という質問に対して、出身地を尋ねているのでしたらЯ **из**
Япóнии.「日本からです」のように答えますが、Я **из** шкóлы.「学校から
です」のように起点を答えることもあります。会話は文脈ですので、前後
からの判断が大切です。でも「消防署のほうから来ました」ということば
に騙されて、消火器を買ってはいけません。❷ 〜からなる *from*：騙され
ない秘訣は、Моя́ семья́ состои́т **из** двух челове́к.「わたしの家族は2人
です」以上なら、誰かに相談することです。わたしはカミさんに何でも相
談します。

изве́стный ［イズヴェースヌイ］ 形 有名な *famous*：Пýшкин —**изве́стный**
рýсский поэ́т.「プーシキンは有名なロシアの詩人です」が、日本ではド
ストエフスキーやトルストイのほうが知られているようです。詩よりも散
文のほうが翻訳で理解されやすいのでしょうか。でしたら『ベールキン物
語』から読んでみてください。◆**изве́стно** ［イズヴェースナ］ 副 有名だ、
知られている *famous*：すでにкак вам **изве́стно**「ご存じのように」、わた
しは言語理論よりも小説を読むほうが好きなんです。

извиня́ть ［イズヴィニャーチ］ 不完 ， **извини́ть** ［イズヴィニーチ］ 完 許
す *excuse*：学生からИзвини́те за опозда́ние на заня́тие.「授業に遅れて
すみませんでした」と謝られることが多いですが、別に気にしていません。
こちらは何の損害も被っていないのです。

из-за ［イズザ］ 前 ＋生 ❶ 〜の後ろから *from behind*：それなのに学生は気に
しているらしく、ある女子学生は廊下で、Она́ смотре́ла на меня́ **из-за**
две́ри.「彼女はドアの陰からわたしを見ていました」。突っ立っていない
で教室に入りなさいといわないと、いつまでもモジモジしながら立ったま
まです。❷ 〜のせいで *because of*：しかも今日の遅刻に加えていうことに
は、先週はОна́ пропусти́ла заня́тие **из-за** боле́зни.「彼女は病気のため
に授業を欠席しました」とのこと。だから別にいいんですってば。だって
楽しい話が聴けなくて、損をしたのはあなたのほうなんですから。

изуча́ть［イズチャーチ］不完, **изучи́ть**［イズチーチ］完 勉強する *study*：あるイギリス人が**Я изуча́л ру́сский язы́к в университе́те.**「わたしは大学でロシア語を勉強していました」というべきところ、動詞を**изучи́л**と完了体にしていました。それでは完全に勉強したことになります。この表現からも完了体を使うレベルではないことが分かります。

* **и́ли**［イーリ］接 あるいは、または *or*：**Э́то мышь и́ли поросёнок?**「これはネズミですか、それとも仔ブタですか」なんて、ちょっと変かもしれません。でもポケモンのキャラクターであるピカチュウが、ロシア語では仔ブタと解釈されているのを見て、こんな例文が浮かびました。

* **и́менно**［イーメンナ］副 まさに、具体的に *exactly*：外国語の世界は「都市伝説」みたいな噂がたくさんあります。よくあるのは、「知り合いの知り合いが10か国語できる」というもの。もっとはっきりいってください。**Кто и́менно?**「具体的にだれなんですか」。

* **име́ть**［イミェーチ］不完 所有する *posess*：ロシアの諺に**Не име́й сто рубле́й, а име́й сто друзе́й.**「100ルーブリ持つよりも、100人の友を持て」というのがあります。本当にそうですね。しかも100ルーブリは今日のレートで150円くらい。それじゃ……。

* **и́мя**［イーミャ］中 名前 *name*：ロシア人が**Как и́мя ва́шего отца́?**「お父さんのお名前は何ですか」と尋ねてきたら、きっと父称が知りたいのでしょう。日本人の名前にロシア語の父称語尾をつけても、上手くいかないのですが。そういえば、典型的な日本人男性名がヒロヒトだと信じているロシア人がいました。とはいえロシア皇帝の名前は、イワンとかアレクサンドルとか、一般人が名乗っているものばかり。習慣が違いますね。

ина́че［イナーチェ］接 でないと *otherwise*：**Спеши́те, ина́че вы опозда́ете.**「急がないと遅れますよ」といわれても、分かってはいるのですが走り出す気になりません。咄嗟の反応が昔からダメなんですね。だから余裕を持って早めに向かうことにしています。

инжене́р ［インジニェール］男 技師 engineer：工業大学で働いていたので、卒業生にはрабо́тать **инжене́ром** 「技師として働く」者が多いですが、実際に技師がどんな仕事をしているのかはイメージできません。工場とかでヘルメットを被って視察とかしているのでしょうか。そういえばヘルメットって被ったことがありません。

иногда́ ［イナグダー］副 ときどき sometimes：Я **иногда́** хожу́ на конце́рт. 「わたしはときどきコンサートに行きます」というときの「ときどき」は、どのくらいの頻度なのでしょうか。若い人の使う「たまに」は、週に1回くらいだったりしますので、わたしの感覚にすれば「ときどき」に近いです。お互い誤解のないように、事前に確かめる必要があります。

* **ино́й** ［イノーイ］形 別の other：これまで人生を危なっかしく歩んでまいりましたが、**Ино́го** пути́ не́ бы́ло. 「ほかに道はなかった」ので、迷うことはありませんでした。選択肢の多いほうが、きっと悩んだでしょうね。

иностра́нный ［イナストラーンヌイ］形 外国の foreign：未来の大学院生へ。いまは高校でもМо́жно изуча́ть ра́зные **иностра́нные** языки́. 「多様な外国語が学べます」。英語以外の外国語を早くから学んでおけば、大学から始める人より有利に思えるかもしれません。しかしやさしいのは最初のうちだけで、気を抜いているといつの間にか後から始めた人に抜かされることもあります。高校と大学では教え方も学び方も違うのです。

институ́т ［インスチトゥート］男 研究所、単科大学 collage, institute：あるロシア語の分かる会社員が上司からロシア人の名刺を見せられ、どこで働いているかと尋ねられました。そこにはинститу́тとあったので、研究所かもしれませんし、単科大学かもしれませんと答えたところ、お前はそんな区別もできないのかといわれてしまったそうです。しかしЯ рабо́таю в **институ́те**. 「わたしは研究所で働いています」という文は、場合によっては「わたしは単科大学で働いています」という意味にもなるのだから仕方がありません。外国語に対する無理解は、こういうところに現れます。

И Й

интере́с ［インチリェース］ 男 ❶興味 interest：大学教師でしたらСтуде́нты с интере́сом слу́шали ле́кцию.「学生は興味を持って講義を聴きました」というのがうれしいに決まっています。でも大切なのは学生が理解することです。❷利益 interest：学生に従順さばかりを求めてはいけません。先生、Э́то не в ва́ших интере́сах.「それはあなたの為になりません」。

интере́сный ［インチリェースヌイ］ 形 面白い interesting：Вы о́чень интере́сный челове́к.「あなたって面白い人ですね」というのは、面白可笑しいだけではなく、「あなたって魅力的な人ですね」という意味にもなります。面白い＝魅力的は、やはり目指したいところです。◆ **интере́сно** ［インチリェースナ］ 副／述 面白く／面白いinteresting：魅力的にしたいのは自分の著作も同じです。読者にВам интере́сно чита́ть мою́ кни́гу?「わたしの本を読むのが面白いですか」って聞いてみたいですが、どうも勇気が出ません。

иска́ть ［イスカーチ］ 不完 探す seek：Я ищу́ биле́т в карма́не.「わたしはポケットの切符を捜しています」ということが増えました。さっき間違いなく入れたのに、いったいどこへ行ったやら。それほど広いポケットでもあるまいし、どうして肝心なときに出てこないのか、本当に不思議です。

иску́сство ［イスクーストヴァ］ 中 芸術 art：Вы понима́ете совреме́нное иску́сство?「あなたは現代芸術が分かりますか」と尋ねられたら、自信はありません。ただ抽象画は観ていて楽しいものが多く、好きな画家もいます。理解とは別に親しんでいるわけです。

* **исто́рия** 「イストーリヤ」 女 歴史 history：何かを勉強するには、歴史の知識が欠かせません。だからВ университе́те я изуча́л исто́рию ру́сского языка́.「大学でわたしはロシア語史を学んでいました」のです。◆ **истори́ческий** ［イスタリーチスキイ］ 形 歴史の historical：学生の場合、歴史はともかく歴史小説を熱心に読む者がいます。いったい何がキッカケなのか、日本の時代小説も、海外の歴史小説も読まないわたしには不思議で仕方がありませんが、本人は楽しそうです。Вы лю́бите чита́ть истори́ческий рома́н?「あなたは時代小説を読むのが好きですか」。

＊**их**［イーフ］代 彼らの *their*：最近の大学は学生に構いすぎです。イベント
を用意したり、ボランティアを募ったり、勉強と就職以外にもなにかとコ
ミットしてきます。もう少し学生の自主性を尊重してください。Это **их**
де́ло.「それは彼らの問題」なのですから。

ию́ль［イユーリ］男 7月 *July*：日本ではУче́бный год конча́ется в ию́ле.
「学期が7月に終わります」。夏休みが楽しみなのは、教師も同じです。早
く学期が終わらないかと、心待ちにしています。もっとも期末試験の採点
と成績報告が仕上がるのは、どうしても8月になってしまうのですが。

ию́нь［イユーニ］男 6月 *June*：ию́ньとию́льは、どうしてこんなにも似て
いるのでしょうか。ロシア人ですら聞き取りにくいらしく、В како́м
ме́сяце вы родили́сь, в ию́не и́ли в июле?「あなたは何月生まれですか、
6月、それとも7月？」と確かめているのを聞いたことさえあります。

К

＊**к**［ク］前 +与 ～へ *toward*：Приходи́те к нам.「遊びに来てください」と
いわれたら、やはり手ぶらはよくありません。では何を持って行ったらい
いのでしょうか。とくに外国人の場合は、予め習慣などを知っておく必要
があります。外国語学習は、すでにここから始まっているわけです。

＊**ка́ждый**［カージドゥイ］形 それぞれの *every*：外国語を書く練習を**ка́ждый**
день「毎日」カミさんとするようになって10年以上になります。違う言
語で書かれた同じ内容の3文をそれぞれ2回ずつ書くだけですが、どんな
やさしい文章からも、学ぶことはいろいろあります。

＊**каза́ться**［カザーッツァ］不完, **показа́ться**［パカザーッツァ］完 ～のよ
うに思える *seem*：Он показа́лся мне иностра́нцем.「彼がわたしには外
国人に思えた」なんて、いったいどうやって判断するのでしょうか。風貌、
言語、それともパスポート？

＊ **как** ［カーク］副 ❶ どのように *how*：すみません、Как э́то по-ру́сски?「これはロシア語でなんていうのですか」。 ❷ なんて *how*：ああ、そうなんですか、よくご存じですね。なるほど、ロシア語が好きで、毎日勉強しているんですか。Как хорошо́!「なんて素晴らしいんでしょう」。 ❸ 接 ～のように *like*：それにしてもすごいですね。Вы говори́те как ру́сский.「ロシア人みたいに話しますよね」。 ❹ 助 なんですって *what*：えっ、Как, вы никогда́ не́ были в Росси́и!「なんですって、ロシアには行ったことがないんですか！」

＊ **како́й** ［カコーイ］代 どんな *what kind of*：形容詞は気持ちです。Како́й он челове́к?「彼はどんな人ですか」という質問に答えるとき、あなたの気持ちが反映します。世の中には、絶対的によい人も悪い人もいません。

＊ **како́й-то** ［カコーイタ］代 ある *some*：助手の方からВас ждёт **како́й-то** челове́к.「どこかの人が待っていますよ」といわれ、研究室に戻ってみると見知らぬ男性が立っていました。わたしの本が面白かったから是非お会いしたいと思ってやって来たとのこと。面倒なので、本にサインする代わりにお引き取り願おうと考え、拙著のうちどれを読んだのですかと尋ねれば、彼のカバンから出てきたのは図書館から借りた本……。

ка́мень ［カーミニ］男 石 *stone*：子どもはよく Не броса́йте **ка́мни**!「石を投げないでください」と怒られますが、わたしは野球に全く興味がなく、したがって投げることが下手くそだったので、そういうことは絶対にしませんでした。運動音痴のよい子です。

кани́кулы ［カニークルィ］複 休暇 *vacation*：学生時代、近所の子どもの家庭教師をしていたことがあります。中学生の男の子と妹、ときにはその従兄弟2人まで合わせて面倒を見ることもありました。そのときはле́тние **кани́кулы**「夏休み」は授業をいっさいやらず、代わりに8月30日と31日の2日間を空けておくようにいいました。その2日で一気に宿題を片付けるのです。ひとりで4人を見て、大変なときには同じ大学の友人に手伝ってもらいながら、賑やかに宿題をやっつけました。夏休みの宿題を真面目にやったおかげで偉くなった人なんて、絶対にいないと信じています。

каранда́ш [カランダーシ] 男 鉛筆 *pencil*：この単語はЯ пишу́ **карандашо́м**. 「わたしは鉛筆で書きます」のように、前置詞を伴わず、手段や道具を表す造格の例として使われます。でも最近では造格以前に、そもそも鉛筆を使って書く機会が減っているのではないでしょうか。

карма́н [カルマーン] 男 ポケット *pocket*：вы́тащить плато́к из **карма́на** 「ポケットからハンカチを取り出す」とき、手が濡れているのにどちらのポケットに入っているか分からないことはありませんか。だからわたしは、両方のポケットにハンカチを入れています。これは便利。

ка́рта [カールタ] 女 ❶地図 *map*：ミハイル王子は砂漠の国のお姫さまに夢中です。ところで、その砂漠の国はどこにあるのですか。Покажи́те на **ка́рте**.「地図で示してください」とお願いしたのに、うまく見つけ出せない王子。相手の国の位置も分からないのに、本当に結婚したいのですか。❷トランプ *cards*：でも王子は一向に気にしません。インターネット越しにМы игра́ем в **ка́рты**.「わたしたちはトランプをします」と楽しそう。

карти́на [カルチーナ] 女 絵、風景 *picture*：Кем напи́сана э́та **карти́на**? 「誰によってこの絵は描かれましたか」と聞いてしまうのは、絵を鑑賞する自信がないからでしょう。

карто́шка [カルトーシカ] 女 ジャガイモ *potato*：形容詞жа́реный [ジャーリヌイ] には「焼いた」と「揚げた」の両方の意味があるので困ります。でもジャガイモについては、жа́реная **карто́шка**が「ベイクドポテト」で、**карто́шка**-фри「フライドポテト」と区別しているようです。

┏━ ビタミン不足に備える7つの野菜 ━━━━━━━━━━━━━━━
│ баклажа́н「ナス」、капу́ста「キャベツ」、лук「タマネギ」、морко́вь
│ 「ニンジン」、огуре́ц「キュウリ」、помидо́р「トマト」、ты́ква「カボ
│ チャ」。新宿中村屋で売っているキュウリの酢漬けは「アグレッツィ」
│ といい、ロシアの漬物と説明されていますが、ロシア語ではогуре́цの
│ 複数形はогурцы́で、еは脱落します。
┗━━━━━━━━━━━━━━━━━━━━━━━━━━━━━━━━━

К

* **ка́чество**［カーチストヴァ］中 質 *quality*：若いころからтова́ры высо́кого ка́чества「高級品」志向がなく、ブランド品にも興味がありませんので、至って質素な生活です。

кварти́ра［クヴァルチーラ］女（アパート・マンションの）一戸 *flat*：ここ 20年ほどМы живём в кварти́ре в це́нтре го́рода.「都心のマンションで暮らしています」が、何よりも便利なのは、管理人さんがゴミを出してくれること。一戸建てに住んでいたときは仕事前の早朝にゴミを出すと、近所の暇な主婦から文句をいわれて困りました。

кино́［キノー］中 映画 *movie*：外国語を勉強するのでしたら、その言語地域のарти́ст кино́ / арти́стка кино́「映画俳優」の名前を覚えましょう。あなたはロシアの映画俳優をどのくらいご存じですか。わたしの贔屓は往年の名優、アンドレイ・ミローノフです。

класс［クラース］男 階級、（小・中学校の）学年 *class*：通訳のアルバイトのため、旧ソ連のピオニールキャンプで夏休みを2回過ごしたことがありました。現地の子どもたちに何年生か尋ねると、Я перейду́ в пя́тый класс.「5年生になるところだよ」といったような答えが返ってきました。9月の新学期から学年が上がるからですね。

класть［クラースチ］不完, **положи́ть**［パラジーチ］完 置く、入れる *put*：お願いですから、勝手にНе клади́те са́хар в ко́фе.「コーヒーに砂糖を入れないでください」。他にも、唐揚げにレモンを絞ったり、サラダを取り分けたり、焼鳥を串から外すのもやめてください。したければ自分でやります。

клуб［クループ］女 クラブ *club*：教え子が中心になって「黒田ファンクラブ」という集まりをやっています。英語名はKuroda Fan Clubで、略称はKFC。フライドチキンではありません。ではその実態はといえば**клуб** люби́телей иностра́нных языко́в「外国語愛好者クラブ」で、年に何回か集まれば、みんな熱心にことばの話をしています。

* **кни́га** ［クニーガ］⼥ 本 *book*：何かお勧めの本はありませんかとよく尋ね
られますが、Вы должны́ вы́брать **кни́ги** са́ми.「本は自分で選ばなけれ
ばなりません」。本選びは間違えても大した失敗ではありません。何事も
間違えたくないという態度のほうが、むしろ問題ではないでしょうか。

** **когда́** ［カグダー］副 いつ *when*：ふだんから欠席の多い学生ほど、**Когда́**
бу́дет экза́мен?「試験はいつですか」と尋ね、さらに試験の範囲や出題傾
向も知りたがります。でもそんなことは、授業に出ていれば分かるもの。
気心も知れれば、教師がどんな問題を出しそうか予測できるはずです。

коли́чество ［カリーチストヴァ］中 量 *quantity*：よい書店の条件って何で
しょうか。большо́е **коли́чество** книг「大量の蔵書」は大切ですが、そ
れだけじゃありません。店内放送の賑やかすぎるのはちょっと困ります。
あと、喫茶店は不要です。

кома́нда ［カマーンダ］⼥ スポーツチーム *team*：わたしは子どものころか
らスポーツに興味がありませんが、友だちは全員боле́ть за бейсбо́льную
кома́нду「野球チームを熱狂的に応援して」いました。しかも東京なの
に阪神ファンばかり。どうしてそうだったのか、今考えても不思議です。

ко́мната ［コームナタ］⼥ 部屋 *room*：実は閉所恐怖症気味です。地下室は
息の詰まりそうな気がします。だからНу́жно прове́тривать **ко́мнату.**「部
屋を換気しなければなりません」という習慣はありがたいです。

* **компа́ния** ［カムパーニヤ］⼥ 会社 *company*：大学院生のときはビジネス
関係の通訳も多少はやっていたのですが、акционе́рная **компа́ния**「株式
会社」という表現を使った覚えがありません。ソビエト時代で、経済体制
が違っていたからでしょうか。

* **коне́ц** ［カニェーツ］男 終わり *end*：в конце́ ле́та「夏の終わりに」なりま
すと、お休みが終わってしまう悲しさより、これから涼しくなるうれしさ
のほうが勝っています。もっともたいていは、残暑が続くのですけどね。

* **коне́чно**［カニェーシナ］助 もちろん *of course*：ロシア語を積極的に使いたい人には**Коне́чно!**「もちろん！」という表現が人気です。それも結構ですが、慣れてきたら別の表現も覚えましょう。たとえば**Безусло́вно!**［ビズスローヴナ］なんてどうでしょうか。**без**は「〜なしで」で、**усло́вие**は「条件」ですから、合わせて「無条件に」＝「もちろん」です。

конце́рт［カンツェールト］男 コンサート *concert*：ソビエト映画『モスクワは涙を信じない』には、**Я иду́ на конце́рт.**「わたしはコンサートへ行く」というべきところ、**на**の代わりに**в конце́рт**といってしまい、「いやあね、モスクワに何年いるのよ」とツッコまれる場面があります。前置詞だけでお里が知れる？

конча́ть［カンチャーチ］不完, **ко́нчить**［コーンチチ］完 終える *finish*：つまり雑誌原稿のご依頼なんですね。ご安心ください。**Я всегда́ конча́ю рабо́ту в срок.**「わたしはいつも仕事を締切までに終えます」から。遅れたことは1度だってありません。もっとも単行本となりますと……。

конча́ться［カンチャーッツァ］不完, **ко́нчиться**［コーンチッツァ］完 終わる *finish*：**Всё хорошо́, что хорошо́ конча́ется.**「終わりよければすべてよし」とはいいますが、外国語学習は過程が大切ですし、さらには終わりもありません。

кора́бль［カラーブリ］男 船 *ship*：どうしてお金持ちになると、みんな**на косми́ческом корабле́**「宇宙船に乗って」宇宙旅行に出ようとするのでしょうね。お金がたくさんあると、だれもが同じようなことを考えるのでしょうか。だとしたら個性がなくなるわけですから、それって怖い気がします。まあ、わたしの場合は心配無用ですけど。

коро́ткий［カロートキイ］形 短い *short*：大学での正式なゼミは**коро́ткая исто́рия**「短い歴史」しかありません。2022年でまだ5年目。それでも「裏ゼミ」とか「新裏ゼミ」とか非正規のゼミはいろいろありましたから、そう考えるとゼミ活動は長いかも。

космона́вт［カスマナーフト］男 宇宙飛行士 *cosmonaut*：かつてのロシア語教科書にはЮрий Гага́рин ―пе́рвый в ми́ре **космона́вт**.「ユーリイ・ガガーリンは世界初の宇宙飛行士です」といった例文が必ず載っていました。この単語はソ連の宇宙飛行士に使い、アメリカのほうはастрона́вт［アストラナーフト］で表します。英語ではcosmonautとastronautです。

＊**кото́рый**［カトールイ］代 どの *which*：授業開始前に**Кото́рый** час?「いま何時ですか」と生徒に時間を尋ね、難しい数詞表現をくり返し練習します。かつてはだれもが腕時計をちらりと見て考えていましたが、今ではカバンからスマホを取り出さなければ時間が分かりません。

ко́фе［コーフィェ］男 コーヒー *coffee*：神田神保町にある紅茶専門店は、たとえコーヒーを頼んでもイヤな顔ひとつせず持ってきてくれます。わたしは**ко́фе** со льдом「アイスコーヒー」が好きで、これを飲みながらゆっくりと打ち合わせをします。紅茶専門店さん、ありがとうございます。

край［クラーイ］男 ❶端 *end*：教室でいつもсиде́ть на са́мом **краю́**「端っこに座る」学生がいます。でも、そういう位置のほうが教卓から目立つんですよ。❷地方 *region*：どこに位置していても、родно́й **край**「生まれ故郷」はそれぞれにとって大切な場所。お国自慢はお互いほどほどに。

краси́вый［クラスィーヴイ］形 美しい、きれいな *beautiful*：ロシア人から**краси́вый** по́черк「美しい筆跡」だと褒められればうれしいです。でも本音をいえば、**краси́вое** произноше́ние「美しい発音」のほうがもっとうれしいんですけど。◆**краси́во**［クラスィーヴァ］副 美しく、きれいに *beautifully*：もちろんговори́ть **краси́во**「きれいに話す」ことは、常に心がけています。

кра́сный［クラースヌイ］形 赤い *red*：ある学生がロシア人の先生に質問しました。**кра́сный** каранда́ш「赤鉛筆」というのは、芯が赤いのでしょうか、それとも見た目が赤いのでしょうか。先生はユニークな質問だと感心していましたが、わたしはそうは思いません。ことばには柔軟性があり、文脈によって適切な意味を示します。日本語で考えても分かるはず。

крича́ть ［クリチャーチ］ 不完 叫ぶ *shout*：外国語で**крича́ть** гро́мко「大声で叫ぶ」経験は、これまでにありましたか。日本語なら多かれ少なかれありますよね。それが外国語となると、まったく違ったりするのです。

крова́ть ［クラヴァーチ］ 女 ベッド *bed*：子どものころからспать на крова́ти「ベッドで寝る」のが習慣なので、旅館などで畳に布団が敷かれますと、ちょっと戸惑います。とくに起き上がるのが大変ですね。どっこいしょ。

кровь ［クローフィ］ 女 血 *blood*：よく**Кровь** течёт из но́са.「鼻血が出ます」。鼻血って、なにか興奮したときに出るというイメージがあって、そう思われるのがイヤでした。多感な高校生時代、授業中に鼻血が出てしまい、しかもそれが古典で『源氏物語』を読んでいるときで……。

＊ **кро́ме** ［クローミェ］ 前 ＋生 ～以外 *except*：Каки́е языки́ вы понима́ете, кро́ме ру́сского?「ロシア語以外に何語が分かりますか」と尋ねられたとき、あなたは日本語を挙げますか。そもそも母語が「分かる」ってどういうことなんでしょうか。深く考えると分からなくなってしまいます。

кружо́к ［クルジョーク］ 男 サークル、クラブ *circle, club*：高校のшко́льный кружо́к「クラブ活動」が大嫌いでした。だからいわゆる帰宅部で、その部長を自認するほど。授業が終わったらさっさと帰る。そうやって自分の時間を確保しなければ、外国語なんてできません。

кру́пный ［クループヌイ］ 形 大きな *large*：кру́пные де́ньги「大きなお金」とは高額紙幣のことです。ソビエト時代はお釣りが不足していたようで、お店は小銭がないと代わりにガムを渡しました。ぴったりのお金を用意しないと、ガムがどんどん増えていきます。しかもこのガムがおいしくない。それ以来、財布の中には小銭を用意する習慣がつきました。

＊＊ **кто** ［クトー］ 代 だれ *who*：写真を見ながら**Кто** э́то?「これはだれですか」と思うことがよくあります。よく知っている人なのに、風貌の違いにビックリ。まあね、人間は変わるんです。わたしも人のことはいえません。

кто́-то ［クトータ］⑭ だれか *someone*：大学の研究室にいたら、**Кто́-то** стучи́т в дверь.「誰かがドアをノックしています」。以前だったら慌ててドアを開けるのですが、最近はそういうこともなくなりました。ドアがガラス張りなので、誰が来たかすぐに分かるのです。便利ではありますが、プライベートは微塵もなく、着替えをするのも困ります。

* **куда́** ［クダー］圖 どこへ *where*：**Куда́** мы пое́дем?「どこへ行きましょうか」と問われると迷ってしまいます。う〜ん、ビアホールも行きたいし、でも和食も食べたいし……。

культу́ра ［クリトゥーラ］囡 文化 *culture*：不倫は文化だといった芸能人がいましたが、ロシアはかの『アンナ・カレーニナ』の国ですから、そういう面がないとはいいきれないかもしれません。だからといって、不倫が национа́льная **культу́ра**「民族文化」とまでいったら、不愉快に感じる方もいらっしゃいます。**культу́ра** ре́чи「ことば遣い」には気をつけたいものです。

купи́ть ［クピーチ］完 → покупа́ть

кури́ть ［クリーチ］不完 タバコを吸う *smoke*：わたしがタバコを嫌うのは、幼いころの思い出と結びついています。小学校6年生のとき、家族で沖縄へ行きました。本州を離れるのも初めてなら、飛行機に乗るのも初めてで、羽田空港内を歩くだけでワクワクしたものです。ところが出発の直前になって、出発が遅れるとの館内放送。すでにゲートを通った後なので、狭い待合場所に閉じ込められたまま出られません。しかも当時の大人は、暇さえあればタバコをふかすのです。30分以上にわたり、わたしは逃げ場もなくいぶされ、鼻の粘膜がおかしくなりました。そのせいで飛行機に乗り込んでも、那覇に着いても、イマイチ楽しくなくなってしまったのです。この恨みは今でも続いています。Нельзя́ **кури́ть** о́коло меня́!「わたしのそばでタバコを吸うな!」

курс ［クールス］囲（大学の）学年 *year*：大学生なら Я учу́сь на пе́рвом ку́рсе.「わたしは1年生です」のように表現しますが、日本語でこの「年生」は地域によって「回生」ともいいます。関西に多いですが、最近では関東でも使われているような気がします。留学で学年のずれる人が多く、数え方が混乱するからではないかと邪推しています。

ку́хня ［クーフニャ］囡 ❶台所 *kitchen*：毎日のように Я гото́влю у́жин на ку́хне.「台所で夕食を作ります」。食いしん坊なので、料理に関する本もいろいろ読みます。❷料理 *cuisine*：落合務『イタリア料理100のおいしいキーワード』が気に入っています。彼はиталья́нская ку́хня「イタリア料理」のシェフで、著作も多いですが、その処女作であるこの本はただ料理や食材を紹介するだけでなく、個人的な経験や思い出も語られているところが楽しい。本書も多分に影響を受けています。

ла́дно ［ラードナ］迷 いいです *OK*：ふつうはНу, ла́дно.「じゃあ、いいですよ」のように使い、ほとんどхорошо́と同じですが、他にも相手が自分のことを褒めちぎってくれたりしたら、Ла́дно вам.「もう結構ですから」とやんわり遮るときに使えます。このような場面でも使ってみたいのですが、誰も褒めちぎってくれません。

лгать ［ルガーチ］丕完, **солга́ть** ［サルガーチ］完 嘘をつく *lie*：外国語学習の世界は嘘があふれています。英語はやさしい、間違っても伝わればいい、こんな文法は覚えなくていい。学習者を励まそうとして出る発言かもしれませんが、そんな気休めは何の救いにもなりません。Переста́ньте лгать.「嘘をつくのはやめてください」。

ле́вый ［リェーヴイ］形 左の *left*：幼いころはписа́ть ле́вой руко́й「左手で書く」こともありましたが、今ではすっかり右利きです。でも不思議なことに、鍋のふたを開けるときだけは、なぜか今でも左手なんですよね。

лёгкий ［リョーフキイ］形 ❶ 軽い *light*：海外旅行は「軽い」のがいちばん。荷物は減らして**лёгкий** чемода́н「軽いスーツケース」に入れ、服装は薄手の**лёгкое** пальто́「軽いコート」、ホテルの朝は**лёгкий** за́втрак「軽い朝食」にしておいて、喫茶店では**лёгкая** му́зыка「軽音楽」を聴きながら優雅にコーヒーを飲みます。寛ぐなあ。 ❷ やさしい、簡単な *easy*：ただし身軽なのは行きだけの話で、帰りは本やDVD、各種資料でずっしり。飛行機に乗るとき問題にならないか不安になります。これは**лёгкая** рабо́та「簡単な仕事」ではありません。◆ **легко́** ［リフコー］副／述 やさしく／やさしい *easily*：本を買わなければいいじゃないかと思ったあなた。Э́то **легко́** сказа́ть.「言うは易し」ですよ。

лежа́ть ［リジャーチ］不完 横になる *lie*：あなたはベッドで本を読むとき、**лежа́ть** на спине́「仰向けに寝ます」か、それとも**лежа́ть** на животе́「うつ伏せに寝ます」か。わたしはたいていうつ伏せです。ベッドで読むのは重たい本が多いので。

ле́кция ［リェークツィヤ］女 講義 *lecture*：ロシア語では「講義をおこなう」ことを**чита́ть** ле́кцию「講義を読む」と表現します。かつて大学の西洋史の講義で、先生が読み上げるノートを1文字も間違えずに書き写すよう指示されたことがありました。

лес ［リェース］男 森 *forest*：е́хать ле́сом「森を行く」は文法的に珍しい表現で、「森」が造格になっています。通る場所を表す造格ですが、現代ロシア語ではその用法が限られます。

лета́ть ［リターチ］不完 不定 飛ぶ *fly*：不定動詞とは一定方向に向かっているのではなく、くり返されたり、旋回したりする様子を表します。Вертолёт **лета́ет** над го́родом.「ヘリコプターが街の上空を飛んでいます」という表現がイメージしやすいです。都心に住んでいるせいか、ヘリコプターが上空を飛んでいる音がよく聞こえます。定動詞だったらさっさと飛んで行ってくれるのでしょうが、不定動詞はいつまでも煩いです。

лете́ть [リチェーチ] 不完 定 飛ぶ *fly*：ノーソフ『ビーチャと学校友だち』は、Поду́мать то́лько, как бы́стро вре́мя лети́т!「ビックリだよね、時間が経つのってなんて速いんだろう！」から始まります。夏休みが終わって新学期が始まったからなのですが、これはだれでも共感しますよね。

ле́то [リェータ] 中 夏 *summer*：今年も Прошло́ ле́то.「夏が過ぎ去りました」。アーラ・プガチョーワは До свида́ния, ле́то「夏よ、さらば」という歌を歌っていました。タイトルに相応しく、もの悲しい曲です。◆ **ле́том** [リェータム] 副 夏に *in summer*：もの悲しくなるのは、今年の夏もどこにも出かけられなかったからでしょうか。では、Где вы отдыха́ли ле́том?「あなたは夏にどちらで休まれましたか」。

лечь [リェーチ] 完 → ложи́ться

＊**ли** [リ] 助 〜か *whether*：ロシア語の疑問のイントネーションは、そのメロディーが難しいです。英語のようにdoを使ったり、be動詞を前に置いたりできないので、声の上げ下げだけで表さなければなりません。ただし強調したい語を文頭に置いて、その直後にлиをつければ疑問が作れます。Зна́ете ли вы об э́том?「あなたはこのことを知っていますか」なら、質問であることがはっきりします。イントネーションを間違えると、ひとりで納得しているのかと誤解されて悲しいですが、これを使えばそういうことがないので安心ですね。Не пра́вда ли?「そうじゃありませんか」。

ли́ния [リーニャ] 女 線 *line*：何事にも провести́ ли́нию「線を引く」ことを好む人がいます。境界をしっかり決めて自分の領域を決めるのは、安心ですが世界が広がりません。ロシア語と他の外国語の間に線を引かないでください。

лист [リースト] 男 ❶ 枚 *sheet*：紙などの薄いものは**лист** из тетра́ди「ノートの紙1枚」のように表現します。他にも ❷ 葉 *leaf*：植物の葉を表し、**лист** берёзы「白樺の葉」のように使います。日本語でも「1葉、2葉」って数えますものね。ちなみにウクライナ語でлистは手紙の意味にもなります。

литерату́ра ［リチラトゥーラ］囡 文学 *literature*：未来の大学院生へ。自分が学びたいのは言語であって、文学ではない。そう判断する高校生や大学生が多いです。何を専門にするかはともかく、外国語を本気で学ぶのでしたら、文学や小説は読まなければなりません。しかも時間がかかりますので、早いうちから少しずつ読むといいでしょう。ところで**Вы чита́ете ру́сскую литерату́ру**?「あなたはロシア文学をお読みになりますか」。読んだことがなければ、イスカンデール『牛山羊の星座』をお勧めします。カフカースが舞台の、明るい文学です。

* **лицо́** ［リツォー］囲 顔 *face*：一口に**краси́вое лицо́**「美しい顔」といっても、どんな顔が好みかは意見の分かれるところです。そもそも人間は目鼻立ちだけでなく**выраже́ние лица́**「表情」も大切ですよね。授業中、能面のように表情のない顔の学生を見るのは、本当にイヤです。

ли́чный ［リーチヌイ］囲 個人の *personal*：学生のレポートを読んでいると**Э́то моё ли́чное мне́ние.**「これはわたしの個人的な意見です」というような但し書きが多くて不思議です。政治家じゃあるまいし、自分の意見を堂々と述べればいいじゃないですか。まさか通販番組の字幕に出てくる「感想は個人によって異なります」の影響じゃないですよね?

* **лишь** ［リーシ］囲 ただ *only*：期末試験のとき、たとえ**Отсу́тствует лишь оди́н.**「欠席は1人だけです」といっても、やはり頭が痛いです。あとで追試のための準備をしなければなりませんし、そもそもそういう学生に限って、ふだんから定期的に小テストを受けていなかったりして……。

ложи́ться ［ラジーッツァ］囲, **лечь** ［リェーチ］囲 横になる *lie*：ミハイル王子に砂漠の国から緊急の連絡が入りました。お姫さまのお母さまが病気で、**лечь в больни́цу**「入院する」ことになったというのです。ところが入院の費用が足りないため、王子に工面してほしいとのこと。ねえねえ、そういう関係って、本当に大丈夫ですか。

ло́жка ［ローシカ］ 囡 スプーン *spoon*：ロシア語でスープは「飲む」もので
はありません。есть суп **ло́жкой** 「スープをスプーンで食べる」のように
表現します。確かにロシアのスープは具沢山ですから、スプーンですくっ
て「食べる」のほうが相応しい気がします。

луна́ ［ルナー］ 囡 月 *moon*：日本語では「月がきれいですね」が愛の告白
にもなりますが、ロシア語でНа не́бе появи́лась **луна́.** 「空に月が出まし
た」といってもそれは単なる天体現象であって、特別な意味はありません。
何かを期待しても無駄です。

луч ［ルーチ］ 男 光、光線 *ray*：そんな月夜の晩に**луч** луны́ 「月の光」はな
かなかロマンチックですが、夜更かしばかりしていないで、**луч** со́лнца
「日光」も浴びないと、生活リズムが崩れますよ。

лу́чше ［ルーチシェ］ 述 よりよく *better*：**Лу́чше** по́здно, чем никогда́. 「遅
れてもやらないよりはマシ」ということわざがありますが、これは外国語
を学ぶときに大切な考え方です。子どものころからやらなかったからなど
と、つまらない言い訳はしないで、今から勉強しましょう。

* **лу́чший** ［ルーチシイ］ 形 もっともよい *best*：正式な場面だから**наде́ть**
свой лу́чший костю́м 「一張羅を着る」ようにいわれますと、実は困っ
てしまいます。ちゃんとした衣装なんて喪服ぐらいしかありませんし、そ
れもあんまり着ないからすこしカビ臭い。しかも久しぶりに袖を通したら、
なんだかきつくて……。

люби́мый ［リュビームイ］ 形 好きな *favorite*：外国語は**люби́мое** заня́тие
「趣味」になるのでしょうか。ある人は、外国語が好きだというと真面目
な勉強家だと思われて困るといいました。一般にはそんなイメージが強い
も知れませんが、そうとは限りません。わたしの周りには外国語を楽しん
でいる人がたくさんいます。

* **люби́ть**［リュビーチ］不完 好む *like*：とにかく**Я о́чень люблю́ пи́во.**「わたしはビールが大好きです」ということは、広く知られています。とはいえ、好きなものは他にもあります。たとえば牡蠣。生でもフライでも、シーズンにはなるべくたくさんの牡蠣を味わいたいと願っています。そんなことを何の気なしに話したら、北海道出身のある教え子から毎冬に生牡蠣が届くようになってしまいました。ありがたいのですが、年末の忙しいときに、食べきれないほど大量の牡蠣を剥くのは大変です。もちろん感謝していますから、いただくたびにメールを送り、本当にありがとう、でも今後はどうぞお気遣いなくと伝えるのですが、翌年の暮れにはやはり届くのです。以来、発言には気をつけているのですが、こういうことはつい口にしてしまうもの。先日も学生相手に、**дя́дя**はビールばかり好きだと思われているけど、そんなことはないんだよ、甘いものにしても、シュークリームは自分で買って食べるくらい好きなんだよねと話してから、しまったと思いました。学生の目がキラリと光ったのです……。

* **любо́вь**［リュボーフィ］女 愛 *love*：ミハイル王子は**жени́ться по любви́**「恋愛結婚する」のが理想です。そしてその相手が、砂漠の国のお姫さまだと信じて疑いません。そのお姫さまですが、先日もお金の振り込みを催促してきました。それは単なる**любо́вь к деньга́м**「金銭欲」ですよね。

* **любо́й**［リュボーイ］形 任意の *any*：学生には研究室に**Заходи́те в любо́е вре́мя.**「いつでも寄ってください」といっています。ふだんはそれほど忙しくないのですが、ときどき絶望的に間の悪いときに来てしまう学生がいます。一方で、最高のタイミングで訪れる学生もいるんですよね。あの違いは何なのでしょうか。

лю́ди［リューヂィ］複 人々 *people*：アンナおばさんはよく**На лю́дях я не скажу́ ни сло́ва.**「人前じゃ一言もいいません」というのですが、本当に大丈夫なんでしょうか。ふだんから噂話が大好きなアンナおばさんなのに。えっ、私立探偵になる決心をしたんですか？　だったらもちろん口が堅くなければダメです。はてさて、上手くいきますかね。

赤いイクラ、黒いイクラ

イクラはすでに出ましたが、ロシア語のикра́ がいつでもイクラとは限りません。

チョールナヤ　イクラー
чёрная икра́ キャビア

чは「チュ」の音です。чёрнаяは「黒い」という意味で、「黒いイクラ」がキャビアなんです。キャビアはチョウザメの卵。ベルーガやセブリューガなど、チョウザメの種類によっていろいろあり、当然お値段も変わってきます。一方、寿司の軍艦巻きに載っているほうはこちら。

クラースナヤ　イクラー
кра́сная икра́ イクラ

кра́снаяは「赤い」、つまり「赤いイクラ」がいわゆるイクラというわけです。

文字が制限されていると話が進みません。もうすこし紹介しましょう。

Г г 英語のgの音

クラースナヤ　クニーガ
кра́сная кни́га 赤い本

гはギリシア文字のガンマγです。γ-GTPの数字はアルコールに敏感で、一部の人には（わたしにも）とても身近。「赤い本」は絶滅危惧種の資料集、Red bookです。

З з 英語のzの音

クラースナヤ　ローザ
кра́сная ро́за 赤いバラ

zの筆記体は𝓏なので、ちょっと似ているでしょうか。英語のroseと同じく、Ро́заはロシア語でも女性名としても使います。

Л л 英語のlの音

チョールナヤ　リーリヤ
чёрная ли́лия 黒ユリ

лはпと似ていますが、左側が音符♪のようになっているのがлです。ли́лияはlilyと関係があります。

Ц ц ［ツ］の子音

チョールナヤ　プチーツァ
чёрная пти́ца 黒い鳥

小さな背もたれ付の椅子を逆さまにしたような形。発音は［チ］じゃなくて［ツ］。

ロシアでは赤がプラスのイメージで、古い時代は「美しい」と同義語でした。一方黒には否定的で、чёрная рабо́та「黒い仕事」は雑役、つらい肉体労働の意味。日本語でもブラックバイトというし、黒のイメージはどこでも最悪、「黒田」としてはガッカリです。

今日は早く寝ちゃお。

M

магази́н ［マガズィーン］**男** 店 *store, shop*：英語から類推すると間違えてしまう単語です。発音は［マガズィーン］ですが、「雑誌」ではありません。毎週わたしは［マガズィーン］を買いますなんていったら、不動産王と勘違いされてしまいます。もう少しふつうの例文で覚えましょう。Ве́чером я рабо́таю в **магази́не**. 「晩はお店でバイトしています」。

май ［マーイ］**男** 5月 *May*：わたしが通っていたロシア語専門学校はかつて、Пе́рвое ма́я「メーデー」の日が休校だったそうです。理由は生徒がデモ行進に参加して、疲れて授業に参加できないから。昔はロシア語が労働運動と結びついていたのですね。わたしが学んだ80年代には、そういう習慣がなくなっていました。

* **ма́ленький** ［マーリンキイ］**形** 小さい *small*：強調しておきますが、Моя́ жена́ **ма́ленькая**.「うちのカミさんは小柄です」。自称144センチでしたが、結婚後に知った本当の身長は143.5センチで、長年騙されていました。高校時代はマンドリン部だったことも初耳で、本人はギターを弾いていたといっておりますが、カミさんが抱えるからギターに見えるのであって、本当はウクレレだったのではないかと疑っています。

ма́ло ［マーラ］**副** ほとんどない *little*：Он **ма́ло** говори́т.「彼はほとんど話さない」からといって、何も考えていないとは限りません。書いたものを読むと、驚くほど深く考察していることがあります。外国語学習も同じで、お喋りだけで力量は測れません。

ма́лый ［マールイ］**形** 小さい *small*：子どものころから整列するたびに前のほうでしたから、長らく Я мал ро́стом.「わたしは背が低い」と信じていたのですが、最近そうでもないと感じるようになりました。なんか、今の若い人って小柄ですよね。

ма́льчик ［マーリチク］男 男の子 *boy*：あるタレントが**Ма́льчики** лю́бят отбивны́е котле́ты.「男の子ってハンバーグが好きだよね」と話していました。自分はそうでもないのですが、周囲を注意深く観察してみれば、確かにそんな傾向があるようです。すっかり見透かされていますね。

* **ма́ма** ［マーマ］女 ママ *mummy, mommy*：英語でもロシア語でも、それどころか日本語だって、**Ма́ма!** といえば母親だと思っていますよね。でも世界は広く、グルジア語では［ママ］が父親です。(→ па́па)

март ［マールト］男 3月 *March*：Моя́ жена́ родила́сь в ма́рте.「うちのカミさんは3月に生まれました」。誕生日にはケーキでも用意しようかと思うのですが、この日はお菓子売り場に男性が群がって混雑する特別な日なので、代わりにすこし高めのワインを買うことにしています。

ма́сса ［マーッサ］女 大量、多数 *mass*：個人を大切にすることも結構ですが、若いころは**ма́сса** наро́ду「大人数」で扱われる経験も必要です。大学で少人数教育ばかり受けていますと、精神的にひ弱になって、就活に耐えられません。わたしの言語学のような200人以上のクラスで教師に話しかけられたら、その勇気は外国人に外国語で話しかけるときと同じです。

материа́л ［マチリヤール］男 材料、資料 *material*：未来の大学院生へ。外国語を研究するには、自分でсобра́ть **материа́л** для статьи́「論文のための資料を集める」ことが肝心です。ではどこに資料を求めるのか。安易な人は辞書を引きますが、それは編者によって選別された資料ですから相応しくありません。新聞には独特の文体があり、小説は作家の癖があります。最悪なのがネイティブの友だちに聞いたり、ネットで顔も分からない相手に判断を委ねたりすること。そんな情報源は信用できませんし、説得力もありません。さて、あなたならどうしますか。

* **мать** ［マーチ］女 母 *mother*：結婚するとき、母親からいわれた言葉。母親と妻がもめたとき、母親の味方をするような男はダメだよね。Это моя́ мать.「それがうちの母親です」。

* **маши́на** ［マシーナ］囡 ❶車 *car*：Я не уме́ю води́ть маши́ну.「わたしは車の運転ができません」が、人に乗せてもらうのがイヤというわけではありません。ただ、車を運転することに興味がないのです。❷機械 *machine*：もっとも**маши́на** вре́мени「タイムマシン」なら、自分でちょっと操作してみたいかもしれません。

ме́дленно ［ミェードレンナ］副 ゆっくりと *slowly*：外国語だからГовори́те **ме́дленно**!「ゆっくり話してください」と頼むのですが、それができないのがネイティブスピーカーというもの。よくあるのが、本人はスピードを落としているつもりで、単語と単語の間は空けてくれるけど、速度がまったく変わらないパターン。それじゃやっぱり聴き取れません。

* **ме́жду** ［ミェージドゥ］前 ＋造 〜の間 *between*：はじめてのソ連は船で行きました。**ме́жду** Йокога́мой и Нахо́дкой「横浜とナホトカの間」を当時は定期船が運航していたのです。多くの人が見送る中いよいよ出航というときになって、拡声器からいしだあゆみの「ブルーライトヨコハマ」が流れたときは、ずっこけましたね。当時でも10年以上は古かったです。

междунаро́дный ［ミジドゥナロードヌイ］形 国際的な *international*：わたしが大学生だった1980年代は**междунаро́дные** отноше́ния「国際関係論」といいましたが、今ではすっかり「国際関係学」です。いったい何が変わったのでしょうか。

ме́лкий ［ミェールキイ］形 浅い *shallow*：いつもは大胆なアンナおばさんですが、実は泳げません。たとえ**ме́лкая** река́「浅い川」を渡るときも、溺れるんじゃないかとドキドキしています。でも探偵になるための修業と考えて、最近は頑張っているようです。◆**ме́лко** ［ミェールカ］副／述 浅く／浅い *shallowly*：大丈夫ですよ、アンナおばさん、Здесь ме́лко.「ここは浅いです」から怖がらないで。こちらは懸命に励ましているのに、おばさん曰く、あなたのいうことは信用できない。それってあんまりじゃないですか！

ме́ньше ［ミェーニシェ］述 より少なく *less*：傍からすれば、Я рабо́таю ме́ньше други́х.「わたしは他の人より少ししか働いていない」ように見えるかもしれません。しかし外国語に取り組むことは生活のすべてに関わるわけですから、見方によっては24時間働いているともいえるのではないでしょうか。としたら、わたしは働き者です。うん、そうに違いない。

ме́ра ［ミェーラ］女 単位 *measure*：現代ロシアでは ме́ра длины́「長さの単位、尺度」も ме́ра ве́са「重さの単位、重量」も世界標準と同じですが、昔は独自の単位がありました。たとえばメートル法以前に使われていた верста́「露里」は1.06キロメートルです。19世紀の小説を読んでいると出てきますから、覚えておくと便利です。

＊＊ **ме́сто** ［ミェースタ］中 ❶ 場所、席 *place*：電車で уступи́ть ме́сто「席を譲る」ことはありますが、そのときにべもなく断られると、譲った側は立場がありません。だからいずれ譲られる側になったら、素直に座るつもりです。❷ 順位 *place*：ところが学校の掲げた親切運動で老人に席を譲ることを競い、まずは自分で席を占領してから譲る生徒が出たことがありました。занима́ть пе́рвое ме́сто「1位になる」ことは、ときに醜いです。

＊ **ме́сяц** ［ミェースィッツ］男 (暦の) 月 *month*：あまり先まで予定を入れたくありません。せいぜい в бу́дущем ме́сяце「来月」くらいまでがいい。ところが1年近く先の予定まで決まっていることがあり、せわしないです。

月の名称

「〜月に」は в＋前置格で表しますが、月の名称のうち半分はアクセントの位置が移動しますので、9月から覚えるといいでしょう。前半はアクセントが最後です。в сентябре́「9月に」、в октябре́「10月に」、в ноябре́「11月に」、в декабре́「12月に」、в январе́「1月に」、в феврале́「2月に」。残りはアクセントが移動しません。в ма́рте「3月に」、в апре́ле「4月に」、в ма́е「5月に」、в ию́не「6月に」、в ию́ле「7月に」、в а́вгусте「8月に」。そういえば、昔のロシアは暦が9月から始まっていました。

метро́ ［ミトロー］囲 地下鉄 *subway*：Я е́зжу на метро́.「わたしは地下鉄で行く」ことが多いのですが、車内を見渡しますと、ほとんどの人がスマホをいじっています。席一列の全員が小さな画面を見つめていることも珍しくありません。他には居眠りしている人が何人か。本を読んでいる人は数えるほどで、ほとんどは文庫本ですが、ひとりだけ珍しく単行本を開く人がいました。ところがよく見ますと、背表紙には図書館の蔵書シール。な〜んだ、自分で買ったわけじゃないのですね。それにしても何の本でしょうか。そんなこと観察しているのは、もちろん少数派です。

мечта́ ［ミチター］囡 夢 *dream*：子どもに対して、大人が気軽にКака́я у тебя́ мечта́?「君の夢は何？」と尋ねていいのでしょうか。宇宙飛行士やオリンピック選手は夢を信じよといいますが、超人の意見は参考になりません。人間は個体差が激しい生物です。

меша́ть ［ミシャーチ］囷，**помеша́ть** ［パミシャーチ］完 邪魔する *disturb*：ロシアで物売りや夜の商売の女性からしつこくされたとき、Не меша́йте.「邪魔しないでください」といいますと、驚くほど効果があります。大人の話に割り込んできた子どもも、これで静かになりました。

миллио́н ［ミリオーン］囲 百万 *million*：お店で総菜をいくつか買ってお札を渡し、お釣りの200円受け取ろうとしたら、店員さんが「はい、200万円のお釣りです」Вам два миллио́на сда́чи. といいました。もちろん冗談です。昭和時代のおじさんが子ども相手にからかって使う表現でしたが、こういう冗談を外国語で説明すると意外に骨が折れます。две́сти「200」に100万をつければ2億になってしまうからです。数字の桁の表現が違っているのが原因で、これはты́сяча「1000」にもいえますが、咄嗟には難しいですから、事前に説明を用意しておかなければなりません。とはいえ、自分で使いたい冗談ではありませんが。

ми́лый ［ミールイ］形 かわいい *cute*：日本の女の子は「かわいい」といわれたい人が多いので、Ты ми́лая.「君ってかわいいね」といえば喜ぶでしょう。ただし、ロシア人にも効果があるかどうかは知りません。

M

мини́стр［ミニーストル］男 大臣 minister：最初に学んだ大学で、仲のよい友人が自分も合わせて8人でグループを作っていました。みんなで旅行に出かけることもありましたが、仲間に旅行の大好きな男がいて、彼がすべての手配をしてくれます。われわれは彼のことを**Мини́стр** земли́ и тра́нспорта「国土交通大臣」と呼んで、重宝がっていました。しかし彼だけに負担をかけては悪いので、メンバーで役割を分担しました。お会計の担当は**Мини́стр** фина́нсов「財務大臣」、救急箱の管理は**Мини́стр** благосостоя́ния и труда́「厚生労働大臣」、わたしはといいますと**Мини́стр** иностра́нных дел「外務大臣」を拝命し、なにか交渉することがあれば、ノコノコと出かけて話をつけるのが役割でした。後に国土交通大臣は旅行会社に勤め、財務大臣は企業の会計課、厚生労働大臣は医者になったのですから、うまくできていますよね（大臣名は現在の日本に合わせてあります）。

* **мину́та**［ミヌータ］女 分 minute：たとえопозда́ть на одну́ **мину́ту**「1分遅れる」としても、遅刻は遅刻です。いや、1分くらいはいいのですが、じゃあ2分は、3分はとなると収拾がつきません。あまり杓子定規なことはいいたくありませんが、なるべく間に合うように来てください。

* **мир**［ミール］男 ❶平和 peace ❷世界 world：**Ми́ру** мир!「世界に平和を」というスローガンがあります。現代ロシア語では「世界」と「平和」が同音異義語となってしまい、おかげで語呂よくまとまりました。ロシア人名のВлади́мир「ウラジーミル」はвлади「ウラジ」とмир「ミール」に分けられます。「ウラジ」は征服を意味するので、ある言語学者がウラジーミルは世界征服という意味だと説明していましたが、それは間違い。この「ミール」は平和のほうで、「平和を制する者」が正解です。昔は「世界」に対してсвет［スヴェート］という単語を使っていたことを知っていれば、間違えないのですが。◆**ми́рный**［ミールヌイ］形 平和の peaceful：この形容詞といっしょに覚えたのが**ми́рный** догово́р「平和条約」でした。政治交渉ではなくても、通訳などでよく使った語結合です。◆**мирово́й**［ミラヴォーイ］形 世界の world：一方、Втора́я **мирова́я** война́「第二次世界大戦」もよく使いましたので、詳しく勉強しました。歴史にはいろいろな解釈がありますが、ソ連が多大な犠牲者を出したことは事実です。

мла́дший ［ムラートシイ］形 年下の *younger*：最初に勤めた大学で出会ったある男子学生は、浪人していたこともあって年齢が少ししか違わず、**мла́дший** брат「弟」みたいな感覚で仲よくしていました。今では自分が学生のお父さんよりも年上ということも多いです。

мне́ние ［ムニェーニエ］中 意見 *opinion*：人間は一人ひとり違いますから、いつでもМы одного́ **мне́ния**.「わたしたちは同意見です」とは限りません。それでも中には非常な確率で一致する人もいて、元教え子のCくんなんか、わたしと85％は同じ考えでできているらしく、黙っていてもほとんど分かってしまいます。それでも15％は違うわけで、それで当たり前なのです。

* **мно́гие** ［ムノーギエ］形 多くの（複数のみ）*many*：偏見はいけませんが、経験から**во мно́гих** слу́чаях「多くの場合」そうだと、どうしても傾向でモノを考えてしまいます。そして残念ながら、それが当たってしまうんですね。

* **мно́го** ［ムノーガ］副 たくさん *many, much*：なぜ大学にはизуча́ть **мно́го** иностра́нных языко́в「たくさんの外国語を学ぶ」ことのできる専攻がないのでしょうか。1つに絞らずにいろいろな外国語を勉強することは、国際教養やリベラルアーツに負けないくらい見聞が広がります。そんな大学があったら、わたしは喜んで教えに行きます。

** **мо́жно** ［モージナ］副 〜してよい *may*：あとに動詞の不定形を続ければ、**Мо́жно** войти́?「入ってもいいですか」とか**Мо́жно** спроси́ть?「質問していいですか」のように疑問文が作れます。でも実際の会話だったら、それだけではありません。たとえばカメラを手にして**Мо́жно**?「いいですか」といえば撮影許可を求めることができますし、お菓子に手を伸ばしながら**Мо́жно**?「いいですか」だったら食べていいかですよね。このように応用範囲が広いのですが、たったひとつ、ちゃんと疑問のイントネーションにしないと、自分が許可を与えてしまっているように聞こえてしまいます。

M

＊＊ **мой**［モーイ］囲 私の *my*：教え子で某県の水道局に勤めている者がいます。彼は自分の仕事に誇りを持つのを通り越して、ほとんど愛しているといっていいくらいです。自分の管轄内に住む人に会えば、Ты пьёшь **мою** во́ду.「君はボクの水を飲んでいるんだね」というものですから、いわれた人は大いに戸惑います。わたしにしても、「水」に所有代名詞をつけるというのが不思議でなりません。

молодёжь［マラヂョーシ］囡 若者 *youth*：совреме́нная **молодёжь**「現代の若者」に限った話ではありませんが、若いころはたいして個性のないものです。歳を重ねながら育まれていくのが個性です。だから若い自分が平凡だとしても、嘆くことはありません。

＊ **молодо́й**［マラドーイ］囲 若い *young*：未来の大学院生へ。寺田寅彦『柿の種』によれば、「若い学者が研究論文を書くと、とかくひとり合点で説明を省略し過ぎて、人がよむとわかりにくいものにしてしまう場合が多い」とあります。残念ながらその傾向は**молоды́е** учёные「若い研究者」に限りません。しかし研究論文というものは、予備知識がなくても、辻褄が合っていれば誰でも納得がいくように書かなければならないのです。

молоко́［マラコー］囲 牛乳 *milk*：Я люблю́ ко́фе с **молоко́м**.「ミルク入りのコーヒーが好き」なので、この単語はいろんな言語で覚えるようにしています。ウクライナ語でもмолокоですが、発音は［モロコー］で、アクセントのないоも［オ］と発音します。一方ベラルーシ語ではロシア語と同じく［マラコー］といいますが、綴りはмалакоです。молокоと書いて［マラコー］と発音するロシア語が、いちばん素直じゃないです。

молча́ть［マルチャーチ］不完 黙っている *be silent*：ラジオでは一定以上の時間を黙ってしまうと、「放送事故」になります。声がまったく聞こえなければ、たとえ数秒でも聞いている人が不安になります。外国語会話も同じです。いつまでも黙っていたら、相手は聞こえていないのかと心配します。Почему́ вы **молчи́те**?「どうして黙っているのですか」、といわれないよう、何か声を出して反応してください。

момéнт［マミェーント］男 時点、時期 *moment*：外国語が в одúн момéнт
「あっという間に」できるようになるはずはありません。それなのに多く
の人が何か効果的な方法、できれば効率のよい方法はないものかと、探し
ています。その時間を勉強に充てればいいのに、もったいないことです。

мóре［モーリェ］中 海 *sea*：ときどき бýрное мóре「荒れ狂う海」が迫って
くる夢を見ます。ここなら大丈夫だと思っている場所にまで波が打ち寄せ
るのです。子どものころに大きな波を被って溺れかけたことが、トラウマ
になっているのでしょうか。

* **мочь**［モーチ］不完，**смочь**［スモーチ］完 できる *can*：試してもみない
うちから間髪入れずに Я не могý.「できません」という人っていますよね。
たとえば巻舌の発音とか。恥ずかしいのは分かるのですが、そうやって最
初から拒否されたのでは、こちらも指導が「できません」。

муж［ムーシ］男 夫 *husband*：うちのカミさんはきっと、わたしのことを
забóтливый муж「よく気のつく夫」だと思っているはずです。忘れると
いけないので、毎日わたしがそうくり返していますから。

мужчúна［ムッシーナ］男 男性 *man*：昔からマッチョな価値観がイヤで、
Бýдьте мужчúной.「男らしくしなさい」とか、そういうのが大嫌いでし
た。だから友だちも穏やかな人が多かったです。今は以前ほどいわなくな
りましたが、そういう価値観は依然としてあります。

музéй［ムズィェーイ］男 博物館、美術館 *museum*：かつて通訳ガイドとし
ていろんな博物館に行きました。истори́ческий музéй「歴史博物館」や
литератýрный музéй「文学博物館」は、興味がありますから楽しく通訳
できます。つらいのは приро́дный музéй「自然博物館」で、そもそも知
識がない上に、虫や蛇は気持ち悪いし、石なんてどれも同じだし、まった
くうれしくありませんでした。

M

му́зыка［ムーズィカ］囡 音楽 *music*：旧ソ連はお固いばかりの国だったとお考えでしたら、それは誤解というものです。たとえばソビエト・ボサノバというлёгкая му́зыка「軽音楽」はお聞きになったことがありますか。1960年代のソ連版ムード音楽は、なかなか洒落ていますよ。

＊**мы**［ムィ］代 わたしたち *we*：ちょっと不思議なんですが、ロシア語で**мы** с тобо́йといったら「わたしたちと君」ではなくて「わたしと君」で、つまりふつうは2人なんですね。

＊ **мысль**［ムィースリ］囡 考え *thought*：本来、言語学とは**мы́сли** вели́кого челове́ка「偉大な人の思想」を追うものではなく、その考え方を理解していくものではないでしょうか。だから言語学者の名前ばかりが出てくる言語学は、すくなくとも入門には不向きです。

мя́гкий［ミャーフキイ］形 軟らかい *soft*：日本の**мя́гкий** хлеб「軟らかいパン」ではなく、ロシアのようなしっかりしたものが好みです。ところがこれを日本で手に入れるのは難しいので、ドイツ風のパンで代用していますが、残念ながらロシアの黒パンに比べて、酸味が足りません。

мя́со［ミャーサ］中 肉 *meat*：ロシア語のжа́реное **мя́со**「ステーキ」はビーフでもポークでもかまいません。でも日本語で「焼き肉」といえば牛肉が中心ですよね。さらに「焼き豚」はステーキとは違います。「焼き鳥」はもっと違う。外国語に触れていると、日本語まで気になってきます。

言語学コラム ロシア語最重要単語100（前半）

ここまでに半分の50語が挙がりました。

а, без, большо́й, бы, быть, в, весь, вот, вре́мя, все, всё, вы, где, говори́ть, год, да́же, два, де́ло, день, для, до, до́лжен, друго́й, его́, её, е́сли, есть, ещё, же, жизнь, за, знать, и, идти́, из, и́ли, име́ть, их, к, как, како́й, когда́, кото́рый, кто, ли, ме́сто, мо́жно, мой, мочь, мы.

ワーニャとイワンは同一人物

ロシア語の文字には英語と対応しているものがあります。г=g、з=z、л=lというように、かたちは違っても対応は1対1で明快。

ところがцを英語で表そうと思ったら、1文字では無理です。ふつうはtsか、場合によってはczが対応します。帝政、いわゆるツァーリズムはロシア語でцари́змとなりますが、英語ではczarizmあるいはtsarizm（発音は「ザーリズム」）となります。ほかにч=ch、ш=shのような例もありました。

ではその反対に、英語では区別するけどロシア語では区別しないということはないのでしょうか。

В в

英語のBとは違います。小文字もbとはなっていません。上の前歯を下唇の内側に軽く触れて、摩擦を起こして発音します。つまり英語だったらvに対応するのです。

ви́за ビザ、査証
（ヴィーザ）

ビザとは外国に滞在する際に大使館などが事前にチェックしてから与える入国許可visaのことです。日本人がロシアへ行くときには、たとえ短期間でもビザが絶対に必要となります。この例からもロシア語のвが英語のvに対応していることがよく分かりますね。

ところが、次はどうでしょう。

вино́ ワイン
（ヴィノー）

英語はwineですから、ここではвがwに対応しています。ほかにもви́ски＝whisky「ウイスキー」、ваго́н＝wagon「車両」などがあります。

Дя́дя Ва́ня ワーニャ伯父さん
（チャーヂャ ヴァーニャ）

作家チェーホフによる有名な戯曲のタイトルです。Ва́няは［ヴァーニャ］と発音したほうが近いですが、日本語では「ワーニャ」という表記が一般的です。Ва́няは親しい人が呼ぶときに使う形で、これを愛称形といいます。

それに対してви́заを申請するときには、正式名であるИва́нと書かなければなりません。発音は［イヴァーン］ですが日本語の表記はふつう「イワン」です。つまりВа́няとИва́нは同じ名前なのです。

なんだか頭がクラクラしてきましたか。今夜はこの辺でやめときましょう。

на ［ナ］ 前 **❶** ＋前 〜で（場所を示す）*in*：わたしが書く教科書には、ついつ
　　いпóчта「郵便局」とзавóд「工場」が多くなります。前置詞наと結びつ
　　く代表例として挙げたいからです。その結果、Мать рабóтает **на** пóчте.
　　「母は郵便局で働いています」、Отéц рабóтает **на** завóде.「父は工場で働
　　いています」といった文ばかりになってしまいます。**❷** ＋対 〜へ（行先を
　　示す）*in*：わたし自身は工場とは縁がありませんが、郵便局はよく出かけ
　　ますので、Я идý **на** пóчту.「わたしは郵便局へ行きます」は実用的な文
　　です。さらに実用的なのがЯ идý **на** урóк.「わたしは授業に行きます」、
　　いや、Студéнты чáсто опáздывают **на** урóк.「学生たちは授業によく遅
　　刻する」のほうが使うかも。

навéрно ［ナヴェールナ］ 副 たぶん *probably*：約束の時間をだいぶ過ぎたの
　　に、アンナおばさんは一向に現れません。Онá, **навéрно**, заблудúлась.
　　「彼女はたぶん道に迷ったのでしょう」。詳しく説明したつもりでしたが、
　　どうやら伝わっていなかったようです。それにしても、これで探偵になれ
　　るのでしょうか。

над ［ナト］ 前 ＋造 〜の上に、〜の上空に *over*：あるときカミさんと散歩を
　　していたら、**Над** нáми летáлаворóна.「わたしたちの上をカラスが飛ん
　　でいました」。次の瞬間、空から生温かい白いものが降って来て、頭の上
　　にベッタリ。やられました。ところがすぐ隣のカミさんはまったく被害に
　　遭っていません。運不運はまさに紙一重です。

нáдо ［ナーダ］ 述 〜しなければならない *must*：英語の検定試験の日が近づ
　　いているミハイル王子。**Нáдо** мнóго занимáться.「たくさん勉強しなけ
　　ればいけない」はずなのに、今日も余裕で砂漠の国のお姫さまとオンライ
　　ンでお茶の時間。本人はНе **нáдо** меня беспокóить.「わたしのことは心
　　配に及びません」というのですが……。

наза́д ［ナザート］ 副 後ろに *back*：時間を表す対格の後に置いて、мно́го лет **наза́д**「何年も前に」のように使います。ときには мно́го лет тому́ **наза́д** のように、тому́ を間に置きます。この тому́ っていったい何なのか、学生時代に先生に質問しました。先生は大変に興味深い質問だから調べてみましょうと仰いましたが、いまだに答えを伺っておりません。Э́то бы́ло мно́го лет тому́ **наза́д**.「何年も前の話です」。

называ́ть ［ナズィヴァーチ］ 不完 , **назва́ть** ［ナズヴァーチ］ 完 呼ぶ *call*：日本では **называ́ть** по фами́лии「名字で呼ぶ」ことが多いですが、高校時代に友だちをあだ名でいつも呼んでいたら、本名を忘れてしまったことがありました。あれ、ブーちゃんの名字って何だっけ？

называ́ться ［ナズィヴァーッツァ］ 不完 呼ばれる、〜という名称である *be called*：アンナおばさんが張り切ってお料理を作ってくれました。うれしいのですが、目の前に出されても、いったい何だかさっぱり分かりません。あのう、Как **называ́ется** э́то блю́до?「この料理は何という名前ですか？」えっ、ピロシキですって？　これが？

наибо́лее ［ナイボーリエ］ 副 もっとも *most*：ソビエト時代に出版された *4000 **наибо́лее** употреби́тельных слов ру́сского языка́*『もっともよく使われるロシア語4000語辞典』には単語の意味が一切なく、ただ例文が並んでいます。それでも語結合など、さまざまな情報を教えてくれます。この単語集を作るに当たって、ずいぶん参考にしました。

* **найти́** ［ナイチー］ 完 → находи́ть

наконе́ц ［ナカニェーツ］ 副 ついに *at last*：ミハイル王子がご機嫌です。**Наконе́ц** он сдал экза́мен.「ついに彼は試験に合格しました」のですから、機嫌がいいのも当然でしょうね。ところで何の試験ですか。えっ、運転免許？　いっしょにドライブへ行きましょう？　ちょっとちょっと、大学の卒業試験ではないのですか。

нале́во ［ナリェーヴァ］副 左に *to the left*：学生時代はロシア人を相手に観光通訳ガイドを頻繁にやっていました。Посмотри́те **нале́во**, вы ви́дите Токи́йскую ба́шню.「左に見えますのが東京タワーでございます」なんて、今でもスラスラいえます。けっこう上手だったんですよ。

* **написа́ть** ［ナピサーチ］完 → писа́ть

напра́во ［ナプラーヴァ］副 右に *to the right*：たまにタクシーで帰るときは、自宅までの道のりがうまく説明できるか不安です。自分で運転しないから、Поверни́те в пе́рвую у́лицу **напра́во**.「最初の通りを右に曲がってください」といっても、そこで車が曲がれるかどうかも分かりません。アルコールが入っていても、緊張のあまり酔いが覚めます。

* **наприме́р** ［ナプリミェール］副 たとえば *for example*：寛ぎたいときには何をしますか。Я, **наприме́р**, люблю́ купа́ться в ва́нне.「わたしは例えば、お風呂に入るのが好きです」。後楽園にある人工温泉で、ゆっくり湯船に浸かってから飲むビールは最高です。

* **наро́д** ［ナロート］男 国民 *nation*：ロシア語はру́сский **наро́д**「ロシア国民」にとって大切なものです。япо́нский **наро́д**「日本国民」にとって日本語が大切であるのと変わりません。◆**наро́дный** ［ナロードヌイ］形 国民の *national*：ロシアの**наро́дный** поэ́т「国民的詩人」といえば、これまでにも紹介しましたがやはりプーシキンでしょう。では、日本の国民的詩人は誰でしょうか。

* **настоя́щий** ［ナスタヤーシィイ］形 ❶現在の *present*：困ったことに、ミハイル王子はв **настоя́щее** вре́мя「現在」、砂漠の国のお姫さまのいうことは何でも信じてしまいます。「恋は盲目」というやつでしょうか。❷本物の *real*：先日もランプを押し売りされました。王子はこれが貴重な骨董品のうえに、**настоя́щее** зо́лото「本物の黄金」で出来ていると信じているのです。だったらどうして近所の量販店の値札が付いているのでしょうか。

нау́ка ［ナウーカ］🈀 科学、学術 *science*：Учёные занима́ются нау́кой. 「学者たちは科学に取り組んでいる」のに、語学については視野が狭いのは悲しいことです。自然科学は論文しか頭にないため、外国語といえば英語以外は思いつきません。社会科学は戦略の一環として捉えているので、「敵」を知る以上のことは必要ないようです。では人文科学はどうかといえば、対象を愛するあまり、その価値観を押し付けようとして、結局は嫌われてしまうのです。◆**нау́чный** ［ナウーチヌイ］🈁 科学の、学術の *scientific*：そもそも**нау́чные** иссле́дования「学術研究」といっても、いろいろな方法があります。1つの分野の方法が他の分野でも有効とは限らないのですが、価値観を一本化して優劣をつけたい人が多くて困ります。

находи́ть ［ナハヂーチ］🈵,* **найти́** ［ナイチー］🈡 見つける *find*：大事なのは**находи́ть** удово́льствие в рабо́те「仕事に満足を見出す」ことです。これさえ分かっていれば、誰でも楽しく働けます。

* **находи́ться** ［ナハヂーッツァ］🈵 位置する *be located*：仕事場の近くを歩いていたら、Где **нахо́дится** ста́нция метро́?「地下鉄の駅はどこですか」と尋ねられました。東京の真ん中なので、歩いて行ける範囲だけでも駅はいろいろあります。そこで、地下鉄は何線の駅をお探しですかと聞き返したのですが、相手はなぜかムッとした様子で、そんなのどこだっていいんですよと語気を強めます。わたしは動揺しながらも、いちばん遠くて不便な駅を選んで教えて差し上げました。

национа́льный ［ナツィアナーリヌイ］🈁 民族の *national*：コスプレの好きな人はたくさんいます。観光客を相手に**национа́льный** костю́м「民族衣装」を着る体験も増えました。でもわたしは、他所の文化に土足で踏み込んでいるようで、気が引けます。

* **нача́ло** ［ナチャーラ］🈢 はじまり *beginning*：一年の計は元旦にありといいます。с нача́ла но́вого го́да「新年のはじめから」外国語をはじめる方がいらっしゃいますが、だからといって続くわけではありません。時間さえ確保できれば、いつはじめたっていいのです。

начина́ть ［ナチナーチ］ 不完 ,＊ **нача́ть** ［ナチャーチ］ 完 はじめる *begin, start*：思い立って勉強をはじめても、独学は楽ではありません。С чего́ я **начну́**?「どこからはじめたものか」と悩むものです。とくに新しい外国語は、できれば先生につきましょう。

начина́ться ［ナチナーッツァ］ 不完 , **нача́ться** ［ナチャーッツァ］ 完 はじまる *begin, start*：ソビエト時代は、ひとたび映画館で **Начина́ется** фильм.「映画がはじまります」と、途中からは入れなかったそうです。厳しいですが、おかげで落ち着いて観られそうです。

＊＊ **наш** ［ナーシ］ 代 私たちの *our*：チェコ映画『コーリャ』で、ロシア人の男の子がソビエト国旗を見ながら **Наш** — кра́сный.「ぼくたちのは赤い」という場面があります。**наш** флаг「ぼくたちの国旗」という意味です。これを聞いたチェコ人のおじさんは機嫌が悪くなります。チェコ語で krásný ［クラースニー］ は「美しい」という意味。舞台はソビエト軍が我が物顔で威張っていた時代。チェコ人にとって鎌と槌の赤い旗はちっとも美しくないのでした。

＊＊ **не** ［ニ］ 助 〜でない *not*：Я **не** ру́сский.「わたしはロシア人ではありません」ので、ロシア人のようにロシア語が話せるわけではありません。だから勉強していて楽しいのです。わたしがロシア人だったら、きっと日本語を学ぶでしょう。

не́бо ［ニェーバ］ 中 空 *sky*：今日は天気もよくて、чи́стое, голубо́е **не́бо**「澄んだ青い空」が広がっています。さあ、顔を上げましょう。スマホのために俯いてばかりいると、地球に住んでいることを忘れてしまいます。

небольшо́й ［ニバリショーイ］ 形 小さい *small*：ミハイル王子は砂漠の国のお姫さまから借金を申し込まれました。彼女は **небольша́я** су́мма「わずかな金額」といいますが、どうなんでしょう。金額に関係なく、金銭問題はこじれると厄介です。

невозмо́жно [ニヴァズモージナ] 述 不可能だ *impossible*：わたしはこの目でしっかりと見てしまいました。ソビエト時代、貧しい子どもたちが日本人観光客の残していったゴミを漁っている様子を。胸が痛みました。Забы́ть э́то **невозмо́жно.**「これを忘れることは不可能です」。

неда́вно [ニダーヴナ] 副 最近 *recently*：実はミハイル王子とアンナおばさんって遠い親戚なんですって。Я узна́л об э́том **неда́вно.**「わたしはこのことを最近知りました」。そういえば、どこか似ている気もします。もちろん性格の話です。

неде́ля [ニヂェーリャ] 女 週 *week*：大学にはдва ра́за в неде́лю「週2回」通っています。2日間でたくさんの授業を担当するので、空き時間があまりありません。もう1回くらい行けばいいのですが、原稿を執筆する時間を考えますと、なかなか難しいです。

* **не́который** [ニェーカタルイ] 代 いくつかの *some*：**не́которое** вре́мя「しばらくの間」英語教師として大学に勤めていました。納得して引き受けた仕事でしたし、得難い経験でしたが、ロシア語が教えられないのは生爪を剥がされるくらいつらかったことを、ここに告白しておきます。

нельзя́ [ニリズィャー] 述 してはいけない *it is not allowed*：わたしが学生だったころ、**Нельзя́** занима́ться мно́гими иностра́нными языка́ми.「多くの外国語を学んではいけない」と散々いわれました。1つのことを極めなさいというのですが、わたしはいろいろ勉強したかったのです。中心にはロシア語がありましたが、幅を広げるためにも数多くのスラブ系言語を学びました。今では自分の信じた道を進んでよかったと感じています。

неме́цкий [ニミェーツキイ] 形 ドイツの *German*：ソビエト時代に出版された*Странове́дческие реа́лии* **неме́цкого** *языка́*『ドイツ語風物地誌』という便覧を持っています。当時の国情を反映して東ドイツに関する情報が多いので、なかなか便利です。

H

немно́го ［ニムノーガ］ 副 少し *a little*：ロシア人は外国人がロシア語を話すと嬉しくなって、ついまくし立ててしまうことがあります。ですから Я говорю́ по-ру́сски, но то́лько **немно́го**.「わたしはロシア語を話しますが、でも少しだけです」と、あらかじめ断っておいたほうがいいでしょう。

необходи́мый ［ニアプハヂェームイ］ 形 必要な *necessary*：ソビエト時代は本を入手するのが大変だったので、すぐに読む予定がなくても Ну́жно купи́ть **необходи́мые** кни́ги.「必要な本を買わなければなりません」でした。◆**необходи́мо** ［ニアプハヂェーマ］ 述 必要だ *necessary*：買った本は必ず読みましょう。外国語を学ぶには **Необходи́мо** мно́го чита́ть.「たくさん読書することが必要です」。こればかりは映像で代用することができません。

* **не́сколько** ［ニェースカリカ］ 代 いくつかの *some*：気がつけば Прошло́ **не́сколько** лет.「何年かが過ぎていました」なんてことがよくあります。同じような生活をくり返していると、どうしてもそうなってしまいます。だから外国語を学んで、マンネリにならないようにしているのです。

нести́ ［ニスチー］ 不完 定 運ぶ *carry*：大学の研究費を使い、書店の店頭で書籍を選んで買うことがあります。本は大学に届けるのではなく、自宅に持って帰りたいのですが、**нести́** кни́ги на плеча́х「本を肩に背負って運ぶ」のは重くて大変。だから最近は教え子に運ぶのを手伝ってもらって、その代わり夕食をご馳走することにしています。こちらの代金は、もちろんポケットマネーです。

* **нет**[1] ［ニェート］ 助 いいえ *no*：語学の才能？　**Нет**, у меня́ нет спосо́бности к языка́м.「いいえ、わたしには語学の才能なんてありません」。ただ好きなんです。才能がなくたって外国語を学ぶ権利はあります。

* **нет**[2] ［ニェート］ 述 ない *have no*：何かを断るときに、У меня́ **нет** вре́мени.「わたしには時間がありません」という表現は便利ですが、「忙しい」と同じく、なるべく使わないようにしています。断るからには理由をはっきりさせるべきです。例：お引き受けしないのは、原稿料が安いからです。

* **ни** ［ニ］⑤ ～もない *nor*：たとえ勉強したことがなくても、「こんにちは」がフランス語でボンジュール、中国語ではニイハオということは多くの人が知っています。でもこれがロシア語となりますと **не знать ни** одного́ сло́ва「一言も知らない」人も珍しくありません。そこで今日はロシア語で「こんにちは」を教えましょう。ズドラーストヴィチェっていうんですよ。えっ、長すぎますって？　そういわれましても……。

нигде́ ［ニグヂェー］副 どこにもない *nowhere*：再びアンナおばさんと待ち合わせなのですが、**Я** её **нигде́ не** ви́жу.「彼女がどこにも見えません」。困ったな。あれっ、もしかしたらあそこに立っている人ですか？　あの、すごく派手な服を着ている人？　う〜ん、今は他人のふりをしよう。

ника́к ［ニカーク］副 どうしても *by no means*：ロシア語学習に熱心なミハイル王子が悩んでいます。こんなに勉強しているのに、**Я ника́к не** могу́ поня́ть э́то предложе́ние.「わたしはどうしてもこの文が理解できません」と嘆きます。王子、それはロシア語じゃなくてモンゴル語です。キリル文字で書かれているすべての言語が、ロシア語ではないのです。

* **никако́й** ［ニカコーイ］代 どんな～もない *no*：ミハイル王子は元気がありません。ロシア語が理解できないからではありません。喉が痛くて、鼻水が出て、頭痛がするそうです。それは **нет никако́го** сомне́ния「疑いの余地なく」風邪ですね。もう寝ましょう。

* **никогда́** ［ニカグダー］副 けっして、一度も *never*：留学経験がありません。**Я никогда́ не** учи́лся в Росси́и.「わたしはロシアで勉強したことが一度もありません」が、その代わりに通訳をたくさんこなして修業しました。勉強と収入の一石二鳥です。

* **никто́** ［ニクトー］代 誰も *nobody*：どんなに **Никому́ не** говори́те об э́том.「このことは誰にもいわないでください」と念を押しても、噂は広がります。えっ、ご存じないんですか。じゃあ、内緒だけど教えて差し上げますよ……って、こうやって広がるのです。

H

ничего́ ［ニチヴォー］ 述 大丈夫だ、悪くない *all right*：お酒はまったく召し上がらないのですか。Э́то **ничего́**.「それは構いません」。なにも無理して飲むことはありません。それぞれ自分の好きなものを注文しましょう。

＊ **ничто́** ［ニシトー］ 代 何も *nothing*：ミハイル王子が難しい顔をしています。でも大丈夫、Он **ни о чём** не ду́мает.「彼は何も考えていません」から。たぶんパンツのゴムがきついとか、そういったことでしょう。

＊ **но** ［ノ］ 接 しかし *but*：そうですよ、Я не ру́сский, **но** говорю́ по-ру́сски.「わたしはロシア人ではありませんが、ロシア語を話します」。別に国籍が言語を決めるわけではありません。日本語ができるのは日本語を話す環境で育ったことに加えて、日本語を学んできたからであって、日本人に生まれたからではないです。

＊ **но́вый** ［ノーヴイ］ 形 新しい *new*：未来の大学院生へ。学問の世界は新しもの好きです。**но́вая** тео́рия「新しい理論」や**но́вое** иссле́дование「新しい研究」にみんなが飛びつきます。しかし人文科学では、新しいものがよいものとは限りません。その発展は一直線ではなく、迷ったり後退したりしながら進んでいきます。だからこそ、古書を読むことが必要なのです。

＊ **нога́** ［ナガー］ 女 足 *foot*：かつてはдли́нные **но́ги**「長い足」がカッコいいとされていましたが、今はどうでしょうね。どうでもいいですが、この単語を「足、ナガー！」って覚えるのは、恥ずかしいからやめてほしい。

нож ［ノーシ］ 男 ナイフ *knife*：ピオニールキャンプでは、子どもたちが分担して仕事をしていました。食事当番はре́зать хлеб **ножо́м**「パンをナイフで切る」作業をするのですが、あれってなかなか難しいんですよね。案の定、給食室はパン屑だらけでした。

＊ **ноль** ［ノーリ］ 男 0 *zero*：冬の朝、Температу́ра **ноль** гра́дусов.「気温は0度」。まだ寒いв шесть **ноль-ноль**「6時00分」ぴったりに起きたのは大学入試のため。つらいのは受験生だけでなく、試験監督も同じです！

но́мер ［ノーミル］ 男 番号 *number*：かつては**но́мер** телефо́на「電話番号」をいくつか暗記していましたが、最近はメールばかりで、番号はほとんど覚えていません。しかも携帯電話は持っていないので、何かの必要で電話をかけるときは手間がかかります。

нос ［ノース］ 男 鼻 *nose*：とくにпрямо́й **нос**「鼻筋が通った鼻」でもなければ**нос** карто́шкой「団子鼻」でもありませんが、わたしの鼻はよく利きます。とくに嫌いな臭いはすぐに分かります。数メートル先でタバコを吸っていても、その後ろを歩くのはご免こうむりたいので、道を変えます。

носи́ть ［ナスィーチ］ 不完 不定 運ぶ *carry*：毎日 Почтальо́н **но́сит** мне пи́сьма.「郵便屋さんがわたしに手紙を運んでくれます」。ありがとうございます。お手数をおかけしている割には、くだらない広告やDMが多くてすみません。わたしも迷惑なんですが、どうしようもないのです。

ночь ［ノーチ］ 女 夜 *night*：До́брое у́тро!「おはよう」やДо́брый ве́чер!「こんばんは」と違って、どうしてСпоко́йной **но́чи**!「お休みなさい」はдо́брыйを使わないのですか。ロシア語初級でこの質問がいちばん厄介です。しかも**но́чи**は希求の生格なのですと、詳しく説明すればするほど、難しくなるばかり。◆**но́чью** 副 夜に *at night*：どうしたらうまく答えられるか、駆け出し教師時代は**Но́чью** я гото́вил уро́ки.「夜に授業の準備をしていました」が、最近ではそれをかわすことも上手になりました。

ноя́брь ［ナヤーブリ］ 男 11月 *November*：学園祭で大学の授業が休講となるため、В **ноябре́** мы путеше́ствуем.「11月にわたしたちは旅行します」。暑すぎる夏休みと違って、このころは本当によい季節です。

нра́виться ［ヌラーヴィッツァ］ 不完，**понра́виться** ［パヌラーヴィッツァ］完 気に入る *like*：ここまでお読みになって、Как вам **нра́вится** э́та кни́га?「この本はいかがですか」。画期的で面白く、読むのが止まらないですか。えっ、ふざけた単語集だって？　それはどうもすみません。

＊＊ **ну** ［ヌー］圖 **では** *well*：アニメーション**Ну, погоди!**『今にみていろ！』は、オオカミとウサギが追いかけっこするソビエト版『トムとジェリー』です。オオカミはいつもウサギにやっつけられ、最後に叫ぶオオカミが叫ぶセリフがシリーズのタイトルになっています。

＊ **ну́жный** ［ヌージヌイ］形 **必要な** *necessary*：**ну́жный** челове́к на **ну́жном** ме́сте「適材適所」といいますが、人事は難しいものです。それでもわたしのゼミでは、評価の基準がはっきりしています。それは外国語が好きであること。これさえあれば必ずゼミに相応しい人になれるのです。
◆ ＊ **ну́жно** ［ヌージナ］述 **必要だ、しなければならない** *necessary*：本当に外国語が好きだったら、Вам **ну́жно** изуча́ть ра́зные иностра́нные языки́.「あなたは外国語を勉強しなければなりません」なんていわれなくても、自分からやりますよね。だからゼミ生のゼムくんは、今日もコサ語の発音に余念がないわけです。

＊＊ **о** ［ア］前 ＋前 **〜について** *about*：黒田ゼミでは「神保町研修」というものがあります。まずひとり500円ずつ受け取り、кни́га **о** языка́х「ことばについての本」を東京・神田神保町の古書街で探して買ってきます。予算は決められていますが、それ以上だったら自腹を切り、反対に安ければ差額は自分のものになります。2時間ほどの古書街散策の終了後は、わたしの仕事場に集まって、その本を選んだ理由を3分以内で話すのです。本の選び方には個性が出るものでして、ゼミ生の新たな一面が見られます。

о́ба ［オーバ］数 **両方** *both*：かつての同僚で、アイルランド文学が専門の英語教師とは、今でも仲がいいです。飲みに行くとМы **о́ба** лю́бим пи́во.「わたしたちは二人ともビールが好き」で、他の人が日本酒に替えても、ずっとビールなんです。そういう人はめったにいません。

обе́дать ［アビェーダチ］不完，**пообе́дать** ［パアビェーダチ］完 昼食をと
る *have lunch*：授業が午後からだと、その前に**я обе́даю** в столо́вой.「わ
たしは食堂で昼食をとります」。大学への最寄り駅から近い中華屋で、若
い夫婦がやっている小さなお店。味噌ラーメンをよく注文します。

обеща́ние ［アビシィャーニエ］中 約束 *promise*：本当にひどいんです。Он
нару́шил **обеща́ние**.「彼は約束を破りました」。いっしょに飲みに行くは
ずだったのに。楽しみにしていたのに。大型台風くらいなんですか！

* **о́бласть** ［オーブラスチ］女 分野 *field*：специали́ст в **о́бласти** языкозна́ния
「言語学分野の専門家」といわれるのが苦手です。言語は研究じゃなくて、
紹介の仕方が大切だと考えています。つまり切り口です。どんな切り口が
いいかなとは考えていますけど、だからってそれだけで専門家といわれる
と、何か違う気がしてしまうのです。

* **о́браз** ［オーブラス］男 様式 *way*：**о́браз** жи́зни「生活様式」は人それぞれ。
だとしたら、外国語の勉強方法だって千差万別ですよね。それなのに、ど
こかに素晴らしい方法があるのではないかと、そればかり追いかけている
人がいます。明日も雑誌のインタビューで、「外国語学習における最善の
方法」について答えなければなりません……。

O

образова́ние ［アブラザヴァーニエ］中 教育 *education*：未来の大学院生へ。
世の中には入試が難しい大学もあれば、易しい大学もあります。しかし外
国語を学ぶのであれば、内容はどこも同じです。いずれにせよвы́сшее
образова́ние「高等教育」には変わりありません。ただし大学によっては
実用的な外国語教育のみに力を入れているので、学問的な知識を求める大
学院に進むためには、自主的に勉強しなければならないことがあります。

обра́тно ［アブラートナ］副 元へ *back*：そんな本だったらполучи́ть де́ньги
обра́тно「お金を返してもらう」ほうがいいんじゃありませんか。いくら
何でもそりゃ酷い。ミステリー小説の結末だけが落丁だなんて、そんなの
許せません。

óбувь ［オーブフィ］女 靴、履物 *shoes*：わたしの кóжаная **óбувь**「革靴」は、すぐにボロボロになります。底に穴が開いて、雨の日は水が滲みこむから困ります。どうやら足を引きずる癖が靴を傷める原因のようです。

óбщество ［オープシィストヴァ］中 社会 *society*：大学だって совремéнное **óбщество**「現代社会」の一部です。世の中が変われば、当然ながら変わります。◆**общéственный** ［アプシィェーストヴィンヌイ］形 社会の *social*：その結果、最近の大学には **общéственный** дéятель「社会活動家」が多くなった気がします。何か社会を改革しようとしているらしい。ところが外国語教師は、現地のことばを如何に解釈するかを考えていますから、改革はできません。それでよろしければ、わたしのゼミに来てください。

* **óбщий** ［オープシイ］形 共通の *common*：初対面の人と話しているうちに、У нас **óбщие** знакóмые.「わたしたちには共通の知り合いがいる」ことが分かっても、それに飛びつかないほうが無難です。知り合いだからといって、仲がよいとは限りませんから。

обы́чный ［アブィーチヌイ］形 いつもの *usual*：ミハイル王子からまたも Давáйте встрéтимся в **обы́чном** мéсте.「いつもの場所で会いましょう」とのお誘いです。ああ、あの高いレストランに行きたいのですね。分かりました。◆**обы́чно** ［アブィーチナ］副 ふつう、たいてい *usually*：王子との待ち合わせは16時。ずいぶん早いですが、ゆっくり行って大丈夫でしょう。Он **обы́чно** опáздывает.「彼はたいてい遅刻します」から。

обязáтельно ［アビザーチリナ］副 必ず、絶対 *definitely*：王子、もちろんです。**Обязáтельно** придý.「必ず行きます」からご安心ください。ただその前に、銀行に寄ってお金をおろしますから、少々お待ちください。

огóнь ［アゴーニ］男 火 *fire*：芥川龍之介『アグニの神』という短編をご存じですか。アグニとはヒンドゥー教の神さまですが、［アゴーニ］も同じ語源です。面白いですね。お茶でも飲みながら読み返そうかな。まずは постáвить чáйник на **огóнь**「やかんを火にかける」ことにしましょう。

огро́мный ［アグロームヌイ］形 巨大な *huge*：これまで読んだ本の中で、
оказа́ть на меня́ **огро́мное** влия́ние「わたしに大きな影響を与える」こ
とになった作品はいったい何でしょう。あれこれ考えてみましたが、なか
なか思い浮かびません。すくなくとも国語の教科書には、そんな作品はあ
りませんでした。

одева́ться ［アヂヴァーッツァ］不完, **оде́ться** ［アヂェーッツァ］完 着る
dress：子どものころ、親からНа́до тепло́ **одева́ться.**「温かく着込まなけ
ればいけません」といわれて、コロコロに着ぶくれするのがイヤでした。
いまは着ぶくれするほど厚着しないのに、なぜかコロコロして見えます。

оде́жда ［アヂェージダ］女 服 *clothes*：夏はもちろんлёгкая ле́тняя **оде́жда**
「薄手の夏服」がいいですが、だからといってTシャツだけで出かけるこ
とはなく、必ず襟のあるシャツを羽織ります。どんなに暑くても、年齢に
相応しい服装を心がけているわけです。Tシャツ姿でサマになるのは、若
者の特権ですから。

O

＊＊ **оди́н** ［アヂーン］数 1 *one*：未来の大学院生へ。最近の大学は英語を非常に
重視しています。新しい外国語を始めたのだから、その学習に集中したい。
それなのにЯ хочу́ занима́ться то́лько **одни́м** языко́м.「わたしは1つの言
語だけを学びたい」というのが許されないのです。そのつらさは、わたし
にも経験があります。正直なところ、解決策は分かりませんが、たとえば
英語と新しい専攻語ではレベルに差があることに注目してはどうでしょう
か。つまり英語は読むことに力を注いだらどうかと考えるのです。

оди́ннадцать ［アヂーンナッツァチ］数 11 *eleven*：この数字は多くの人が
サッカーを思い浮かべるかもしれませんが、スポーツに疎いわたしにはピ
ンときません。それよりも馬場のぼる『11ぴきのねこ』（ロシア語に訳せば
*оди́ннадцать ко́шек*でしょうか）が浮かびます。シリーズ2作目で、ねこた
ちの作るコロッケがとても美味しそうでした。

оди́ннадцать「11」、двена́дцать「12」、трина́дцать「13」、четы́рнадцать「14」、пятна́дцать「15」、шестна́дцать「16」、семна́дцать「17」、восемна́дцать「18」、девятна́дцать「19」。11と14だけは-надцатьにアクセントがありません。バージェス『時計仕掛けのオレンジ』でティーンエージャーたちが使う人工言語「ナッドサット (Nadsat)」は、この-надцатьです。

одна́жды［アドナージドゥィ］副 あるとき、一度 *once*：だいぶ以前のことですが、то́лько **одна́жды**「たった一度だけ」有名なロシアの文芸学者のドミートリイ・リハチョフ博士に会ったことがあります。大学院生時代のことで、彼の本もたくさん読んでいましたから、うれしかったですね。

* **одна́ко**［アドナーカ］接 しかしながら *however*：アンナおばさんが体調を崩しました。幸い、Ей ста́ло лу́чше, **одна́ко** встава́ть она́ ещё не мо́жет.「彼女はよくはなりましたが、起き上がるのはまだできない」そうです。どうぞお大事に。それから、今後は食べ過ぎに注意してくださいね。

о́зеро［オーズィラ］中 湖 *lake*：日本ではバレエといえばЛебеди́ное **о́зеро**『白鳥の湖』というくらいに有名ですが、あるときアンデルセン『醜いアヒルの仔』と間違えている人がいてビックリしました。ついでですが、木下順二『夕鶴』も違いますからね。

ока́зываться［アカーズィヴァッツァ］不完,* **оказа́ться**［アカザーッツァ］完 判明する *turn out*：ミハイル王子は本を読むのを諦めてしまいました。Кни́га **оказа́лась** трудне́е, чем он ду́мал.「思ったより難しい本であることが分かった」からです。確かにサンテグジュペリ『星の王子さま』は哲学的で、それほどやさしい作品ではありません。

окно́［アクノー］中 窓 *window*：昨日まではあんなに暑くて、エアコンなしでは生きていられなかったのに、いまはИз **окна́** прохла́дный ве́тер.「窓から涼しい風が入ってきます」。なんて気持ちがいいのでしょう。しかもエアコンと違って、風は無料ですし。

óколо ［オーカラ］ 前 ＋生 ❶ ほとんど、近く *about*：またしてもアンナお ばさんと待ち合わせなのですが、一向に姿を現しません。すでに óколо чáса「1時間近く」なるのに、いったいどうしたのでしょうか。❷ そばに *around*：仕方がないので電話をしてみます。アンナおばさん、いったい 今どちらにいるんですか。えっ、óколо больни́цы「病院のそば」ですっ て？　約束したのは óколо гости́ницы「ホテルのそば」ですよ！

октя́брь ［アクチャーブリ］ 男 10月 *October*：ソビエト時代は пра́здник **Октября́**「10月の祝日」といえば、「10月革命」のことでした。この大 文字は例外です。いま日本で10月といえばオクトーバーフェストですが、 10月に限らず1年中賑わっています。

* **он** ［オーン］ 代 彼 *he*：ロシア語も英語も「彼」と「彼女」の違いはたった 1文字。он と онá、he と she、日本語だって漢字にすれば違いは「女」だ けです。ところがロシア語は過去形でも形が違います。**Óн чита́л.**「彼は 読書をしていました」、**Oná чита́ла.**「彼女は読書をしていました」。この ように「彼女」の場合は、動詞まで1文字多くなります。

* **она́** ［アナー］ 代 彼女 *she*：たとえば Дя́дя, **она́** нас не лю́бит!「おじさん、 彼女はわたしたちのことが嫌いなんですよ」と Дя́дя анана́с не лю́бит!「お じさんはパイナップルが嫌いです」って、発音の違いはほんのちょっとで すよね。実際、わたしはパイナップルがダメなんです……。

* **они́** ［アニー］ 代 彼ら *they*：日本語で「彼ら」というと男性だけか、あるい は男性と女性が混ざっているような気がします。でも они́ は女性だけでも 使えますから、**Они́ студе́нтки.** は「彼女たちは学生です」でしょうか。 ところで「彼女たち」と「彼女ら」は、どちらがいいんでしょうね。こう してみると、問題はむしろ日本語の方です。

* **оно́** ［アノー］ 代 それ *it*：スティーブン・キングの長編ホラー小説『IT』は、 ロシア語訳のタイトルが **Оно́** です。「小野」さんじゃありません。

O

о́пыт［オープィト］男 経験 *experience*：よい本が選べるようになるには、большо́й о́пыт「豊かな経験」が必要です。そのために自分でいろいろ試してみましょう。誰かのお勧め本ばかり読んでいては、いつまで経っても見極める「目」が養えません。

* **опя́ть**［アピャーチ］副 また *again*：同じ曜日だと天気まで同じような気がします。木曜日に大学へ行くたびにСего́дня **опя́ть** идёт дождь.「今日もまた雨が降っている」と感じるのです。さらにその夜は必ず、いつもの居酒屋で傘を忘れそうになります。

организа́ция［アルガニザーツィヤ］女 組織、団体 *organizaton*：わたしはгосуда́рственная **организа́ция**「国家組織」にせよ、またобще́ственная **организа́ция**「社会団体」にせよ、とにかく集団がダメです。制服も好みではなく、首からIDカードをぶら下げるのも嫌いです。

о́сень［オースィニ］女 秋 *autumn*：ロシア語にはзолота́я **о́сень**「黄金の秋」という表現があります。紅葉の美しさを描写したものですが、日本とは葉の色が違うんですね。一度見てみたいのですが、未だに経験がありません。
◆**о́сенью**［オースィニュ］副 秋に *in autumn*：その代わり国内ですが、**О́сенью** мы путеше́ствуем.「秋にわたしたちは旅行します」。お気に入りは長野方面で、何度でもくり返し行きたくなります。

* **основно́й**［アスナヴノーイ］形 基本的な *basic*：ミハイル王子は真面目なんです。ええ、в основно́м「基本的に」は。でもときどき、やらかしちゃうんですよね。

осо́бенный［アソービンヌイ］形 特別の *special*：Что но́вого?「何か変わったことはない?」と声をかけられたとき、Ничего́ но́вого.「新しいことなんてないよ」でもいいですが、Ничего́ **осо́бенного**.「とくにないよ」とも答えられます。ちょっとこなれた感じがしませんか。◆**осо́бенно**［アソービンナ］副 とくに、特別に *especially*：ええ、Мне **осо́бенно** нра́вится э́та фра́за.「わたしはこの成句がとくに気に入っているのです」

остава́ться ［アスタヴァーッツァ］不完 ,**оста́ться** ［アスターッツァ］完
残る *remain*：その場に残る人への挨拶としてСчастли́во **остава́ться**!「ご
きげんよう」というのがあります。訳し方が難しいですが、パーティーを
先に抜けるなら「お先に失礼します」、旅立つのだったら「行ってきます」
あたりが適切でしょうか。

оставля́ть ［アスタヴリャーチ］不完 , **оста́вить** ［アスターヴィチ］完 残
す *leave*：レストランでお会計のとき、ミハイル王子が急にいい出します。
Извини́те, я **оста́вил** до́ма кошелёк.「ごめんなさい、家に財布を置いて
きてしまいました」。まあいいですけどね、王子ってそもそも財布を持っ
ているのですか。

остально́й ［アスタリノーイ］形 残りの *rest*：夜も遅くて眠いのですが、
隣でミステリー小説を読んでいるカミさんがЯ прочита́ю **остальны́е**
страни́цы.「残りのページを読んでしまうから」というので待っておりま
す。早く犯人が分かりますように。ふわぁ～あ。

остана́вливаться ［アスタナーヴリヴァッツァ］不完 , **останови́ться**
［アスタナヴィッツァ］完 止まる *stop*：旧ソ連で夜行列車に乗っていたとき
のことです。По́езд **останови́лся** на вокза́ле.「列車が駅で止まりました」
が、外は真っ暗で何も見えません。いったいどこだろう？　車内アナウン
スで駅名が告げられたとき、わたしはワクワクしました。そこはロシアと
は違った別のスラブの国、白ロシア（現ベラルーシ）の首都ミンスクだっ
たのです。一応、暗闇に向けて写真を撮ったのですが、後で現像しても何
も写っていませんでした。後に何度も訪れる町ですが、始まりは白ではな
く黒でした。

о́стрый ［オーストルイ］形 鋭い *sharp*：剃刀でヒゲを剃る若い人って意外
と多いです。そんなにヒゲが濃いわけでもないのに。わたしもヒゲは濃く
ありませんが、**о́страя** бри́тва「よく切れる剃刀」はなんだか怖くて、い
つも電気シェーバーを使っています。

＊＊**от** ［アト］ 前 ＋生　〜から *from*：駆け出しロシア語教師時代、生徒からの質問に困って、ロシア人の先生に尋ねることがありました。この前置詞の用法がいまいち摑めないので相談すると、先生は、サウナから出ると **От тéла идёт пар.**「体から湯気が上がっている」でしょう、この前置詞はそのように表面から離れる感じなんです、と説明してくださいました。なるほど、これは分かりやすい。はっきりイメージできました。今でもサウナから出ると、先生の説明を思い出します。

отвéт ［アトヴェート］ 男 答え *answer*：未来の大学院生へ。高校までと違って、大学は仮説の世界です。研究途上の分野も学びます。当然ながら **На э́тот вопрóс нет отвéта.**「その質問には答えがない」ということもありうるわけです。検定試験とは違うことを理解してください。答えのある検定試験のほうが、むしろ簡単なのです。

отвечáть ［アトヴィチャーチ］ 不完 ,＊ **отвéтить** ［アトヴェーチチ］ 完 答える *answer*：それでは **Отвечáйте на вопрóс.**「質問に答えてください」。あなたはどうしてロシア語に興味を持ったのですか。もしかして、黒田の本が面白いから？　それはないか。

отдавáть ［アトダヴァーチ］ 不完 , **отдáть** ［アトダーチ］ 完 返す *return*：ミハイル王子、あの、非常にいいにくいんですが、思い切っていいますよ。**Почемý вы не отдаёте мне дéньги?**「どうしてわたしにお金を返さないのですか」。えっ、借りたことも覚えていない？

отдыхáть ［アッドゥィハーチ］ 不完 , **отдохнýть** ［アッダフヌーチ］ 完 休む *rest*：ここまでお読みになって、お疲れではありませんか。**Давáйте немнóго отдохнём.**「少し休みましょう」。急いで最後まで読んだところで、何か結末があるわけではありません。

＊ **отéц** ［アチェーツ］ 男 父 *father*：父は特殊な仕事をしていました。**Мой отéц ýмер ужé давнó.**「わたしの父はだいぶ以前に亡くなりました」が、今でもそのことが引き合いに出されます。本当にイヤです。

открыва́ть ［アトクルィヴァーチ］不完，**откры́ть** ［アトクルィーチ］完
開ける、開く *open*：**Откро́йте** уче́бник на страни́це два́дцать. 「教科書
の20ページを開いてください」といったのに、学生のひとりが開きません。
教科書を忘れたそうです。こういう学生のために、わたしはいつも予備の
教科書を用意しています。別に優しいわけではありません。3回続けて借
りたら、その教科書を買い取らせるつもりです。拙著です。

открыва́ться ［アトクルィヴァーッツァ］不完，**откры́ться** ［アト ク
ルィーッツァ］完 開く *open*：日本と旧ソ連を繋ぐ客船内にバーがありまし
た。船内は免税でお酒がとても安かったです。Бар **открыва́ется** в
де́сять. 「バーが10時に開きます」と、あるロシア語の先生はすぐに行っ
てアルメニア製のコニャックを飲みながら、お店の人と楽しく飲んでいま
した。わたしもおつき合いしましたが、昼前から飲むと回りますね。

откры́тый ［アトクルィートゥイ］形 開いている *open*：ミハイル王子がド
ライブに出かけます。乗っているのはカッコいい**откры́тая** маши́на
「オープンカー」。隣には可愛らしいお嬢さん。デートでしょうか。楽しん
できてください。ただし天気予報によれば、午後から大雨ですよ。

отку́да ［アトクーダ］副 どこから *from where*：**Отку́да** вы ро́дом? 「お生
まれはどちらですか」と尋ねるのは、相手の出自を聞かないと落ち着かな
いからでしょうか。目の前にいる人間を見てほしいのですが。

отли́чно ［アトリーチナ］副 素晴らしい *excellently*：確かに小学生のころは
Вы учи́лись **отли́чно**. 「あなたは成績が素晴らしかった」です。とはい
え、それにいつまでも拘っていてはダメです。その高すぎるプライドが邪
魔して、先に進めないのではありませんか。

* **отноше́ние** ［アトナシェーニエ］中 関係 *relation*：また遅刻ですか。前回
は飼い犬が病気でした。今度はいったいなんですか。えっ、昨晩の試合で
巨人が負けたから？ Э́то не име́ет никако́го **отноше́ния** к опозда́нию.
「それは遅刻と何の関係もありません」。

отсю́да ［アトスューダ］副 ここから *from here*：半世紀近く前に亡くなった祖母は、マッサージ師でした。同じ敷地の隣の家に住んでいたのでよく遊びに行きましたが、小学生となって成長痛が始まると、ときどき揉んでもらいました。今でも覚えているのは、たとえば腕の関節が痛いのに、祖母は手首から揉み始めたこと。おばあちゃん、痛いのはそこじゃないよといっても、祖母は Ну́жно нача́ть **отсю́да.**「ここから始めなきゃいけないの」といって、手首から関節に向けてゆっくりと揉んでいきます。物事は最初から標的を目指すのではなく、周囲から順番に対処していくことを、このとき学びました。

отту́да ［アットゥーダ］副 そこから *from there*：隣の家が騒がしいです。**Отту́да** слы́шится пе́сня.「そこから音楽が聞こえます」。それに合わせて歌うアンナおばさんの声。いい加減にしてください。夜中の2時ですよ！

✻✻**о́чень** ［オーチニ］副 たいへん、とても *very*：やはり Я говорю́ по-ру́сски **о́чень** хорошо́.「わたしはロシア語を話すのがたいへん上手です」というのは、何となく憚られますよね。だからといって、できない言い訳をスラスラいうのもおかしい。そこで Я говорю́ по-ру́сски не **о́чень** хорошо́.「わたしはロシア語を話すのがあまり上手くありません」という表現を覚えましょう。ちょっとの違いですが、その差は大きいです。

о́чередь ［オーチリチ］女 列、順番 *line*：現代の日本人は стоя́ть в о́череди「行列に並ぶ」のが大好きです。かつては行列を作るソビエト市民を笑っていたのに、不思議です。一方わたしは、行列のできる場所からそっと離れます。面白いものはそこではなく、人が見向きもしないところにあるのです。何といっても、ロシア語がそうでしたから。

очки́ ［アチキー］複 メガネ *glasses*：わたしは в очка́х「メガネをかけています」。といっても常にではなく、本や細かい字を読むときだけです。50歳の誕生日にカミさんが買ってくれました。実は非常に高価なもので、なくしたらタダではおかないと脅かされており、日々気をつけています。

оши́бка［アシープカ］**女** 誤り *mistake*：本を作るときは著者も編集者も細心の注意を払って、**без оши́бок**「間違いのない」ことを目指します。それでも人間ですから、誤植に気づかないことがあります。誤植のない本はありません。多少の間違いがあるからといって、それだけで本の価値は決められません。これは決して言い訳ではないのです。だからこの本に誤植があっても、腹を立てないでください。

言語学コラム　キリル文字

　ロシア語で使う文字をキリル文字といいます。《ロシア文字》というのは不正確です。そもそもこの文字はロシアで生まれたのではなく、9世紀末にブルガリア東部で使われ出したといわれています。またキリル文字はキリルという学者によって作られた、という説は間違っています。キリルが作ったほうはグラゴール文字といい、現在では廃れてしまいました。

　キリル文字を使う言語はロシア語に限りません。ラテン文字を使うのが英語だけではないのと同じです。

　ロシア語はインド・ヨーロッパ語族スラブ語派（→славя́нский）に属しますが、そのうちキリル文字を使うのは東スラブ語群のロシア語、ウクライナ語、ベラルーシ語と、南スラブ語群のマケドニア語とブルガリア語に限られます。セルビア語はキリル文字でもラテン文字でも書き表せる珍しい言語です。それぞれの言語にはロシア語では使わない、特徴的な文字があります。代表的なものを見てみましょう。

　　　ウクライナ語　　ï є
　　　ベラルーシ語　　ў
　　　セルビア語　　　ђ ћ
　　　マケドニア語　　ѓ ѕ ќ

どれも他の言語では使われない文字なので、1つでも見つければ何語か判断できます。そのほかウクライナ語とベラルーシ語ではi、セルビア語とマケドニア語ではj,љ,њ,џといった文字が特徴的です。ブルガリア語はロシア語と比べて違う文字がありません。代わりにъがたくさん使われます。ちなみにロシア語でしか使わない文字といえばёです。

ミーシャは絶対に男性です！

　ロシア人の名前には、正式名と愛称形があります。愛称形は勝手に作ってはダメで、対応がだいたい決まっています。

　昨夜ご紹介しましたが、正式名がИва́нイワンなら、愛称形はВа́няワーニャ。一方Пётрピョートルだったら、愛称形はПе́тяペーチャ。イワン雷帝もピョートル大帝も、親しい人からはワーニャとかペーチャと呼ばれていたはずです。皇室内で実際どのように呼び合っていたかは知りませんけど。

　新しい文字を紹介しましょう。

正式名**Михаи́л**ミハイル：　　　　　愛称形**Ми́ша**ミーシャ

　xは喉の奥から強く息を吐きながら発音する「ハ」です。英語のxとは違います。

　ここまで挙げたのはすべて男性名でした。女性名には次のような名前があります。

正式名**А́нна**アンナ：　　　　　　愛称形**А́ня**アーニャ
正式名**Екатери́на**エカテリーナ：　　　　愛称形**Ка́тя**カーチャ
正式名**Мари́я**マリーヤ：　　　　　愛称形**Ма́ша**マーシャ

　わたしがロシア語を教えるときは、学生にロシア名をつけます。本名と音が似通ったものを選ぶようにしていますが、女性名では意味の共通するものがあるので、一致すればなるべくそれを選んでいます。

正式名**Наде́жда**ナジェージュダ：　　　愛称形**На́дя**ナージャ

　жは舌を奥に引いて、すこし唇を突き出しながら「ジュ」と発音します。非常にユニークな形です。Наде́ждаは「希望」という意味なので、日本の希さんや望さんに対応しますよね。

　ところがНа́дяは評判がよくありません。音がカワイくないんだそうです。意味が分かりません。ロシア人にはかわいいНа́дяさんがいくらもいるのに。

　そんなにいうんだったら、自分で勝手につけてくださいよ。

　すると多くの女性がМи́шаを選びたがるのです。ちょっと待て、Ми́шаは先ほど紹介したように男性名。それじゃゴルバチョフと同じ。

　ところが彼女たちは平気なんです。だって、日本の女性歌手にもMisiaミーシャっていう人がいるから。

　やれやれ。もう勝手にしてください。でも女性がМи́шаって名乗ったら、絶対に奇妙に思われますけどねえ。

　これじゃロシア人も眠れなくなりそうです。

па́дать［パーダチ］不完，**упа́сть**［ウパースチ］完 落ちる *fall*：ロシア語
のпはギリシア文字πに相当します。πといえば円周率。3.1415926......と
果てしなく続きますが、ロシア語ではпで始まる見出し語がもっとも多く、
円周率と同じように単語が果てしなく続くようでガッカリです。でもHe
па́дайте ду́хом.「気を落とさないでください」。こちらは終わりが必ず来
ます。焦らずに進めていきましょう。

па́лец［パーリツ］男 指 *finger*：英語では「親指」だけが特別にthumbで、
あとはindex finger /forefinger「人差し指」、middle finger「中指」、ring
finger「薬指」、little finger「小指」のようにfingerを使います。一方ロ
シア語では**большо́й па́лец**「親指」、указа́тельный **па́лец**「人差し指」、
сре́дний **па́лец**「中指」、безымя́нный **па́лец**「薬指」と、どれも**па́лец**
なのに、小指だけがふつうмизи́нец［ミズィーニツ］です。こちらは小指
が特別なのですね。♪あなたが噛んだ……。

пальто́［パリトー］中 コート *coat*：誰でもド忘れすることはあるでしょう。
わたしもそうです。その昔、ロシア人の先生との会話の授業でнаде́ть
пальто́「コートを着る」といいたいのに、その「コート」がなぜか思い
出せないことがありました。こういうときは別の単語で言い換えるしかあ
りません。わたしは咄嗟になде́ть **шине́ль**といったのですが、先生は笑い
出し、「それじゃ19世紀ですよ」といわれてしまいました。**шине́ль**［シ
ニェーリ］はインバネスコートのことで、ゴーゴリ『外套』は、まさにこ
れなんです。分かってはいたのですが、これしか出なかったのでした。

па́мять［パーミチ］女 記憶 *memory*：ある大学教師はかつて相当хоро́шая
па́мять「優れた記憶力」を持っていたらしく、歳をとってからは覚えら
れなくなったと嘆いていました。わたし自身は昔から物覚えがたいしてよ
くないので、そういうことはないです。あるいは若いころに物覚えがよ
かったことさえ、忘れてしまったのかもしれません。

па́па［パーパ］男 パパ *daddy*：この単語はキリル文字さえ読めれば簡単です。最後がaで終わっていますが、もちろん男性名詞ですからЭто мой па́па.「これは僕のパパです」となります。多くの言語でパパが父親を指しますが、グルジア語では［ママ］が父親でしたよね。（→ ма́ма）

парк［パールク］男 公園 *park*：かつてはпарк культу́ры и о́тдыха「文化と休息の公園」という総合施設があちこちにありました。ただソ連末期にはだいぶ廃れていまして、休息はありましたけど、文化はほとんど感じませんでした。

парохо́д［パラホート］男 汽船 *steamship*：旧ソ連までе́хать на парохо́де「船で行く」ことが何度かありました。もしかしたら正確にはтеплохо́д［チプラホート］「ディーゼル船」だったかも知れません。とにかくわたしは船旅を満喫しましたが、船酔いする人にはつらいです。食事で船内のレストランに行くと、生き残りゲームのように人が減っていき……。

па́ртия［パールチヤ］女 党 *party*：この単語を「パーティー」と間違えて使い、大変な誤解を生んだ人がいました。本人は「パーティーに参加する」といいたかったのですが、それをвступи́ть в па́ртию「入党する」と表現したので相手はビックリ。しかもさらに「つまらないから出てきた」のつもりでвы́йти из па́ртии「離党する」と続けたものですから……。

па́уза［パーウザ］女 休止 *pause*：音読は適切な箇所でсде́лать па́узу「休止を置く」ことが大切です。中学校の国語の時間に「目には青葉山　ホトトギス初鰹」と読んでしまい、それじゃお相撲さんだと笑われました。

＊＊пе́рвый［ピェールヴイ］数 1番目の *first*：わたしがв пе́рвом кла́ссе「小学校1年生で」読んだ国語の教科書のна пе́рвой страни́це「1ページ目に」あった文は、今でも覚えています。「あさ、あさ、あかるいあさ」。入学前にガネット『エルマーのぼうけん』を読了していたわたしは、あまりの短さに拍子抜けしました。

переводи́ть ［ピリヴァヂーチ］不完, **перевести́** ［ピリヴィスチー］完 ❶
訳す *translate*：理系大学に勤めていたころ、ロシア語上級の授業で短編小説を読んでいました。**перевести́ с ру́сского языка́ на япо́нский**「ロシア語から日本語に訳す」作業は大変ですが、最後まで読み上げる喜びは大きいです。❷ 移す *transfer*：この授業に参加していた学生とは仲良くなり、いろいろ助けてもらいました。**перевести́ кабине́т в друго́е зда́ние**「研究室を別の建物に移す」ことになったときは、わたしは指示を出すだけで、作業はすべてやってもらいました。あとでお寿司をご馳走しました。

перево́дчик ［ピリヴォーチク］男 通訳 *translator, interpreter*：わが家の共通語はロシア語とチェコ語です。そういう言語の話者から突然に電話があるかもしれないけれど、共通語だから**без перево́дчика**「通訳なし」でナントカしなければなりません。しかも固定電話ですから、誰が出るか分からない。かつてわたしはチェコ語が不自由だったので、チェコ人から電話がかかってくるとハラハラしたものです。今では会話がさほど困らなくなりましたが、そもそも固定電話があまりかからなくなりました。

* **пе́ред** ［ピリト］前 +造 ～の前で *in front of, before*：またもやアンナおばさんと待ち合わせ。**пе́ред обе́дом**「昼食前」11時に公園の**пе́ред фонта́ном**「噴水の前で」と約束したのですが、イヤな予感しかしません。（→по́сле）

передава́ть ［ピリダヴァーチ］不完, **переда́ть** ［ピリダーチ］完 渡す、伝える *pass*：ミハイル王子が高級レストランで優雅にお食事中です。**Переда́йте**, пожа́луйста, пе́рец.「胡椒を回してください」と頼むのはテーブルマナーとして正しいですね。ただし、かけ過ぎでくしゃみを連発するのはいけません。それじゃ昭和のマンガです。

переда́ча ［ピリダーチャ］女 番組 *broadcast*：ロシア語講座に出演して分かったのですが、**переда́ча по телеви́дению**「テレビ番組」はディレクターのものです。わたしは単なる出演者に過ぎず、自分の考えはほとんど反映されません。一方**переда́ча по ра́дио**「ラジオ番組」は出演者のもので、やりたいことが実現できます。どうもわたしはラジオ向きなようです。

переставáть ［ピリスタヴァーチ］不完，**перестáть** ［ピリスターチ］完
やめる、やむ *stop*：世間は外国語学習者に冷たいです。とくにひどいのが就活の面接。英語以外を学んでいる学生には「それ、どこの言葉？」「そんなのやって、意味あんの？」「うちの会社は英語しかいらないんだよね」。一方で英語を学んでいる学生には、「英語できる人はいくらでもいるし」「英語はできて当たり前」。わたしはこれを外国語ハラスメント、略して「ガイハラ」と名付け、**Перестáньте** так говори́ть. 「そういうことをいうのはやめてください」と訴え続けているのですが、まったく効果がありません。

переходи́ть ［ピリハヂーチ］不完，**перейти́** ［ピリイチー］完 渡る、移る *cross*：19歳のとき、Я реши́л **перейти́** в друго́й университе́т.「わたしは別の大学に移る決心をしました」。そのころ在籍していた大学は居心地がよかったのですが、ロシア語を専攻したくて中退することにしたのです。

пе́сня ［ピェースニャ］女 歌 *song*：音楽の好みはさまざまです。ру́сские наро́дные **пе́сни** 「ロシア民謡」に親しんでいる方は多いでしょう。あのマイナーのメロディーが物悲しくて、好き嫌いが分かれるかもしれません。ちなみにわたしは、ロシア民謡はそれなりに好きですが、「歌声喫茶」の文化にはついて行けません。

петь ［ピェーチ］不完，**спеть** ［スピェーチ］完 歌う *sing*：トークイベントで出会ったその青年は、驚いたことにわたしの小学校と中学校の後輩でした。26歳も年下ですが、それ以来すっかり仲良くなりました。ときには2人でカラオケに行ったりするのですが、最後はДава́йте **споём** вме́сте.「いっしょに歌いましょう」ということで、カラオケの器械を止めて、アカペラで小学校と中学校の校歌を歌うのが習慣です。

пешко́м ［ピシコーム］副 歩いて *on foot*：車の運転ができないこともあり、どこへでもидти́ **пешко́м** 「歩いて行く」ことが多いです。歩数計をつけたところ、気がつけば1万歩も2万歩も平気で歩いていました。いっしょに歩く方は覚悟してください。

пи́во ［ピーヴァ］囲 ビール *beer*：わたしが好きなのは明るい色のсве́тлое **пи́во**「ふつうのビール」でして、чёрное **пи́во**「黒ビール」じゃないほうです。またбольшо́е **пи́во**「大きいビール」ではなくて ма́ленькое **пи́во**「小さいビール」のほうが、冷たく新鮮な味が楽しめます。

пиро́жное ［ピロージナエ］囲 ケーキ *cake*：大学の外国語科目を、ショーケースに並んだ ра́зные **пиро́жные**「いろいろなケーキ」に喩えた学生がいました。あれもこれもおいしそうで、どれにしようか迷ってしまう。彼女はたくさん勉強して、卒業後はホテルに勤めました。世界中から泊まりに来るお客さんと、いろんな外国語で楽しく会話しているそうです。

писа́тель ［ピサーチリ］男 作家 *writer*：海外の書店に立ち寄ったとき、地元の люби́мый **писа́тель**「好きな作家」がないと寂しいです。もちろん世界的に知られた вели́кий **писа́тель**「文豪」の作品を違った言語で読むのも悪くありませんが、その国の文学や小説を知っていた方が、書棚を眺めていてもずっと楽しくなります。

* **писа́ть** ［ピサーチ］不完 ,* **написа́ть** ［ナピサーチ］完 書く *write*：書店には作家の色紙が飾ってあります。不思議なことに、宛名はたいてい「○○書店様へ」。本は読者に向けて書くのに、書店の色紙は違うのでしょうか。Кому́ вы **пи́шете**?「あなたは誰に向けて書いているのですか」。

письмо́ ［ピスィモー］囲 手紙 *letter*：筒井康隆の初期の短編「カメロイド文部省」は、ある男が小説も作家もない星から получи́ть **письмо́**「手紙を受け取る」ところから始まります。その手紙に書かれている日本語がなんとも奇妙で、笑わずにはいられません。さすがは筒井康隆ですが、わたしの先生はこんな感じの手紙を実際に見たことがあるそうです。某スラブ圏の人が送ってきたそうですが、言語明瞭意味不明で、何を言いたいのかイマイチ分からない。笑い事ではありません。外国語学習者が文法ばかりを気にしていると、さっぱり伝わらない手紙を書いてしまう危険性があるのかもしれません。

пить ［ピーチ］ 不完，**вы́пить** ［ヴィーピチ］ 完 飲む *drink*：命令形に注意しましょう。**Пе́йте!**「飲んでください」を**петь**「歌う」と間違えて、お酒を勧められたのに歌い出してしまうと、かなり恥ずかしいですから。

пла́вать ［プラーヴァチ］ 不完 不定 泳ぐ *swim*：スポーツは何をやってもダメでしたが、**Я уме́ю пла́вать.**「水泳はできます」。大学時代は授業の後で学内のプールで泳ぎ、その後でロシア語専門学校に通ったりしていました。そんな体力はもうありません。

пла́кать ［プラーカチ］ 不完 泣く *cry*：ミハイル王子、どうしたのですか、**О чём вы пла́чете?**「なんで泣いているのですか」。えっ、オープンカーでドライブした女の子に嫌われてちゃったのですか。雨に濡れて風邪を引いたから？　ほら、だからいわんこっちゃない。しかもデートしたことが砂漠の国のお姫さまにバレた？　そりゃ泣きたくもなりますね。

план ［プラーン］ 男 地図、計画 *plan*：未来の大学院生へ。大学院で勉強するためには**соста́вить план иссле́дования**「研究計画を立てる」ことが大切です。このとき、大きすぎるテーマも小さすぎるテーマもいけません。修士課程2年で確実に書きあがり、さらに博士課程でも展開できることが望ましいです。指導教員とよく相談してください。

плати́ть ［プラチーチ］ 不完，**заплати́ть** ［ザプラチーチ］ 完 支払う *pay*：ヨーロッパの某都市で**Я заплати́л штраф.**「罰金を払った」ことがあります。路面電車の乗り方が分からなくて、乗車券に「2」と書いてあったら2人分だと信じてカミさんと乗ったのですが、それが別の数字だったのです。罰金の領収書は記念にいまも残してあります。

пла́тье ［プラーチエ］ 中 ドレス *dress*：Sくんがロシア語を選択したのは、ロシア人には美人が多いと信じているからでした。使ってみたい「決めゼリフ」を教えてほしいと毎回ねだります。君かわいいね、きれいだね、などはすぐに覚えました。さらに知りたがったのが**Тебе́ идёт э́то пла́тье.**「そのドレス、似合っているね」。さて、彼は上手に使えたでしょうか。

плечо́ ［プリチョー］⊕ 肩 *shoulder*：広く通用するジェスチャーに、пожа́ть плеча́ми「肩をすくめる」のがあります。さあね、どうかな、知らないよ、という代わりにこのポーズをとって、ついでに下唇を突き出します。ときにはことばより効果的です。

плохо́й ［プラホーイ］⊞ 悪い *bad*：どうしてもロシア語が勉強したくて編入したくらいですから、ロシア語の成績はよかったです。それでも1つだけполучи́ть плоху́ю отме́тку「悪い成績をとる」ことになったのが「ロシア語文法論」でした。◆**пло́хо** ［プローハ］⊞ 悪く、下手に *badly*：もちろん勉強したのですが、どうもпонима́ть пло́хо「ちゃんと理解していない」といいますか、興味が持てませんでした。今でも統語論は苦手です。

пло́щадь ［プローシィチ］⊛ 広場 *square*：モスクワの中心にあるКра́сная пло́щадь「赤の広場」は、別に赤くありません。この単語はかつて「美しい」という意味だったのですが、時代が下るにつれて変わったのです。ところが現代語からの邦訳だけで捉える日本人観光客は、赤くないことに不満らしいです。クレムリンの壁のレンガが赤茶色なので、それが由来だと間違って判断してしまうことさえあります。

плыть ［プルィーチ］⊡⊡ 泳ぐ *swim*：なにもわざわざ**плыть** про́тив тече́ния「流れに逆らって泳ぐ」つもりはないんです。ただ、流れの向きが自分の行きたいほうと逆なんですよね、何をやっても。

＊＊по ［パ］⊞ ＋与 ～に関して *on, by*：映画や歌の英語は好きだけど、экза́мен по англи́йскому языку́「英語の試験」は嫌い。それは本当の英語好きではありません。どんなジャンルでも英語は英語。そう思える人だけが上達するのではないでしょうか。英語に限った話ではありませんけど。

побе́да ⊛ 勝利 *victory*：当たって砕けてはいけません。шанс на **побе́ду**「勝利の見込み」がないものに挑むのは愚かなことです。勉強しないで外国語の検定試験を受けるくらいなら、受けないほうがマシです。

поблагодари́ть ［パブラガダリーチ］完 → благодари́ть

пове́рить ［パヴィェーリチ］完 → ве́рить

повторя́ть ［パフタリャーチ］不完，**повтори́ть** ［パフタリーチ］完 くり返す *repeat*：外国語学習では間違いを恐れてはいけないとよくいわれます。ただし**повторя́ть** оши́бки「間違いをくり返す」ばかりでは、上達しません。そうしないためには、本人の自覚しかないでしょう。

пого́да ［パゴーダ］女 天気 *weather*：世界は多様です。хоро́шая **пого́да**「よい天気」が晴れとは限りません。アフリカのある地域は雨が非常に少ないので、よい天気とは雨降りのことをいうそうです。これを訳すのは難しいですね。

＊**под** ［パト］前 +造 〜の下方に *under*：実は**под** землёй「地下」が苦手です。なんだか息苦しくなってしまうのです。とくに夏がダメです。とはいえ地下にある料理店は少なくありません。そういうときはまずビールを1杯飲み干せば、気分が落ち着きます。

подава́ть ［パダヴァーチ］不完，**пода́ть** ［パダーチ］完 渡す *give*：お客などに行って**пода́ть** чай「お茶が出る」と、わたしはすぐに飲んでしまいます。喉が渇きやすいからです。お菓子は要りませんので、もう一杯いただけますか。

подари́ть ［パダリーチ］完 → дари́ть

пода́рок ［パダーラク］男 贈り物、プレゼント *present*：砂漠の国のお姫さまから航空便です。ミハイル王子は Он получи́л **пода́рок** от неё.「彼女からプレゼントをもらいました」。ずいぶん立派なジュウタンですね。そんなのどこに敷くのですか。そもそもプレゼントなのに、どうして請求書がついているのですか。

поднима́ть ［パドニマーチ］不完，**подня́ть** ［パドニャーチ］完 上げる
raise：日本の大学で授業をしても、**подня́ть** ру́ку「手を挙げる」大学生
はほとんどいません。海外では講演会などで積極的に挙手する姿を目にし
ますが、国によってはそのときに人差し指を立てる習慣があるようです。

поднима́ться ［パドニマーッツァ］不完，**подня́ться** ［パドニャーッツァ］
完 上がる、上る *rise*：本当は自分の足で**поднима́ться** по ле́стнице「階
段を上る」のがいいんです。だけど最近の駅はエスカレータばかりになっ
てしまい、それなのにエスカレータを歩くのはやめましょうというのです
から、困ってしまいます。

подо́бный ［パドーブヌイ］形 似ている *similar*：多くの外国語をあれこれ
勉強していますと**подо́бный** приме́р「似たような例」に出合うことがあ
ります。すでに知っていることと比べながら類推すれば、理解も早いで
しょう。ただし過信は禁物。たとえ同系の言語同士でも、必ず一致すると
は限りません。

подойти́ ［パダイチー］完 → подходи́ть

подру́га ［パドルーガ］女 友だち *friend*：друг「（男性の）友だち」と比べ
て、最後にaが加わっているだけでなく、最初にпоがついています。間違
えないでください。ある学生はно́вая **подру́га**「新しいガールフレンド」
のつもりで、но́вая доро́га「新しい道路」といって女性を紹介してくれま
した。可哀想に、彼女はそれ以来「道路ちゃん」と呼ばれています。

поду́мать ［パドゥーマチ］完 → ду́мать

подходи́ть ［パトハヂーチ］不完，**подойти́** ［パダイチー］完 近づく
approach：試験とか締切とか、Срок подхо́дит.「期限が迫ってきていま
す」というときに限って、関係のない外国語が勉強したくなるのはどうし
てでしょうね。

по́езд ［ポーイスト］圐 列車 *train*：夢の中で**е́хать на по́езде**「列車に乗っている」ことが多いです。場所は東京なのに現実とは違った路線が走っていて、どう乗り換えて家に帰ろうかといつも悩んでいます。一方で運賃を心配したことはありません。

пое́здка ［パイェーストカ］囡 旅行 *trip*：夏には2週間ほどヨーロッパに滞在することが多いのですが、**верну́ться из пое́здки**「旅行から帰る」と家で何か匂いを感じます。これが自宅の匂いなのか、なんとなく落ち着くんですね。でもその匂いはしばらくすると消えてしまいます。

пое́хать ［パイェーハチ］圐 出かける、出発する *go*：観光通訳としてバスを使って移動していると、運転手さんと話す必要がありました。必ず使うのが**Пое́хали!**「出発しましょう」で、動詞の過去形を使ってLet's go!と合図するわけです。困ったのはモンゴルでロシア語通訳として働いていたとき。モンゴル人のバス運転手さんはロシア語を知りませんから、モンゴル語でいわなければなりません。そのときは「行きましょう」だけ覚えたのですが、今では忘れてしまいました。調べてみると**явцгаая**とあるのですが、違うような気もしますし、そもそもなんて読むかさえ分かりません。

пожа́луйста ［パジャールスタ］圐 どうぞ *please*：これは本当に広く使えます。対応する英語はPlease.「どうぞ」だけではありません。お礼をいわれたときに返すDon't mention it.「どういたしまして」や、ものを差し出すときにいうHere you are.「はいここにあります」の意味でも使えます。ということで、**Запо́мните, пожа́луйста.**「覚えてください」。

пожела́ть ［パジラーチ］圐 → **жела́ть**

поза́втракать ［パザーフトラカチ］圐 → **за́втракать**

позавчера́ ［パザフチラー］圓 一昨日 *the day before yesterday*：ミハイル王子は**Позавчера́ он твёрдо обеща́л.**「一昨日堅く約束しました」。お借りしている本は明後日返します。本当でしょうね。（→**послеза́втра**）

позва́ть ［パズヴァーチ］完 → звать

позвони́ть ［パズヴァニーチ］完 → звони́ть

по́здно ［ポーズナ］副 遅く *late*：学生時代には**по́здно** но́чью「深夜遅く」ラジオを聴いていました。NHK第2放送が終わると、それに近い周波数で旧ソ連の放送が聞こえたのです。まだロシア語力が足りなくて、時報くらいしか分かりませんでしたが、生のロシア語に触れるのがうれしく、布団に潜ったままいつまでも聴いていました。

поздравля́ть ［パズドラヴリャーチ］不完，**поздра́вить** ［パズドラーヴィチ］完 祝う *congratulate*：ミハイル王子、**Поздравля́ю** вас с оконча́нием университе́та.「大学ご卒業おめでとうございます」。だって今は最終学年ですよね。えっ、まだTOEFLのスコアが卒業基準に達していないのですか。だったら頑張って勉強しないと。

познако́миться ［パズナコーミッツァ］完 → знако́миться

* **пойти́** ［パイチー］完 出かける *go*：ゼミ生が**Пойдёмте** вме́сте!「いっしょに行きましょう」といったら、それは飲みに行こうという意味です。幕張駅近くの居酒屋はすっかり顔なじみで、タコの唐揚げとか、いろいろサービスしてもらっています。

* **пока́** ［パカー］副 しばらく、今のところ *for the time being*：確かに**пока́** тру́дно говори́ть по-ру́сски「今のところはロシア語を話すのが難しい」かもしれません。英語だったらもっと表現できるのにと、もどかしい気持ちになるのも分かります。でもここで止めたら残るのはコンプレックスだけ。もうちょっと辛抱してください。

показа́ть ［パカザーチ］完 → пока́зывать

показа́ться ［パカザーッツァ］完 → каза́ться

пока́зывать ［パカーズィヴァチ］不完，**показа́ть** ［パカザーチ］完 見せる、案内する *show*：列車で国境を越えるときは緊張します。**Покажи́те** па́спорт.「パスポートを見せてください」といわれて渡したら、係官は難しい顔でスタンプだらけのページを眺めています。何か問題のある国を訪問していたらどうしようかと、なんだか不安になってしまうのです。

покупа́ть ［パクパーチ］不完，**купи́ть** ［クピーチ］完 買う *buy*：最近の日本では**купи́ть** проду́кты в магази́не「店で食料品を買う」だけで、山ほどの質問が浴びせかけられます。割引券のご利用はありますか、お箸は何膳ご利用ですか、保冷剤はおつけしますか、○○スタンプは集めていらっしゃいますか。たとえ同じ内容でも、レジ袋はご入り用ですか、有料のビニール袋はどうしますか、マイバッグはお持ちですか、買物袋はご用意ですかと、表現は実にさまざま。日本語学習者は大変でしょう。

по́ле ［ポーリェ］中 野原 *field*：子どものころ、たとえば食べ物の好き嫌いをいったりすると、贅沢をいうな、солда́ты на **по́ле** бо́я「戦地の兵隊さん」のことを思えと両親からいわれました。本人たちが戦時中にそういうスローガンで教育されたからでしょう。もちろん冗談だったのでしょうが、おかげさまで戦争が大嫌いになりました。

поли́тика ［パリーチカ］女 政治 *politics*：正直に申し上げますと、Меня́ не интересу́ет **поли́тика**.「わたしは政治に興味がありません」。◆ **полити́ческий** ［パリチーチスキイ］形 政治の *political*：ということで **полити́ческий** де́ятель「政治家」の方とお会いするのはお断りしております。立派なお仕事ですが、わたしにお手伝いできることはありません。

* **по́лный** ［ポールヌイ］形 完全な *entire*：外国語をいろいろ勉強して、それで混乱しないかと尋ねられますが、**по́лное** недоразуме́ние「完全な誤解」です。その証拠に、英語しか学ばない人だって、いくらでも混乱しているではありませんか。つまり外国語に混乱は付き物で、それはたくさん学ぶからではなく、まだ学習の途中だからなのです。

полови́на ［パラヴィーナ］ 囡 半分 *half*：今日のアンナおばさんは**полови́на**
бана́на「バナナ半分」しか食べません。サッちゃんみたいですが、ちっ
ちゃいからではありません。ダイエット中なのです。

положе́ние ［パラジェーニエ］ 囲 状況、状態 *condition*：ミハイル王子は
экономи́ческое **положе́ние**「経済状態」が危機的だと嘆きます。そりゃ、
砂漠の国のお姫さまが勧めるものを片っ端から買っていたら、そうなるに
決まっています。

положи́ть ［パラジーチ］ 完 → класть

полтора́ ［パルタラー］ 数 1つ半 *one and a half*：ロシア語では1.5が1語で
表せます。90分を**полтора́** часа́「1時間半」と表せるのは便利ですね。と
ころで大学の授業は1コマが1時間半という場合が多いのですが、あれは
何か根拠があるのでしょうか。

получа́ть ［パルチャーチ］ 不完 ,* **получи́ть** ［パルチーチ］ 完 受け取る
receive：日本はどこでも**получа́ть** сда́чу「お釣りを受け取る」ことがで
きますが、それでも屋台で1万円札を出す人を見かけると、血も涙もない
なあと感じてしまいます。ロシアなら叱られますよ。すこしは相手の身に
もなってあげてください。

помеша́ть ［パミシャーチ］ 完 → меша́ть

* **по́мнить** ［ポームニチ］ 不完 覚えている *remember*：何かロシア語で喋って
みせてよ。外国語を知らない人ほど、こういう無茶ぶりをします。そうい
うときに備えて**по́мнить** стихотворе́ние наизу́сть「詩を暗記する」のは
いかがでしょうか。相手はたいてい黙ります。ただし必ず意味を聞かれま
すから、邦訳も覚えておいてください。

помога́ть ［パマガーチ］不完 ，**помо́чь** ［パモーチ］完 助ける、手伝う help：洗濯機の調子が悪く、脱水後にモーターが停止するときガタンと揺れて、ホースが外れそうになります。そこでタイミングを見て洗濯機を押さえるのですが、1回の洗濯で停止が3回もあるため、カミさんとНу́жно **помога́ть** друг дру́гу.「お互いに助け合わなればなりません」。本当は新しい洗濯機を買うために、お金を出すのを助け合ったほうがいいのですが。

по́мощь ［ポーマシィ］女 援助、助け help：ミハイル王子がэконо́ми́ческая **по́мощь**「経済的援助」を求めてきました。でもわたしは王子に限らず、だれにもお金は貸しません。ご飯はご馳走しますが、それ以外はダメです。

понеде́льник ［パニヂェーリニク］男 月曜日 Monday：大学院では「スラブ学演習」という、院生全員が顔を合わせる授業がпо **понеде́льникам**「月曜日ごとに」ありました。終わった後は大学院生マスダと、だいたい本郷三丁目の焼鳥屋でビールを飲んでいましたっけね。

* **понима́ть** ［パニマーチ］不完 ,* **поня́ть** ［パニャーチ］完 理解する understand：「理解」という語はときに怖ろしいです。Вы **понима́ете** меня?「わたしのいうことが理解できますか」と問われて違う意見をいうと、自分の考えに賛同しないのは「理解」が足りないからだと押し付けてくることがあるからです。作家の遠藤周作はそういうのを「善魔」といいました。ある人工言語の支持者はわたしの言語学的な見解に対して、理解が足りないとくり返し指摘し続けています。面倒です。

понра́виться ［パヌラーヴィッツァ］完 → нра́виться

пообе́дать ［パアビェーダチ］完 → обе́дать

попада́ть ［パパダーチ］不完 ，**попа́сть** ［パパースチ］完 当たる hit, get：球技がすべてダメです。Мяч **попа́л** в цель.「ボールが的に当たった」試しがありません。パチンコから大玉転がしまで、サイズに関係なく才能がありません。友だちが簡単に当ててみせるのが不思議でした。

попроси́ть ［パプラスィーチ］→ проси́ть

* **пора́** ［パラー］述 ～する時間だ *it is time*：子どものころ、**Пора́** спать.「寝
る時間ですよ」といわれるのがイヤでした。『ゲバゲバ90分』がこれから
面白くなりそうなのに、大人はすぐに寝かせようとします。だから大人に
なって、好きな時間に寝たり起きたりできることに無限の喜びを感じてい
ます。その割に、最近は早寝なんですけどね。

по-ру́сски ［パルースキ］副 ロシア語で *in Russian*：地名を表す形容詞の男
性単数主格形から最後のиを取り除き、最初にпо-をつけると「～風」「～
語で」という意味になります。ры́ба **по-ру́сски**「ロシア風魚料理」のよ
うに使えるわけです。おいしいロシア料理を食べながら、おしゃべりは当
然、Говори́те **по-ру́сски**!「ロシア語で話してください！」。あっ、他の
外国語でもいいですよ。

┌─ ○○語で、○○風に ─┐

по-англи́йски「英語で」、по-испа́нски「スペイン語で」、по-кита́йски
「中国語で」、по-коре́йски「韓国語で」、по-неме́цки「ドイツ語で」、
по-францу́зски「フランス語で」、по-япо́нски「日本語で」。

поря́док ［パリャーダク］男 秩序 *order*：このところミハイル王子はвсё в
поря́дке「すべて順調」なようで、今日はとくに機嫌がいいです。なんで
も、バイト代がやっと入ったらしい。経済状態は回復の兆しですね。でも
無駄遣いをしてはダメですよ。

посла́ть ［パスラーチ］完 → посыла́ть

⚹ по́сле ［ポースリェ］前 ＋生 ～の後 *after*：アンナおばさんとの待ち合わせ、
嫌な予感が的中しました。彼女は**по́сле** обе́да「昼食後」の午後1時に、
за фонта́ном「噴水の後ろ」で待っていました。このように**по́сле**は場所
を示すことができません。

П

131

* **после́дний**［パスリェードニイ］形 最後の、最新の *last*：в после́днее
вре́мя「最近」はロシア語の参考書が減っている気がします。がんばって
書かなければいけませんね。いまは大学で中級クラスを担当しながら、詳
解ロシア語文法の構想を練っています。

после́довать［パスリェーダヴァチ］完 → сле́довать

послеза́втра［パスリザーフトラ］副 明後日 *the day after tomorrow*：ミハイ
ル王子はОн обеща́л мне верну́ть кни́гу **послеза́втра.**「本は明後日返し
ますと約束しました」が、やっぱり忘れました。想定範囲内ですが。

посло́вица［パスローヴィツァ］女 ことわざ *proverb*：ことわざは言語文化
と切り離せないものですが、ロシア語の場合は単独ではなく、ほかのスラ
ブ諸語と比べることが大切です。Одна́ речь не **посло́вица.**「1人のこと
ばではことわざにならない」といいますが、ロシア語だけではことわざの
本質が理解できないのです。栗原成郎『スラヴのことわざ』は日本語で読
める数少ない本です。

послужи́ть［パスルジーチ］完 → служи́ть

посмея́ться［パスミヤーッツァ］完 → смея́ться

посмотре́ть［パスマトリェーチ］完 → смотре́ть

поста́вить［パスターヴィチ］完 → ста́вить

постара́ться［パスタラーッツァ］完 → стара́ться

постоя́нный［パスタヤーンヌイ］形 いつもの、一定の *constant*：本屋で
もビアホールでも、**постоя́нный** посети́тель「常連」になることが大切
だと、先生から教わりました。だからたとえ短い海外滞在でも、気に入っ
た店には毎日のように通って、お店の人と仲良くすることにしています。

поступа́ть ［パストゥパーチ］不完，**поступи́ть** ［パストゥピーチ］完 ❶ 入学する：*enter*：18歳のときに Я **поступи́л** в университе́т.「わたしは大学へ入りました」。それ以来ずいぶん時間が経ったのに、いまだに大学に通っています。学んだ大学は3校、教えた大学は数知れず。❷行動する *act*：別に後悔はしていません。いつでも как мне **поступи́ть**「わたしはどのように行動すべきか」を慎重に考えて、多様な科目を教えてきました。

посыла́ть ［パスィラーチ］不完，**посла́ть** ［パスラーチ］完 送る *send*：海外で頭が痛いのは **посла́ть** кни́ги по по́чте「本を郵送する」ことです。国によっては1日の海外小包受付に限りがあって、遅れていくと受け付けてもらえないこともありました。日本では入手不可能な本ですから、なんとしても送らなければなりません。わたしの蔵書は汗と涙の結晶です。

✳ **пото́м** ［パトーム］副 それから *then*：изуча́ть снача́ла англи́йский язы́к, **пото́м** други́е иностра́нные「はじめに英語、それから他の外国語を学ぶ」といった計画を立てる人がいますが、そういう人が他の外国語まで学ぶことはありません。英語の学習には終わりがないからです。

* **потому́ что** ［パタムー・シタ］副 なぜならば *because*：ミハイル王子、どうして借金を返してくれないのですか。**Потому́ что** у меня́ нет де́нег.「なぜならばお金がないからです」。よく使うので、王子もこの文は暗唱しているはずです。

потре́бовать ［パトリェーバヴァチ］完 → тре́бовать

поу́жинать ［パウージナチ］完 → у́жинать

похо́ж ［パホーシ］形 似ている *alike*：Белору́сский язы́к о́чень **похо́ж** на ру́сский.「ベラルーシ語はロシア語にとても似ています」。ベラルーシ語の数字を0から9まで紹介しましょう。нуль, адзін, два, тры, чатыры, пяць, шэсць, сем, восем, дзевяць.

* **почему́** ［パチムー］ 副 どうして *why*：**Почему́** так?「どうしてそうなの？」と尋ねる子どもは、好奇心が旺盛でよろしいといった風潮があります。ロシア語にも**почему́чка**「なぜなぜちゃん」といった単語があるくらいです。でもわたしは心の中で「どうして」を育てる子どものほうに期待してしまいます。いちばんイヤなのは、質問して教師のご機嫌をとろうとする生徒です。

по́чта ［ポーチタ］ 女 郵便局 *post office*：海外に出かけるときは、どこの街でも郵便局に寄ってみることにしています。不思議なことに、**на по́чте**「郵便局で」手紙を書いている光景をよく目にします。どうして家で書いてこないのでしょうね。

* **почти́** ［パチチー］ 副 ほとんど *almost*：外国語には**почти́** ка́ждый день「ほとんど毎日」触れていますが、日によってまったく勉強できないこともあります。それで構いません。自分を縛りすぎたところで、外国語は上達しませんから。

почу́вствовать ［パチューストヴァヴァチ］ 完 → чу́вствовать

* **поэ́тому** ［パエータム］ 副 だから *therefore*：ある男性が**Я** япо́нец, **поэ́тому** я не говорю́ по-англи́йски.「わたしは日本人です、だから英語ができません」というのを耳にしたことがあります。本人はジョークのつもりなのでしょうが、わたしは笑えませんでした。言語は国籍とは関係ありません。勉強した人だけができるようになるのです。日本人だって、外国語が上手な人はたくさんいます。

появля́ться ［パイヴリャーッツァ］ 不完 , **появи́ться** ［パイヴィーッツァ］ 完 現れる *appear*：教え子の一部にはなぜか**У** них **появля́ется** жела́ние писа́ть что-нибу́дь.「なにかを書きたいという欲求が現れる」ようで、メールに添付されたエッセイが届きます。みんな工夫しながら書いているのですが、その文体の多くがなんとなくわたしに似ているんです。

пра́вда ［プラーヴダ］ 女 真実 *truth*：この単語はウクライナ語でもまったく同じ綴りでправдаとなります。ベラルーシ語ではпра́удаで、ўは英語のwに相当します。こんな文字、ロシア語でもウクライナ語でも見たことないと思われるかもしれませんが、Э́то **пра́вда.** 「これが真実です」。

пра́вильно ［プラーヴィリナ］ 副 正しく *correctly*：わたしの仕事場に来たPくんは、びっくりして尋ねました。Э́ти часы́ иду́т **пра́вильно?** 「この時計はちゃんと動いていますよね?」もちろん、動いてますよ。ただしこれは左回りに動く、特別な時計なんです。

прави́тельство ［プラヴィーチリストヴァ］ 中 政府 *government*：国のイメージは何によって作られるのでしょうか。自然、産業、芸術、歴史など、いろいろ考えられますが、すくなくともглава́ **прави́тельства** 「政府首班」じゃないですよね。それなのにわたしがロシア語教師だと知ると、政治の話を持ち出す人が多くてイヤになります。

* **пра́во** ［プラーヴァ］ 中 権利 *right*：わたしの書いた文章に対してа́вторское **пра́во** 「著作権」を申請する文書が年に数回、送られてきます。入試問題で使われ、同じものを対策問題集で使ったり、学校が受験生に無料で配布したりするためです。お金を払ってくれるのはありがたいのですが、中学受験で出題されたりしていると、心中ちょっと複雑です。わたしの文章は小学生が読むものではありません。

пра́здник ［プラーズニク］ 男 休日、祝日 *holiday*：大学ではотдыха́ть по **пра́здникам** 「休日に休む」ことが少なくなりました。半期でなにがなんでも15回の授業をするためです。休暇が取れないブラック企業に勤める練習を、学生にさせているのでしょうか。

предлага́ть ［プリドラガーチ］ 不完 ，**предложи́ть** ［プリドラジーチ］ 完 勧める *offer*：魔法使いがミハイル王子に**предлага́ть** я́блоко 「リンゴを勧めます」。白雪姫が眠ってしまうリンゴですが、ミハイル王子には効きません。ふだんからよく寝ているからです。

предме́т ［プリドミェート］⬜男 物、対象 *object, article*：中学・高校時代に英語はлюби́мый **предме́т**「好きな科目」ではありませんでした。英語は成績や入試に直結するエリート科目。好きになるのはずっと後です。

предприя́тие ［プリトプリヤーチエ］⬜中 企業 *enterprise*：どうも今の大学はрабо́тать на **предприя́тии**「企業に勤める」ことを前提に、情報を発信しています。しかし世の中にはいろいろな職業があり、企業に勤めなくても別の道があるのです。そういう情報も提供してほしいですよね。

представля́ть ［プリトスタヴリャーチ］⬜不完，**предста́вить** ［プリトスターヴィチ］⬜完 提出する *present, submit*：未来の大学院生へ。**предста́вить** дипло́мную рабо́ту「卒業論文を提出する」ことは、想像よりずっと時間がかかります。とくに先行研究ばかり調べていると、肝心の本論が疎かになったまま時間切れになることが多いです。気をつけましょう。

пре́жде ［プリェージヂェ］⬜副 以前に *before*：街が変わっていくのは仕方のないことです。それでも**Пре́жде** здесь был кни́жный магази́н.「以前はここに本屋があった」と思うと、悲しくなることがあります。そういうことは、いつまでも覚えているのです。

пре́жний ［プリェージニイ］⬜形 以前の *former*：新刊が出ると知人やマスコミに献本するのですが、うっかりпо **пре́жнему** а́дресу「以前の住所で」送ってしまうと、面倒を起こしてしまいます。しかも献本リストは前回のものを元に作成しますので、訂正を忘れると同じことをくり返してしまい、多方面にご迷惑をおかけしております。すみません。

прекра́сный ［プリクラースヌイ］⬜形 すばらしい *excellent*：最近のミハイル王子のロシア語は**прекра́сное** произноше́ние「素晴らしい発音」です。砂漠の国のお姫さまの影響でしょうか。◆**прекра́сно** ［プリクラースナ］⬜副 すばらしく *excellently*：発音に限りません。Он **прекра́сно** говори́т по-ру́сски.「彼は素晴らしくロシア語を話します」。ただ、ふだん彼女と話しているものだから、誰に対しても「ため口」なんですよね……。

преподаватель ［プリパダヴァーチリ］男, **преподавательница** ［プリパダヴァーチリニツァ］女 教師、講師 *teacher*：わたしにとりまして、**преподавательница** русского языка「ロシア語の先生」といえば、『標準ロシア語入門』の東多喜子先生です。

＊＊**при** ［プリ］前 ＋前 〜のそばに、付属して *by*：旧ソ連圏のある共和国で現地語の研修を受けていたのですが、独立後まだ間もない混乱期で、施設などが整っていませんでした。いちばん困ったのが昼食で、столовая **при** заводе「工場付属の食堂」に行くことになっていたのですが、遅れていくとパンすら残っていませんでした。それでも活気があって楽しかったです。

привет ［プリヴィェート］❶ 間 やあ *hi*：親しい間柄では**Привет!**「やあ！」と挨拶を交わします。ミハイル王子は元気に挨拶をして、今日も砂漠の国のお姫さまとオンラインのデートです。❷ 男 あいさつ *regards*：そろそろ終了の時間。王子がПередай **привет** твоей матери.「お母さんによろしく」と声をかけると、うちのお母さんはわたしが生まれてすぐお星さまになってしまったの、とお姫さま。では先日の入院費は……。

приглашать ［プリグラシャーチ］不完, **пригласить** ［プリグラシーチ］完 招待する *invite*：かつてテレビのロシア語講座で、モスクワ放送のアナウンサーであるウラジーミル・ウーヒンさんがオープニングにいっていたセリフは、いまでも鮮明に覚えています。**Приглашаем** вас на урок русского языка.「あなたをロシア語の授業にご招待します」。

приготовить ［プリガトーヴィチ］完 → готовить

приготовиться ［プリガトーヴィッツァ］完 → готовиться

приезжать ［プリイジャーチ］不完, **приехать** ［プリイェーハチ］完 来る *come*：旧ソ連の人々は**Приезжайте** в гости.「遊びに来てくださいね」と、リップサービスではなく本気で誘ってくれました。当時は外国人立入禁止地域があったことなんて、想像すらしていなかったのでしょう。

* **прийти́** ［プリイチー］完 → приходи́ть

прийти́сь ［プリイチースィ］完 → приходи́ться

принима́ть 不完 ,* **приня́ть** 完 受け入れる *take, accept*：同世代が恒常的に**принима́ть лека́рство**「薬を服用する」ようになりました。わたしは幸いにして、常に飲まなければいけない薬はありません。寝る前にミルクを飲むくらいです。

приноси́ть ［プリナスィーチ］不完 , **принести́** ［プリニスチー］完 持ってくる、もたらす *bring*：あなたに**приноси́ть сча́стье**「幸せをもたらす」ものは何ですか。わたしの場合は教え子からの便りです。あと、拙著の増刷の通知。

приро́да ［プリローダ］女 自然 *nature*：ソビエト映画*Служе́бный рома́н*『オフィスラブ』の中で、**У приро́ды нет плохо́й пого́ды.**「自然には悪い天気なんてない」という歌詞が出てきます。ロシア人もこの表現が気に入っているようで、「今日はあいにくの天気ですね」といったら、「あら、自然には悪い天気なんてないのよ」と返ってきたことがあります。わたしもいつか使ってみたいのですが、まだチャンスが巡ってきません。

приходи́ть ［プリハヂーチ］不完 ,* **прийти́** ［プリイチー］完 来る、着く *come, arrive*：通勤で使っている電車が**приходи́ть во́время**「時間どおりに来る」ことはほとんどありません。とくに朝は人身事故とか車両点検とかで必ず遅れます。多くの人が利用する電車ですから、予定どおりに運行することがそもそも無理なのでしょう。

приходи́ться ［プリハヂーツァ］不完 , **прийти́сь** ［プリイチースィ］完 〜せざるをえない *have to*：以前は朝に原稿依頼の電話があると、寝ぼけて承諾してしまい、結果として**Мне пришло́сь написа́ть статью.**「わたしは原稿を書かなければなりませんでした」ということがありました。最近では依頼がメールなので、こういう失敗はないです。

причи́на ［プリチーナ］ 女 原因 *cause*：日本人が сме́яться без **причи́ны**
「訳もなくニコニコしている」のは変だというロシア人がいますが、感じ
がいいという人もいます。そういう人にロシア語を教えてもらいたいです。

прия́тно ［プリヤートナ］ 述 うれしい *nice*：「はじめまして」というつもり
で、最初からÓчень **прия́тно.**「大変うれしいです」というのは奇妙です。
自己紹介をして、お互いに知り合ったからこそうれしいのであって、名乗
り合う前に勝手にうれしがっていたら、ロシア人は奇妙に思います。

* **про** ［プラ］ 前 ＋対 ～のことを *about*：街でговори́ть **про** себя́「独り言を
いっている」人を見かけました。ちょっと不気味です。でもよく見れば、
通信機器を使って誰かと話しているようです。なーんだ、なら安心ですね。
ところが話の内容をうっかり聞いてしまいました。どうやら宇宙人と話し
ているつもりらしい。もう逃げるしかありません。

* **пробле́ма** ［プラブリェーマ］ 女 問題 *problem*：海外でパスポートをなくし
たら、больша́я **пробле́ма**「大問題」です。他にもクレジットカードとか
現金とか、懐には用心したほうがいいのに、海外の日本人は実にのんびり
していて、本当に心配です。

проводи́ть ［プラヴァヂーチ］ 不完, **провести́** ［プラヴィスチー］ 完 おこ
なう *hold*：英会話より人気のあるものといえばマラソンではないでしょ
うか。春の東京では**проводи́ть** марафо́нский бег「マラソン競技がおこ
なわれます」。ランナーのために、通りがあちこち封鎖されて困ります。
でもマラソンは多くの人に愛され、しかも経済効果をもたらすことが優先
ですから、我慢しなければなりません。

програ́мма ［プラグラーマ］ 女 番組、種目 *program*：かつて海外に住んで
いる友人に、日本から持って行って喜ばれるお土産といえば、журна́л с
програ́ммой телепереда́ч「テレビガイド」でした。たとえ視聴できなく
ても、日本の流行が分かるから楽しいといわれました。インターネット時
代には、もう不要かもしれません。

П

продава́ть ［プラダヴァーチ］不完, **прода́ть** ［プラダーチ］完 売る *sell*：井原西鶴『世間胸算用』に、「才覚の軸すだれ」という話があります。ある子どもが寺子屋で使い捨てられた筆の軸を集めてすだれを作り、それを売って金を儲けました。親は喜びましたが、先生は、そういう者は将来大した人間にはならない、それより若いうちはきちんと勉強しなさいとバッサリ。ビジネスを起こして**прода́ть** ве́щи「モノを売る」ことばかりに熱心な大学生や、それを応援する大学を見ていますと、いつもこの話を思い出します。

продолжа́ть ［プラダルジャーチ］不完, **продо́лжить** ［プラドールジチ］完 続ける *continue*：外国語学習でもっとも難しいのは続けることです。Вы **продолжа́ете** занима́ться ру́сским языко́м?「あなたはロシア語の勉強を続けていますか」。留学して1年間くらい集中的に学ぶことはだれでもできます。でもその後10年、20年と続けられる人は限られています。

произведе́ние ［プライズヴィヂェーニエ］中 作品 *work, piece*：わたしは литерату́рное **произведе́ние**「文学作品」について調べるとき、朝日出版社「世界文学シリーズ」のうち、中村・灰谷・島田『ロシア文学案内』を引いています。作家解説に加えて主要作品概説や邦訳作品リストが便利です。古いものですが、作品の概説は変わりません。

произво́дство ［プライズヴォーットヴァ］中 生産 *production*：ふつうは ма́ссовое **произво́дство**「大量生産」された製品よりも、手作りのほうがうれしいですよね。でも高校時代に化学実験部で活動していたクラスメートがくれた手作りだけは、お断りしました。風邪薬だったのです。

произноше́ние ［プライズナシェーニエ］中 発音 *pronunciation*：わたしの自己紹介を最後まで静かに聞いてくれたそのロシア人教師は、最後にこういいました。У вас хоро́шее **произноше́ние**.「あなたは発音がいいですね」。さらに続けて、教師は発音のよいことが鉄則ですよ。本当にうれしいことばでした。

происходи́ть ［プライスハヂーチ］不完, **произойти́** ［プライザイチー］
完 起こる *happen, occur*：ミハイル王子が額から血を流しています。Что
же **произошло́**?「いったい何事ですか」。えっ、ハロウィンの仮装ですっ
て？　ああ、その血はメイクですか。本格的ですね。

* **пройти́** ［プライチー］完 → проходи́ть

промы́шленность ［プラムィーシリンナスチ］女 産業 *industry*：産業界に
ついて無知なもので、学生が嬉しそうに就職先を報告してくれても、さっ
ぱり分かりません。なるほど、автомоби́льная **промы́шленность**「自動
車工業」なんですね。でもホウデンってなんですか。ああ、トヨタって読
むんですか。

проси́ть ［プラスィーチ］不完, **попроси́ть** ［パプラスィーチ］完 頼む
ask：多くの人が外国語学習法について、**проси́ть** меня́ рассказа́ть「わた
しに話してほしいと頼みます」。ところが、わたしの話で満足する人はほ
とんどいません。どうやら魔法のように上達する方法を求めているらしい
のです。こういう方とはお話しないことにしています。魔法のことは魔法
使いにお尋ねください。

прости́ть ［プラスチーチ］完 → проща́ть

просто́й ［プラストーイ］形 単純な、簡単な *simple, easy*：翻訳を依頼して
くるとき、**просто́й** текст「簡単な文章」ですから、といわれることがあ
ります。その外国語が理解できないのに、どうしてわかるのか不思議です。
短いから簡単とは限りません。◆ * **про́сто** 副 単に *simply*：問い詰めた
ことはありませんが、どうして簡単だと思うのかと質問すれば、**Про́сто**
так.「なんとなく」って答えるのではないでしょうか。外国語を知らない
人ほど、イメージで物事を捉えています。

П

про́сьба ［プローズィバ］ 囡 お願い *request*：ミハイル王子が深刻な表情で
こういいます。У меня́ к вам про́сьба.「あなたにお願いがあります」。
改まっていったい何ですか。「夕食をご馳走してください。金欠でお腹が
ペコペコなのです」。なんだ、そんなことでしたか。砂漠の国のお姫さま
に貢いでばかりいるから、そんなことになるのです。もちろんご馳走しま
すよ。っていいますか、今までに払ったことなんてないでしょ。

про́тив ［プローチフ］ 前 ＋生 ～に対して *against*：だれもが**про́тив** войны́
「戦争反対」というのに、戦争はなくなりません。だれもが「英語は重要」
というのに、できる人は相変わらず限られています。つまりどちらも、本
気じゃないからではありませんか。

профе́ссия ［プラフィエースィヤ］ 囡 職業 *occupation*：散髪のときКто вы
по **профе́ссии**?「あなたの職業は何ですか」と尋ねられるのが苦手です。
大学の教員ですと本当のことをいおうものなら、たちまち七三分けにされ
てしまいます。ひどい偏見ですよね。

профе́ссор ［プラフィエーサル］ 男 教授 *professor*：未来の大学院生へ。大
学の先生がすべて**профе́ссор** университе́та「大学教授」だと信じている
人は案外と多いようですが、そんなことはありません。そもそも教授とい
うのは職位であって、職業としては大学教員です。大学院では指導教員を
決める必要がありますが、それだって必ずしも教授である必要はありませ
ん。わたしが大学院時代に指導していただいた先生は、当時まだ助教授で
したが、だからといって何の問題もありませんでした。教授に拘る人は山
崎豊子『白い巨塔』の影響を受けているのかもしれません。

прохла́дный ［プラフラードヌイ］ 形 涼しい *cool*：昼間はあんなに暑かっ
たのに、いまでは**прохла́дный** ве́тер「涼しい風」が吹いています。◆
прохла́дно ［プラフラードナ］ 副 涼しく *cool*：夜になってすっかりСта́ло
прохла́дно.「涼しくなりました」。うれしいな。人によっては寒いという
かもしれませんが、わたしにとってちょうどいい気温は10度以下です。

проходи́ть ［プラハヂーチ］不完,* **пройти́** ［プライチー］完 通って行く
pass：ミハイル王子がお客さまを迎えます。**Проходи́те,** пожа́луйста.「ど
うぞ中へお入りください」。今日のためにまた部屋の模様替えをしたのです
ね。せっせと手を入れるのは結構ですが、ここって借家ですよね？

проце́нт ［プラツェーント］男 パーセント *percent*：たとえばある大学の国
家試験合格率がдевяно́сто де́вять **проце́нтов**「99パーセント」だとしま
すよね。それなのに自分が不合格の1パーセントになってしまったら、いっ
たいどうしたらいいのでしょうか。

* **проце́сс** ［プラツェース］男 過程、進行中 *process*：ミハイル王子が行方不
明！ 砂漠の国のお姫さまからの依頼で、アンナおばさんが捜査に乗り出
します。в **проце́ссе** по́иска「捜索中」なので、詳しいことはいえないと
のことですが、わたしもおばさんから根掘り葉掘り質問されました。でも
行方不明ってオンライン上のことでしょ。接続障害かもしれません。電話
してみたらどうですか。

прочита́ть ［プラチターチ］完 → чита́ть

про́шлый ［プローシルイ］形 過去の *past*：外国語の間違いに、いつまでも
くよくよするのは止めましょう。だってЭ́то де́ло **про́шлое.**「それはも
う過ぎたことです」から。同じ間違いをくり返さなければ、それでいい
じゃないですか。そんなことがいえるのは、本気で外国語を学んだことの
ない人だけです。真面目に学べば学ぶほど、間違ったことが悔しくなるの
が外国語です。わたしも通訳のあとは、あれこれ間違ったことを思い出し
て、ガッカリしていました。

проща́ть ［プラシィャーチ］不完, **прости́ть** ［プラスチーチ］完 許す
forgive：Ру́сский речево́й этике́т『ロシア語会話エチケット』という本に、
Прошу́ проще́ния.「失礼いたしますが」は年配の方が使う表現だとあり
ました。わたしもそろそろ使っていいはずです。

пря́мо［プリャーマ］副 まっすぐに *straight*：外国語で道案内をしたがる人がいますが、道を説明するのは難しいものです。Иди́те **пря́мо.**「まっすぐ行ってください」なんてことはまずなくて、あっちへ曲がれだのこっちへ曲がれだの、そもそも日本語でだって難しい。さらにいえば、聴いている方だってなかなか理解できないのです。

пти́ца［プチーツァ］女 鳥 *bird*：ヘンリイ・カットナーの「住宅問題」という短編に登場する間借り人のヘンチャードさんは、窓ぎわの台の上にкле́тка для **птиц**「鳥かご」を置いているのですが、覆いを被せて中を見せないようにしています。覆いの中からはガサガサ、ゴソゴソ音がして、家主夫妻は気になって仕方がありません。このモチーフは水木しげるが「鳥かご」というタイトルで漫画化しました。水木作品は原作を超える面白さですが、これにはいくつかのバージョンがあって、設定が微妙に違います。その違いを詳しく語らせたら、わたしは90分の授業ができるほどです。

пусть［プースチ］助 させなさい *let*：そんなにたくさん外国語をやって、いったい何の役に立つかですって？　そういう質問は **Пу́сть** они́ говоря́т.「いわせておきましょう」。多言語の楽しさを知らない人には、何をいっても無駄ですから。

путеше́ствовать［プチシェーストヴァヴァチ］不完 旅行する *travel*：確かにЯ люблю́ **путеше́ствовать.**「わたしは旅行するのが好きです」。でも世界中を回っているわけではありません。訪れた街は偏っており、チェコやスロベニアは何度も訪れているのに、その一方でアメリカ、オーストラリア、中国、タイ、シンガポールなどは行ったことがありません（2022年8月現在）。

* **путь**［プーチ］男 道 *way*：優等生はкратча́йший **путь**「最短距離」を選びます。ところがわたしはこれができません。距離に関係なく、いつでも面白そうな道を選んでしまうのです。人生ずいぶん遠回りしましたが、その分とても面白かったです。

пятна́дцать［ピトナーッツァチ］数 15 *fifteen* → оди́ннадцать

пя́тница［ピャートニツァ］女 金曜日 *Friday*：英語にはTGIF（＝Thank God It's Friday.「やったぜ今日は金曜日」）という表現があります。レストラン・チェーンや映画のタイトルにも使われているそうですが、対応するロシア語はなさそうです。Сего́дня **пя́тница.**「今日は金曜日です」という表現をうれしそうに発音するしかありません。

пя́тый［ピャートゥイ］形 5番目の *fifth*：わたしが在籍したロシア語学科は進級が厳しくて、4年間では足りず**пя́тый** год「5年目」に突入する人がたくさんいたので、пятиле́тка「五か年計画」と呼ばれていました。怖ろしい学科です。

пять［ピャーチ］数 5 *five*：わが家の夕食は早く、仕事がなければカミさんとв **пять** часо́в ве́чера「夕方5時」から始めます。ただしご飯を食べたりはしないで、食卓に並ぶのはお酒とそれに合う惣菜です。「おつまみタイム」と呼んでいます。今夜はПの項目を書き上げたことを祝して乾杯しましょう。

пятьдеся́т［ピッヂスィャート］数 50 *fifty* → де́сять

пятьсо́т［ピッソート］数 500 *five hundred* → сто

Π

言語学コラム ロシア語最重要単語100（後半）

н以降の50語は以下のとおりです。

на, на́до, наш, не, ничто́, но, но́вый, ну, о, оди́н, он, она́, они́, от, о́чень, пе́рвый, по, под, по́сле, пото́м, при, рабо́та, раз, рука́, с, сам, са́мый, свой, себя́, сейча́с, сказа́ть, сло́во, стать, так, тако́й, там, то, то́лько, тот, тут, ты, у, уже́, хоте́ть, челове́к, что, что́бы, э́то, э́тот, я.

隣の国のミルク

寝るまえに少しずつロシア語の文字に親しみながら、すでに9日目。ここまで紹介してきた文字を組み合わせるだけでも、いろいろな単語が書き表せます。

Москвá モスクワ

ロシアの首都をロシア語で書くとこうなります。固有名詞なのではじめは大文字。英語ではMoscow、日本語でもモスクワですが、最後のváはウダレーニエ付きなので、[ヴァー]という感じですこし伸ばして発音します。

だったら《モスクヴァー》と発音しそうですよね。ところが実際は[マスクヴァー]のように聞こえるはず。それは標準的なロシア語では、ウダレーニエのないoは「ア」と発音することになっているからです。

なんとも面倒な規則じゃありませんか。ロシア人にも面倒なのか、ウダレーニエのないoを「オ」のまま発音する地域もあります。つまり方言です。ロシア語だって方言はあります。北部方言ではウダレーニエのないoはそのまま「オ」と発音し、これをオーカニエといいます。それに対してモスクワ方言はウダレーニエのないoを「ア」と発音する、つまりアーカニエの地域で、それがそのまま標準語になりました。外国人がロシア語を学習するときにも、この方式で発音することになっています。

日本語で表すときは《マスクワ》とはせず、ウダレーニエのないoを「オ」のままで対応させ、「モスクワ」と書き表すことになっています。まるで北部方言ですね。

Это これ
（エータ）

эは［エ］の音を表わす文字。е「ィエ」とは違います。тоの部分はウダレーニエがないので「タ」です。

Это молокó. これはミルクです。
（エータ）（マラコー）

молокóは英語のmilkです。м・л・кとm・l・kでは子音が同じ。3つのoがありますが、このうち「オ」と発音するのはウダレーニエのある最後だけなので、［マラコー］となります。

ミルクはウクライナ語でもмолокоと書きますが、発音は［モロコー］です。ウクライナはモスクワの南なのに、北部方言と同じくウダレーニエのないoはそのまま「オ」と読むのです。

一方ベラルーシ語でミルクは［マラコー］と発音しますが、文字で書き表すとмалакоで非常に分かりやすい。というか、ロシア語だけが素直じゃない。

今夜は素直に寝ましょう。

рабо́та ［ラボータ］ 女 仕事、職場 *work*：就活を控えた大学生へ。これは悩める君たちへのメッセージです。поступи́ть на **рабо́ту**「就職する」ために、大学生は大変なエネルギーを使います。ときにはイヤになることもあるでしょう。とはいえ、いわゆる「就活」は義務ではありません。大切なのは卒業後に何がやりたいかです。

* рабо́тать ［ラボータチ］ 不完 働く *work*：本来、働くのはとても楽しいことです。仕事にはさまざまな種類があります。ある教え子はОн **рабо́тает** инжене́ром.「技師として働いています」が、会うたびに仕事の話を楽しそうにしてくれます。昔から金属が大好きだった彼は、金属工場で働くのが楽しくてたまらないのでしょう。

рабо́тник ［ラボートニク］ 男 職員 *worker*：他にも**рабо́тник** посо́льства「大使館員」として働いている教え子もいます。大使館員になるためには難しい試験がありますから、採用までに時間がかかりましたが、自分が専攻した東南アジアの言語を活かして、今日も元気に働いているはずです。

рабо́чий ［ラボーチイ］ ❶ 形 労働の *worker*：どんな楽しい仕事でも、24時間続けて働くことはできません。**рабо́чий** день「労働日＝1日の労働時間」は会社にしっかりと守ってほしいですよね。❷ 男 労働者 *worker*：就職前の大学生が何より恐れるのはブラック企業です。наня́ть **рабо́чего**「労働者を雇用する」ときには隠していて、あとで酷い条件だと分かったら、目も当てられません。確かに怖いです。

ра́вный ［ラーヴヌイ］ 形 等しい *equal*：とはいえ、実際のところは働いてみなければ分かりません。на **ра́вных** усло́виях「同じ条件で」あるなら、雰囲気のよい職場がいいに決まっていますが、こればっかりは事前に知ることができないのです。

P

рад ［ラート］ 形 嬉しい *glad*：社会人になったらきちんと挨拶しましょう。Я **рад** вас ви́деть.（男性）/Я **ра́да** вас ви́деть.（女性）「お目にかかれてうれしいです」。ロシア語では男女で表現が微妙に違います。

ра́дость ［ラーダスチ］ 女 喜び *joy*：**ра́дость** труда́「働く喜び」なんていうと大袈裟で恥ずかしいですが、働きながらиспы́тывать **ра́дость**「喜びを味わう」ようになってほしい。わたしは就職を目の前にした大学生に、こんなことを伝えたいと考えました。以上が就活生へのメッセージです。

＊＊**раз** ［ラース］ 男 回 *time*：два ра́за в день「1日に2回」、時間を開けて同じ単語を見ると記憶に残るような気がします。これは英単語なのですが、同じ日の午前と午後、sarcophagus「石棺」という単語を目にしました。1回目はボブ・グリーンのエッセイ、2回目はアガサ・クリスティ『パディントン発4時50分』。まったく別の文脈なのに、不思議なくらいしっかりと記憶されたことを覚えています。そういう経験を増やすためにも、いろいろ読む必要があります。ちなみにロシア語で「石棺」はсаркофа́гです。

ра́зве ［ラーズヴィェ］ 助 いったい（対応する英語なし）：なんですって？ ミハイル王子、**Ра́зве** вы не чита́ли э́ту кни́гу?「あなたはこの本を読んでいないのですか」。是非とも読んでくださいな、わたしの新刊なんですから。でも図書館で借りて済ませるのは厳禁。

развива́ться ［ラズヴィヴァーッツァ］ 不完，**разви́ться** ［ラズヴィーッツァ］ 完 成長する、発展する *develop*：当たり前のことですが、Де́ти бы́стро **развива́ются**.「子どもはどんどん大きくなっていきます」。最近教えている大学生だって、ほんの少し前は子どもです。一方こちらは、君たちが生まれる前からビールを飲んでいたんだよ。

＊**разви́тие** ［ラズヴィーチエ］ 中 成長 *development*：いや、なにも **разви́тие** челове́чества「人類の進歩」にケチをつける気はありません。でもチェスでコンピュータが人間に勝つような世の中って、つまらなくないですか。

разгова́ривать ［ラズガヴァーリヴァチ］ 不完 会話する *talk*：どんなにコンピュータが進歩しても、外国語を勉強したい人は必ず出てくるに違いありません。**разгова́ривать** на иностра́нном языке́「外国語で会話する」喜びは、それほど大きなものなのです。

разгово́р ［ラズガヴォール］ 男 会話 *conversation*：クセーニャが来日することになり、東京で会うことにしました。夏の暑い盛りで外に出たくない気候でも、可愛らしいロシア人のお嬢さんが相手となれば話は別です。午後に4時間ほど喫茶店で楽しくお喋りしてから別れたのですが、翌日に受け取ったメールは、こんなうれしいことが書いてありました。実際にお会いするのではなく、**разгово́р** по телефо́ну「電話での会話」でしたら、わたしは黒田さんのことを絶対にロシア人だと思ってしまったでしょう。

разли́чный ［ラズリーチヌイ］ 形 異なった *different*：わたしにとりましてはУ нас с тобо́й **разли́чные** взгля́ды.「ぼくと君とじゃ見解が違う」のがふつうです。世の中のほとんど人と気が合わないらしいことは、人生の初期に覚えました。だからといって敵対していたら、身も心も持ちません。そういうときは接点を減らすのが一番です。

* **ра́зный** ［ラーズヌイ］ 形 さまざまな、別々の *various*：当然ですが Мы **ра́зные** лю́ди.「わたしたちは別々の人間です」からね。У нас **ра́зные** хара́ктеры.「わたしたちは性格が違っています」。それでいいじゃないですか。

разреша́ть ［ラズリシャーチ］ 不完 , **разреши́ть** ［ラズリシーチ］ 完 許可する *permit*：人混みを体でぶつかって進むのはやめましょう。一言、**Разреши́те** пройти́.「お通し願います」というだけですから、面倒くさがってはいけません。立ち居振る舞いと言葉遣いは、いつも優雅に。

райо́н ［ラヨーン］ 男 地区 *region, district*：わたしは東京のв **райо́не** О́та「大田区で」生まれ育ちました。東京といっても南のはずれで、大都会という感じではありません。子どものころは、大田区の向こうに東京があって、さらにその向こうには地続きでアメリカがあるのだと信じていました。

P

ра́но ［ラーナ］副 早く *early*：たいていはприходи́ть **ра́но** в университе́т「大学へ早く行く」ようにしています。ギリギリでは心に余裕がなく、よい授業ができません。ただし授業には少し遅れていきます。これを「アカデミック・クオーター」といいます。

ра́ньше ［ラーニシェ］副 以前 *before*：年寄りが**Ра́ньше** всё бы́ло не так.「以前はこんなじゃなかった」と嘆くのは恥ずかしいです。そういう人は以前のことを正確に覚えているのでしょうか。今の若者は……と語り出す同世代にいいたい。あのさあ、ボクたちもあんなもんだったよ、忘れた？

расска́з ［ラスカース］男 話、短編小説 *story*：ロシア語の初級文法がひと通り終わったら、辞書を引きながらкоро́ткий **расска́з**「短い物語」を読むのが一般的です。かつてはチェーホフやトルストイの短編を読んだものでした。わたしが大学で教えるようになったころには、ソビエト文学から選びました。今ではそれすら古いですが、コツは時代を超えて興味の持てる作品を探すことです。とくに恋愛物は学生から評判がいいです。

расска́зывать ［ラスカーズィヴァチ］不完, **рассказа́ть** ［ラスカザーチ］完 語る *tell*：自己紹介で **расска́зывать** о себе́「自分について語る」のは、案外と難しいものです。喋りすぎは困りますが、あまりにも短いと心を開いていないような印象を与えてしまいます。外国語でおこなう場合は、難しい語彙や文法を使わないこと、明瞭にゆっくりと発音すること、そして無理に笑いを取ろうとしないことが大切です。

расте́ние ［ラスチェーニエ］中 植物 *plant*：チャペック『園芸家12カ月』の影響で、中学生のとき уха́живать за **расте́нием**「植物の世話をする」のに熱中しました。鉢植えの花を育てていたのですが、水をやる以外に何をしたらいいのか悩み、担任の先生に相談しました。この先生の授業は最低でしたが、趣味の盆栽についてはいつも自慢げに話していましたから、多少は期待したわけです。ところがどんな植物の育て方を聞いても、返ってくる答えは「鹿沼土を使う」ばかり。そんなバカなと思いつつ、試しに使ってみても大して効果はありません。本当に底の浅い先生だったのです。

расти́ ［ラスチー］⏍不完, **вы́расти** ［ヴィーラスチィ］⏍完 育つ *grow up*：確かに Я **вы́рос** в необыкнове́нной семье́.「わたしはふつうでない家庭で育ちました」。他は知らないので、それがふつうだと信じていたのです。平均的な家庭の生活は、長谷川町子『サザエさん』を読んで勉強しました。

* **ребёнок** ［リビョーナク］男 赤ちゃん、幼児 *baby, child*：外国語学校が как **ребёнок**「赤ちゃんのように」覚えましょうというキャッチフレーズを掲げていたら、気をつけましょう。大人は赤ちゃんの真似なんてできません。そもそも赤ちゃんは無自覚ながらも、大変な努力をしてことばを身につけるのですよ。ばぶばぶ。

ребя́та ［リビャータ］複 仲間 *lads*：単数形の ребёнок は「赤ちゃん」ですが、複数形となると「仲間」に変わります。ロシア語会話の授業で、先生が **Ребя́та, начина́ем!**「みなさん、始めましょう」といったら、赤ん坊扱いするのかと怒った生徒がいました。完全なる誤解であり、誤訳です。

револю́ция ［リヴァリューツィヤ］女 革命 *revolution*：промы́шленная **револю́ция**「産業革命」や социалисти́ческая **револю́ция**「社会主義革命」など、革命にもいろいろありますが、わたしにとってはバンパイヤ革命です。手塚治虫『バンパイヤ』はくり返し読み、主人公ではなく間久部緑郎に憧れました。

ре́дко ［リェートカ］副 めったに、まれに *seldom*：オンライン越しに映る砂漠の国のお姫さまは、手に壺を持っています。とても貴重な壺で、Это **ре́дко** встреча́ется.「これは滅多にお目にかかれません」。でもミハイル王子には格安でお売りしましょう。ああもう、本当に知りませんよ！

* **результа́т** ［リズリタート］男 結果、結末 *result*：最初から рассказа́ть о **результа́те**「結末を話す」のはいけません。ネタを先にばらしてしまったら面白くないですし、それではだれも話の続きに興味を持ちません。それなのに、最近は結論を冒頭に話したり書いたりすることが、まるで明晰で素晴らしいことだとされています。つまらないな。

P

река́ ［リカー］囡 川 *river*：北マケドニアの首都スコピエの中心には мост че́рез реку́「川にかかった橋」があります。これを境にして一方はキリスト教地区で、もう一方はイスラム教地区。お互いにまるで違った雰囲気です。ちなみにこの国もキリル文字を使ったスラブの言語を用いており、「川」はやっぱり река ですが、アクセントの位置が違います。

респу́блика ［リスプーブリカ］囡 共和国 *republic*：通訳の仕事で旧ソ連のあちこちを訪れましたが、その中でも変わっていたのが、**Респу́блика Буря́тия**「ブリヤート共和国」でした。首都ウラン・ウデには仏教寺院がたくさんあって、ロシアとはまったく違った雰囲気が物珍しく、何だか楽しかったです。それを見てとったお坊さんから、この町に残らないかと誘われたときには、さすがに遠慮しましたが。

рестора́н ［リスタラーン］男 レストラン *restaurant*：日本ではほとんどなくなってしまいましたが、ヨーロッパで列車に乗ると ваго́н-**рестора́н**「食堂車」があって、そこで食事をするのが楽しみです。ハンガリーから来た列車の食堂車には、郷土料理のグラーシュがあって、とても美味しかったことは今でも忘れられません。

речь ［リェーチ］囡 ことば、演説 *speech*：もともと У меня́ была́ бы́страя **речь**.「わたしは早口だった」のですが、テレビやラジオでロシア語講座を担当するようになってから、ゆっくり話すことを心掛けるようになりました。ただしノロノロと話せばいいというものではなく、ときにはスピードを上げ、メリハリをつけることが大切です。

реша́ть ［リシァーチ］不完,* **реши́ть** ［リシーチ］完 決める *decide*：ミハイル王子はなかなか決断がつきません。Вы уже́ **реши́ли?**「もう決めましたか」と尋ねても、もうちょっと待って、とくり返すばかり。分かりましたよ、じゃあケーキとプリンの両方を頼んでいいですから、早く注文してください。

* **реше́ние** ［リシェーニエ］中 決定 *decision*：えっ、やっぱりあんみつとタイ
焼きがいいのですか。ミハイル王子、一度は結論を出したのに、**изменя́ть**
реше́ние「決定を覆す」のは止めてください。そんなことでは国民から
信用されませんよ。

ро́дина ［ローヂナ］女 故郷 *homeland*：別に**любо́вь к ро́дине**「郷土愛」
がいけないとは思っていません。でも余所の悪口をいうのは慎みたいです
よね。どんな場所だって誰かの故郷。わたしには東京が大切です。

роди́тели ［ラヂーチリ］副 両親 *parents*：初対面の人から**Мы мно́го**
слы́шали о ва́ших роди́телях.「ご両親のことはいろいろ伺っています」
といわれると、うんざりします。わたしと会うのは、親の話を聞き出すた
めなのですか。まさか親を知っていることで、何か話を有利に進めようと
いうのではないですよね。親とわたしは違う人間です。

роди́ться ［ラヂーッツァ］不完・完 生まれる *be born*：干支はロシアでも意
外と知られていますので、**Я роди́лся в году́ драко́на.**「わたしは辰年に
生まれました」から龍之助というのですという説明は、割とすんなり受け
入れられます。とはいえ、だったら午年生まれなら馬之助かといわれると、
どう答えたものか困るのですが。

родно́й ［ラドノーイ］形 生まれ育った *native*：未来の大学院生へ。大学で
新しい言語を専攻し、第1回目の授業に出てみれば、教室にはその言語で
ネイティブスピーカーの先生とペラペラと楽しそうにお喋りしているクラ
スメート。なんとも不安になりますが、ここで気落ちしてはいけません。
今どきは、たとえば両親の片方が外国人で、その**родно́й язы́к**「母語」を
大学で専攻する学生も珍しくないのです。そういう人に対しては、崇拝す
るのも排除するのも違います。彼らだって、完璧に自信があれば大学でわ
ざわざ専攻しません。また日本語が弱い場合もありますので、お互いに助
け合えればいいですね。ただしそのためには、あなたの日本語力が問われ
るわけですが。

рожде́ние ［ラジヂェーニエ］ 中 誕生 *birth*：ロシア語でいってみたいのに、舌を嚙みそうなくらい発音の難しい表現といえばПоздравля́ю вас с днём рожде́ния!「お誕生日おめでとう」でしょう。このうちПоздравля́ю вас は省略してもいいですが、後半のС днём рожде́ния!は削ることができません。お祝いを述べるのも一苦労です。

Рождество́ ［ラジヂストヴォー］ 中 クリスマス *Christmas*：大文字で始めます。わたしがロシア語を勉強していたのはソビエト時代でしたので、С Рождество́м Христо́вым!「クリスマスおめでとう」のような表現は学校でいっさい習いませんでしたが、中世ロシアのことを勉強していたので辛うじて知っていました。歴史を勉強しておいてよかった。

рост ［ロースト］ 男 成長、身長 *growth*：砂漠の国のお姫さまが尋ねます。ミハイル王子、Како́го вы ро́ста?「あなたの身長はどのくらいなの?」確かにインターネットでは背丈が分かりにくい。ちなみに王子はすらりとしていて、バイトでモデルをしていますが、仕事はほとんどありません。

рубль ［ルーブリ］ 男 ルーブリ *rouble*：ソビエト時代の紙幣にはтри рубля́「3ルーブリ」札があって、その中途半端な額面に感動したことを覚えています。

＊＊**рука́** ［ルカー］ 女 手 *hand*：この単語集の執筆もそうですが、最近はPCを使って書くことが圧倒的に多くなりました。でもそれでは何かいけないような気がして、ここ数年は日記をつけています。もちろんписа́ть руко́й「手で書く」のですが、下書きはワープロソフトで作っておき、それを書き写すわけです。それでも手書きの実感は充分にあります。ところで、罫線も何もないところに真っ直ぐ書くのって難しいですね。

＊**ру́сский** ［ルースキイ］ ❶ 形 ロシアの *Russian*：なんでもいいから、とにかくру́сский язы́к「ロシア語」が上手くなりたい。10代後半から20代くらいにかけて、それしか考えていませんでした。本当に単純でした。でも外国語学習には、そういう時期が絶対に必要なのではないでしょうか。

❷ **ру́сский** 男、**ру́сская** [ルースカヤ] 女 ロシア人 *Russian*：一方でЯ не ру́сский.「わたしはロシア人ではない」こともよく分かっていました。別にロシア人になりたかったわけではありませんし、ロシアに住もうとしたこともありません。日本語話者の日本人として、ロシア語が上手くなりたかったのです。◆ * **росси́йский** [ラスィースキイ] 形 ロシア（国）の *Russian*：ロシアも変わりました。わたしが勉強していたころはソビエト連邦でしたが、いまでは**Росси́йская** Федера́ция「ロシア連邦」です。

ру́чка [ルーチカ] 女 ペン *pen*：なぜか Э́то ру́чка.「これはペンです」という例文が、英語教育では批判の的です。みんな想像力がありませんね。ペンのところをちょっと変えれば、いろんなことがいえるのに。

ры́ба [ルィーバ] 女 魚 *fish*：幼いころ、川でлови́ть ры́бу「魚を捕まえる」ことがありました。確かニジマスで、観光客用に追い込んであったのでしょう。それなりに面白かったのですが、その後は釣りをすることもなく、魚はもっぱら食べるばかりです。

ры́нок [ルィーナク] 男 市場 *market*：カミさんはお父さんがна ры́бном ры́нке「魚河岸で」働いていたので、子どものころは関係者から安く買ってきた高級な刺身を食べて育ったらしいです。そのこともあって、いまでもスーパーマーケットで売っているような刺身は、まず箸をつけません。

ряд [リャート] 男 列 *row*：ミハイル王子が映画館に行きました。チケットには**Ряд** 3 Ме́сто 5「3列5番」とあります。これなら間違えることはありません。席も前のほうですし、大好きなディズニー映画が満喫できますね。

ря́дом [リャーダム] 副 並んで *side by side*：ミハイル王子は無事に席を見つけ、映画の始まりを待っています。ふと横を見れば、**Ря́дом** с ним сиди́т краси́вая де́вушка.「彼の隣にきれいな女の子が座っています」。急に笑顔になってワクワクする王子。そうですよね、親しい女の子はインターネット越しではなく、やはり隣に座ってほしいです。

外国語は急がば回れ

つぎの文字はハングルではありません。

Ю ю

ハングルだったら円が左で棒が右です。つまりはサカサマ。ハングルの어は、ある参考書によれば、口を大きく開けてあくびをする感じで「オ」と発音するそうです。実は一時期、韓国語を集中的に勉強したんですよね。でも続けてないから、いまでは文字を読むのも覚束ないほど忘れました。

ロシア語のюは、唇を突き出して[ユ]と発音します。それほど難しくありません。そこでこの文字は、文法と結びつけて覚えることにしましょう。

Я зна́ю. わたしは知っています。

ヤー ズナーユ

яはすでに出てきましたね。зна́юは「知っている」という意味の動詞です。

Я чита́ю. わたしは読んでいます。

ヤー チターユ

чита́юは「読む」。やはりюで終わっています。ところが最後がいつでもюとは限りません。

Он зна́ет. 彼は知っています。

オーン ズナーイト

「わたし」が「彼」に変わると、動詞の最後もюからетに変わります。他の動詞でも同じです。

Он чита́ет. 彼は読んでいます。

オーン チターイト

英語もI knowに対してhe knowsで、語尾が微妙に違いました。

今度は「彼女」に変えます。

Она́ зна́ет. 彼女は知っています。

アナー ズナーイト

она́は「彼女」という意味の代名詞ですが、動詞の形は「彼」と同じです。英語もhe knowsとshe knowsは同じ形。ところがです。

Они́ зна́ют.
彼らは知っています。

アニー ズナーユト

они́「彼ら」のときは動詞の語尾がさらにютに変わります。どうやら英語より面倒なことが予想されますね。やれやれ。

発音も確認しておきましょう。она́は[オナー]じゃなくて[アナー]です。они́は[アニー]ですね。

зна́етは[ズナーイト]なのでスペルと発音が微妙に違います。ウダレーニエのないeは「イ」になるのです。

慌てることはありません。急いで身につけた外国語は、忘れるのもあっという間。わたしの韓国語がいい例です。

今夜は久しぶりに韓国語の夢かな。

C

⁑**с** ［ス］前 ❶ +生 〜から *from*：ここ数日**с** утрá до вéчера「朝から晩まで」
この単語集に取り組んでいます。взять кни́ги **с** пóлки「書棚から本を取
り出し」、いろんな例文を眺め、それを перевести́ **с** ру́сского языка́ на
япóнский「ロシア語から日本語に訳し」ては、何か面白い話が書けない
ものかと頭を悩ませているわけです。❷ +造 〜ともに *with*：ときには
разгова́ривать **с** женóй「カミさんと話し合って」決めることもあります。
あまり根を詰めると疲れてしまいますから、そういうときは пить кóфе **с**
молокóм「ミルク入りのコーヒーを飲み」ながら休息するのですが、それ
でも頭の中はいつでも単語集のことでいっぱい。こんなふうに集中するこ
とも必要なんですね。傍からは大変そうに見えるかもしれませんが、本人
はいたって рабóтать **с** удовóльствием「楽しく仕事をして」います。

сад ［サート］男 庭 *garden*：ロシア民謡『カリンカ』は日本でも有名ですが、
「カリンカ、カリンカ、わたしのカリンカ」の続きの歌詞はご存じですか。
В **саду́** я́года мали́нка, мали́нка моя́!「庭にはイチゴ、マリンカ、わたし
のマリンカ」。カリンカはガマズミ、マリンカはエゾイチゴのことです。

сади́ться ［サヂーッツァ］不完，**сесть** ［スィェースチ］完 座る *sit down*：
ミハイル王子のところへお客さまです。礼儀正しい王子が挨拶をします。
こんにちは、お上がりになって、**Сади́тесь**, пожа́луйста!「どうぞおかけ
ください」。ところでどちら様でしょうか。えっ、ピアノのセールスマン？
すみません、弾けないから無理です。

⁑**сам** ［サーム］代 自分 *own*：常々、Сде́лайте са́ми.「自分でやってくださ
い」といいたいのが、単語の入力です。単純作業かもしれませんが、打ち
込みながら考えることは大切ですし、ときには新しいアイディアが生まれ
たりもします。何よりも勉強になります。研究者の中にはバイトを雇って
入力させる方もいらっしゃるようですが、そういう人は自分が損している
ことに気づいていないようです。

C

самолёт［サマリョート］ 男 飛行機 *plane*：ミハイル王子に砂漠の国のお姫さまからメールが届きます。今度マックハリー王国に行きたいから、わたし宛にбилéт на **самолёт**「航空券」を送ってくれないかしら。王子はニッコリ微笑んで答えます。ごめんなさい、もうお金がありません。これからは、映画館で知り合った新しい素敵な女性と仲良くします。こうして王子は、新しい生活を始めることにしたのでした。

＊＊са́мый［サームイ］ 代 もっとも *most*：学生だったのころの話です。あるとき、セールスの電話がかかってきました。新しく売り出された器械のモニターになってくれれば、謝礼を払うというのです。そういうのは嫌いなので、わたしの部屋にはそんな器械を置く場所がないと断わりました。ところが相手は食い下がってきます。器械を見たこともないのに、どうして置けないと分かるんですか。そのときのわたしの返事は、いま思い出しても **са́мый** хоро́ший отвéт на э́тот вопрóс「この質問に対する最良の答え」でした。こう答えたんです。わたしの部屋を見たこともないのに、どうして器械が置けるって分かるんですか。

са́хар［サーハル］ 男 砂糖 *sugar*：仕事場に教え子が訪ねてくるときは、カフェテリアでコーヒーを買ってくるように頼みます。Я пью кóфе без **са́хара.**「わたしはコーヒーを砂糖抜きで飲む」のですが、それを伝え忘れると、使いもしないスティックシュガーがついてきてしまいます。もったいないので煮物などの料理に使っていますが、スプーンなしで入れられて、とても便利。おかげでここ数年、砂糖を買ったことがありません（エプロンメモ風）。

＊свет［スヴィェート］ 男 光、明り *light*：最近のアンナおばさんは節電に熱心です。つけっ放しの電気を見かけると、すぐにВы́ключите **свет!**「明かりを消してください」と叫んでは、自分で電気を消してまわります。エコに凝っているのですね。別に悪くはありません。今もトイレの電気を消したところです。あっ、でも、そこにはミハイル王子が……。

све́тлый ［スヴィェートルイ］形 明るい *bright*：プラハの賃貸マンションで
は、お掃除係がロシア人でした。部屋の電球が切れていたので、換えても
らえるようフロントに伝えておいたら、しばらくしてとてもはにかみ屋の
ロシア人女性が現れました。こちらが外国人なので緊張した様子でしたが、
わたしがロシア語を話すと分かるとホッとしていました。電球の交換が無
事に終わったので、わたしはお礼をいいます。ありがとうございました、
おかげで今夜からは**све́тлое** бу́дущее「明るい未来」ですね。彼女は可笑
しそうに笑っていました。◆**светло́** ［スヴィトロー］述 明るい *bright*：と
はいってもVenku je ještě...じゃなかった、На у́лице ещё **светло́**.「外は
まだ明るい」ので、もう一度プラハの街を散歩してきましょう。

свобо́дный ［スヴァボードヌイ］形 自由な *free*：人のお金は使っても、自
　　分のお金は節約したいミハイル王子。建物の入口に**вход свобо́дный**「入
　　場無料」とあるので、喜んで入ってしまいました。大丈夫ですか、そこは
　　お化け屋敷ですよ。

＊＊**свой** ［スヴォーイ］代 自分の *own*：教師業に不満がまったくないわけでは
　　ありませんが、Я люблю́ **свою́** рабо́ту.「わたしは自分の仕事が好きです」。
　　生徒たちが外国語を身につけていく姿は、やはりうれしいものです。

＊**связь** ［スヴァースィ］女 関連 *connection*：外国語と読書は**в те́сной свя́зи**
　　ме́жду собо́й「お互いに密接な関係に」あります。とくに多言語に興味を
　　持つ人は、いろんな語学書を読むところから始まって、世界の文化や歴史
　　に惹かれていくようです。だから外国語の話をしていると、自然と本の話
　　になってしまいます。

　＊**сде́лать** ［ズヂェーラチ］完 → де́лать

＊＊**себя́** ［スィビャー］代 自分自身 *oneself*：アンナおばさんが**уви́деть себя́**
　　в зе́ркале「鏡の中の自分を見ています」。鏡よ、鏡よ、鏡さん、世界のう
　　ちで外国語が一番上手な人は誰かしら。すると鏡が答えます。おばさん、
　　外国語の世界には一番なんてありません。

се́вер ［スィェーヴィル］男 北 *north*：思い出深いпутеше́ствие на се́вере 「北方旅行」はアイスランドです。クリスマスでしたが、とにかく寒かった。重装備で温かくして外へ出たのに、一歩踏み出した瞬間、ズボンを穿き忘れたかと思うくらいに冷えました。

* **сего́дня** ［スィヴォードニャ］副 今日 *today*：大学の授業がない時期は、Како́й сего́дня день?「今日は何曜日ですか」と質問されて、咄嗟に答えられないときがあります。他の人はどうしているのでしょう。テレビドラマを楽しみにしているから分かるのでしょうか。ところがわが家はテレビが見られないのです……。

седьмо́й ［スィヂモーイ］数 7番目の *seventh*：быть на седьмо́м не́бе「天にも昇る気持ち」という慣用表現で「7番目」を覚えるのは難しいですよね。もっとふつうにЯ изуча́л по́льский язы́к как седьмо́й иностра́нный.「わたしはポーランド語を7番目の外国語として勉強しました」。

сей ［スィェーイ］代 この *this*：この単語集はдо сих пор「今までに」たくさんの単語を紹介してきました。すでに3分の2は終わったはずです。

** **сейча́с** ［スィチャース］副 今 *now*：Что вы сейча́с де́лаете?「今は何をしているのですか」という場合の他に、「ただ今すぐに」という意味で使います。ウエイターさんにいくら呼びかけても、Сейча́с, сейча́с...「はいはい、ただ今……」というばかりで一向に来てくれないのは、旧ソ連では日常の風景でした。

семна́дцать ［スィムナーッツァチ］数 17 *seventeen* → оди́ннадцать

семь ［スィェーミ］数 7 *seven*：ロシアは7が「たくさん」の意味で使われるようで、慣用表現もいろいろあります。У семи́ ня́нек дитя́ без гла́зу.「乳母が7人いると子どもにかえって目が届かない」は「船頭多くして船山に上る」に相当します。情報過多の時代、いろんな意見を聴きすぎると、かえって適切な選択ができなくなりそうです。

сéмьдесят ［スィェーミヂスィト］図 70 *seventy* → дéсять

семьсóт ［スィミソート］図 700 *seven hundred* → сто

семья́ ［スィミヤー］囡 家族 *family*：トルストイによれば、Все счастли́вые сéмьи похóжи друг на дру́га.「あらゆる幸せな家庭は互いに似ている」そうですが、果たして本当でしょうか。幸せも最近では多様化している気がしますし、その反対に不幸には一定の傾向があるように思えますけど。

сентя́брь ［スィンチャーブリ］男 9月 *September*：Я роди́лся в сентябре́.「わたしは9月生まれです」が、身近には9月に誕生日を迎える人が少なくありません。単なる偶然でしょうか、それとも外国語に興味を持つ人は9月生まれが多いのでしょうか。いずれにせよ、外国語で月の名称は自分の誕生月から覚える学習者は、間違いなく多いです。

сéрдце ［スィェールツェ］中 心、心臓 *heart*：ミハイル王子、それは間違いないですよね。つまりTOEFLのスコアが卒業基準に達したのですね。それはよかった。от всего́ сéрдца「心から」お祝い申し上げます。

серьёзный ［スィリョーズヌイ］形 真面目な、深刻な *serious*：ところがミハイル王子は、серьёзное лицо́「真面目な顔つき」をして、こういいます。TOEFLのスコアは基準に達しましたが、卒業単位が足りませんでした。ちょ、ちょっと、それってсерьёзное положе́ние「深刻な事態」じゃありませんか！

сестра́ ［スィストラー］囡 姉・妹 *sister*：不思議なことに、昔からУ вас ста́ршая сестра́.「お姉さんがいますよね」といわれます。何回も否定しているのに一向に改まりません。いることが前提でКак здоро́вье ва́шей ста́ршей сестры́?「お姉さんはお元気ですか」と尋ねてくる人さえいます。最近では諦めて、はいおかげさまで、と答えております。

сесть ［スィェースチ］完 → сади́ться

* **сиде́ть** ［スィヂェーチ］[不完] 座っている *sit*：公園でアンナおばさんを見かけました。Она́ **сиде́ла** на скаме́йке.「彼女はベンチに座っていました」。静かに編み物をしているようでしたが、あとで聞いたら、そうやって人の話を盗み聞きしながら、情報を集めているのだそうです。これも探偵になるための修業だとか。おやおや。

* **си́ла** ［スィーラ］[女] 力 *power*：卒業できないことが決まったミハイル王子。仕方がないじゃありませんか、Ещё не хвата́ет **сил**.「まだ実力が足りない」のですから。がんばって勉強しましょう。応援しますよ。

си́льный ［スィーリヌイ］[形] 強い *strong*：最近、帽子を被るようになりました。髪の毛が減ってきたからではありません。帽子の似合う年齢になった気がするからです。ただし**си́льный** ве́тер「強い風」のときは注意が必要ですが、まだ慣れていなくてときどき飛ばされそうになります。

си́ний ［スィーニイ］[形] 青い *blue*：子どものころに大好きだったメーテルリンク『青い鳥』は、原題がフランス語で*L'Oiseau bleu*、ロシア語では**си́няя** пти́цаといいます。チルチルとミチルが不思議な世界を巡るのも楽しかったですが、いっしょに旅するのが犬や猫の他に、パンや砂糖やミルクがいて、それがすごく面白かったのです。

* **систе́ма** ［スィスチェーマ］[女] 体系 *system*：かつて理科の時間にПлане́ты со́лнечной **систе́мы**「太陽系の惑星」は、太陽に近い順に「水星、金星、地球、火星、木星、土星、天王星、海王星、冥王星」と覚えたのですが、冥王星っていまでは数に入れないそうですね。学校で覚えたことがずっと使えるわけではありませんから、ときどき知識の調整が必要です。

** **сказа́ть** ［スカザーチ］[完] 言う *tell*：ロシア語で質問するときは、まず**Скажи́те**, пожа́луйста.「いってください＝すみません」から始めましょう。礼儀正しいことはもちろん、こちらが尋ねていることがはっきりしますから、相手も一生懸命に聞いてくれますよ。

ско́лько ［スコーリカ］ 副 いくつ、いくら *how many, how much*：ミハイル王子、今日はわたしがご馳走しますから、元気出してください。回転寿司ですが Возьми́те **ско́лько** хоти́те.「好きなだけ取ってください」ね。あっ、何もそんなに慌てなくていいですよ。ちょっと、両手でメニューを指さすのは止めてください。みっともないじゃないですか。

ско́ро ［スコーラ］ 副 まもなく、もうすぐ *soon*：**Ско́ро** насту́пит весна́.「もうすぐ春です」ね。春になると、わたしの好きな果物がお店に並びます。イチゴ、サクランボ、そしてプラム。中でも待ち遠しいのがプラムです。イチゴは1年中いつでも手に入りますし、サクランボは缶詰がありますが、プラムだけはこの時期しか食べられません。とはいえ、プラムが出てくると春は終わりで、暑くてつらい日本の夏が始まるのです……。

ско́рый ［スコールイ］ 形 速い *fast*：近所には病院が多いので、**ско́рая** по́мощь「救急車」のサイレンがしょっちゅう響き渡ります。でもどこから聞こえてくるかは意外と分かりにくくて、たとえば信号待ちをしているときも、青になったら渡っていいのか、それとも救急車が過ぎるまで待ったほうがいいのか、困ってしまうことがよくあります。

славя́нский ［スラヴィャーンスキイ］ 形 スラブの *slavic*：わたしの専門は **славя́нские** языки́「スラブ諸語」です。この中にはロシア語も含まれますが、すべて同じくらい理解できるわけではなく、得意不得意があります。

```
 スラブ諸語で「こんにちは」
```
東スラブ語群：ロシア語Здравствуйте.［ズドラーストヴィチェ］、ウクライナ語Добрий день.［ドーブルィ・デーニ］、ベラルーシ語Добры дзень.［ドーブルィ・ヂェーニ］。西スラブ語群：ポーランド語Dzień dobry.［ヂェイン・ドブルィ］、チェコ語Dobrý den.［ドブリー・デン］、スロバキア語Dobrý deň［ドブリー・ヂェニ］、上ソルブ語Dobry dźeń.［ドブルィ・ジェイン］。南スラブ語群：スロベニア語Dober dan.［ドベル・ダン］、クロアチア語Dobar dan.［ドバル・ダン］、セルビア語Dobar dan /Добар дан.［ドバル・ダン］、マケドニア語Добар ден［ドバル・デン］、ブルガリア語Добър ден.［ドバル・デン］。

сле́довать［スリェーダヴァチ］不完，**после́довать**［パスリェーダヴァチ］完 **すべきである** *should*：新聞の投書欄には**Сле́дует сде́лать так.**「こうすべきである」といった調子の意見が毎日のように掲載されます。中高年男性が多く、何か義憤に駆られているようですが、相手の心に伝えるためには表現をもっと工夫してほしいです。わたしは「すべきである」という投書は読まないようにしているのですが、今日も「すべきである」が満載の読者からの手紙が……。

сле́дующий［スリェードゥユシィイ］形 **次の** *next*：今夜はご馳走さまでした。でも**в сле́дующий раз**「次回」はわたしに払わせてくださいね。できればこんな関係を築きたいものです。割り勘もいいですが、レジの前で長蛇の列を作るのは止めましょう。

сли́шком［スリーシカム］副 **あまりに** *too much*：アンナおばさん、Вы **сли́шком** мно́го говори́те.「あなたは話しすぎです」。それじゃ会話のキャッチボールじゃなくてバッティングセンター。ヒットを打ちまくりで、誰もフォローできません。

слова́рь［スラヴァーリ］男 **辞書** *dictionary*：辞書の価値は新しさではありません。**Э́тот слова́рь ста́рый, но не плохо́й.**「この辞書は古いが悪くはない」ということもあります。この辞書は古いからダメだとか、こんな古臭い表現いまどき使わないとか、そういうことをいうネイティブには注意しましょう。うっかり信用すると、「思いっきり現代風の」表現を身につけてしまい、それはそれで将来とても困ることになります。どんな辞書からも、学ぶことはたくさんあるのです。

сло́вно［スローヴナ］接 **まるで** *as if*：アンナおばさんが本を読んでいる振りをしながら、こちらの様子を伺っています。**сло́вно** ничего́ не слы́шит「まるで何も聞こえていないかのように」振舞っていますが、聴き耳をそばだてているのは明らかです。これも探偵の修業なのでしょうか。それにしても、もうすこしさりげなくやれませんかね。完全に挙動不審です。

164

слово ［スローヴァ］囲 単語 *word*：未来の大学院生へ。何かを調べるとき
にключевóе **слóво**「キーワード」はもちろん大切です。しかし1つのキー
ワードだけをネットで検索して、それで満足しているようでは、何かを研
究することはできません。月並みなキーワードから導き出されるのは月並
みな結論。そんな論文が増えています。

слóжный ［スロージヌイ］形 複雑な *complex*：英語の冠詞とか、ロシア語
の動詞の体とか、外国語学習には**слóжный** вопрóс「複雑な問題」がいろ
いろあります。多くの人が簡単な説明を求めるのですが、そうはいかない
んですよね。授業終了5分前に質問されても、ちょっと無理です。

служи́ть ［スルジーチ］不完，**послужи́ть** ［パスルジーチ］完 勤務する、
奉仕する *serve*：英語のMay I help you?に相当するロシア語にЧем могу́
служи́ть?「何かご用でしょうか」というのがあります。かなり丁寧な表
現ですが、適切な場面で使えたらカッコいいですね。

слу́чай ［スルーチャイ］男 場合 *case*：どうしてもロシア語を勉強する気が
起きない。в такóм **слу́чае**「そういう場合には」無理しないで、別のこ
とをしましょう。映画を観たり、絵本を眺めたり、童謡を聴いたりしてい
ますと、ことばの楽しさが全身で感じられて、また勉強しようという気力
が必ず湧きます。

случа́ться ［スルチャーッツァ］不完，**случи́ться** ［スルチーッツァ］完 起
こる、生ずる *happen*：アンナおばさん、また宝くじが当たったのですか。
それも5回連続。すごいですね。Э́то не ча́сто **случа́ется**.「それはそうそ
うあることじゃないです」。えっ、6等ばかりですって。なーんだ。

слу́шать ［スルーシャチ］不完 聴く *listen*：外国語に耳を慣らすために、Я
слу́шаю ра́дио.「わたしはラジオを聴きます」。昔と違って、今はイン
ターネットが使えますから、音もずっと鮮明です。DJ風の明るい声もい
いですが、わたしはアナウンサーの落ち着いたロシア語が好きです。

слы́шать ［スルィーシアチ］不完, **услы́шать** ［ウスルィーシアチ］完 聞こえる *hear*：電話の声がよく聞こえません。どうやら電波が悪いようです。Алло́, вы меня́ **слы́шите**?「もしもし、聞こえますか?」、いったいどちら様ですか? えっ、シャラポワさん? まさか……。

смея́ться ［スミヤーッツァ］不完, **посмея́ться** ［パスミヤーッツァ］完 笑う *laugh*：太宰治『津軽通信』を読みながら考えたのですが、彼がいまも愛されるのは、**смея́ться** над собо́й「自分を笑う」ことができるからではないでしょうか。そういう人はいまも昔も少ないです。

* **смотре́ть** ［スマトリェーチ］不完, **посмотре́ть** ［パスマトリェーチ］完 見る *look*：質問すればいいってものではありません。**Посмотри́те** в слова́рь.「辞書を引いてみましょう」。かなりの情報が載っています。

смочь ［スモーチ］完 → мочь

смысл ［スムィースル］男 意味、意義 *sense*：外国語ができますかとは、いった́いв како́м **смы́сле**「どういう意味で」尋ねているのでしょう。日常会話がペラペラできる、ニュース番組が聴き取れる、難しい本が読める、ネットで商品の注文ができる……。本当はいろんな意味合いがあるのに、多くの人は気軽に「外国語ができますか」と質問します。

снача́ла ［スナチャーラ］副 はじめに *at first*：ミハイル王子、いいですか、**Снача́ла** поду́майте, а пото́м говори́те.「最初に考えて、それから発言してください」。国民の税金で自分専用の遊園地を作るなんて、それのどこが素敵な思いつきなんですか。

снег ［スニェーク］男 雪 *snow*：東京育ちなので、Па́дает **снег**.「雪が降っている」のが珍しくて、今でも能天気にうれしくなってしまいます。翌日になれば凍結し、足元に気をつけながら歩かなければならないのに、それでも降る雪を見ていると、はしゃいでしまうのです。とはいえ、最近は東京どころか、ロシアでも雪が減っているそうですが。

снима́ть [スニマーチ] 不完, **снять** [スニャーチ] 完 はずす、脱ぐ *take off*：雪が降れば、子どものころは雪の冷たさを直接に感じたくて、つい **снима́ть** перча́тки「手袋をはずして」しまいました。たいてい、あとで霜焼けになってしまうんですけどね。

* **сно́ва** [スノーヴァ] 副 再び *again*：気に入ると何遍でもくり返すのが好きなので、Я **сно́ва** смотрю́ тот же са́мый фильм.「わたしは再び同じ映画を観ます」。市川昆監督の金田一シリーズなんて、何回観たことか。こういうものこそ、ロシアにも紹介したいです。

соба́ка [サバーカ] 女 イヌ *dog*：日本語では「犬猿の仲」ですが、ロシア語ではкак **соба́ка** с ко́шкой「犬と猫のように」です。まあまあ、みんな仲良くしましょうよ。

物語によく登場する動物7匹

волк「オオカミ」、за́яц「ウサギ」、коро́ва「ウシ」、ко́шка「ネコ」、ло́шадь「ウマ」、медве́дь「クマ」、слон「ゾウ」。もちろん、ゾウがロシアにいるわけがないのですが、現代童話ではなぜか常連です。

собира́ть [サビラーチ] 不完, **собра́ть** [サブラーチ] 完 集める *collect*：子どものころ、Я **собира́л** ма́рки.「切手を集めていました」。とくに外国の切手がどこで発行されたか突き止めるのが好きで、友だちの分まで調べては、ひとり悦にいっていましたっけ。

собира́ться [サビラーッツァ] 不完, **собра́ться** [サブラーッツァ] 完 ❶ 集まる *gather*：ずいぶん騒がしくなってきました。どこかのマダムたちが **собира́ться** на ста́нции「駅に集まっています」けど、いったいなんなのでしょうか。❷ 計画である、予定である *intend*：なるほど、**собира́ться** на экску́рсию「遠足に行く予定です」か。う〜ん、行先が違う方向だといいけれど。あれ、先頭にはアンナおばさんが！

C

собра́ние ［サブラーニエ］囲 ❶会議 *meeting*：どうして大学の先生たちは
на **собра́нии**「会議中」にあれほど話すことがあるのでしょうか。ふだん
学生相手に講義をしていて、それでもまだ足りないのでしょうか。❷全集
collection：そんな時間を読書に充てれば、по́лное **собра́ние** Пу́шкина
「プーシキン全集」の読破だって夢ではありません。

* **со́бственный** ［ソープストヴィンヌイ］圏 個人所有の *proper*：わたしは
со́бственный дом「持ち家一戸建て」にも**со́бственная** маши́на「マイ
カー」にも興味がありませんが、本だけは図書館にではなくて個人で所有
したいです。あとはDVDもそうで、オンライン上の映像はいつか消えて
しまうんじゃないかと、不安でたまりません。

соверше́нно ［サヴィルシェーンナ］副 完全に *perfectly*：どうしてロシア語
を勉強しているのですか。多くの方から受ける質問です。いろいろ理由が
ある気はしますが、結局は**соверше́нно** случа́йно「まったくの偶然」か
もしれませんね。

сове́т ［サヴィェート］男 助言 *advice*：なんでもそうですが、とくに外国語
学習についてはпопроси́ть **сове́та**「助言を求める」ようではダメです。
外国語の勉強方法なんて、自分であれこれ試してみればいいんです。その
ほうが楽しいですし、何よりも実力がつきます。

* **сове́тский** ［サヴィェーツキイ］圏 ソビエトの *Soviet*：ロシア語を勉強する
からには、歴史として**Сове́тский** Сою́з「ソビエト連邦」を覚えてくださ
い。略称はСССР［エセセール］で、Сою́з **Сове́тских** Социалисти́ческих
Респу́блик「ソビエト社会主義共和国連邦」の最初の文字を集めたもので
す。不変化なので易しく、かつてはロシア語の教科書で最初の方に出てく
る単語でした。ただ、学習者の一部がCOOPつまり生活協同組合と間違え
て困りました。オリンピックでソ連選手が来ているユニフォームは、生協
の特売品ではありません。

全部で15ですが、以下のように地理的に分けて覚えましょう。〔スラブ3国〕Росси́я「ロシア」、Украи́на「ウクライナ」、Белору́ссия「ベラルーシ」。〔バルト3国＋1〕Эсто́ния「エストニア」、Ла́твия「ラトビア」、Литва́「リトアニア」、Молда́вия「モルドバ」。〔コーカサス3国〕Азербайджа́н「アゼルバイジャン」、Арме́ния「アルメニア」、Гру́зия「グルジア（ジョージア）」。〔中央アジア5国〕Казахста́н「カザフスタン」、Кирги́зия「キルギス」、Узбекиста́н「ウズベキスタン」、Туркмениста́н「トルクメニスタン」、Таджикиста́н「タジキスタン」。（国名には別の表記が存在することがあります）

совреме́нный［サヴリミェーンヌイ］圏 現代の *contemporary*：大学院では古い時代のロシア語を学んでいましたが、そのためには**совреме́нный ру́сский язы́к**「現代ロシア語」がよく理解できなければなりませんでした。現代語の知識なしで学べる外国語なんて、ギリシア語くらいです。

* **совсе́м**［サフスィェーム］副 まったく *entirely*：ミハイル王子、違いますよ、Э́то **совсе́м** не так.「まったくそうではありません」。いくらロシア料理を食べても、それだけでロシア語が上達するわけではないのです。

создава́ть［サズダヴァーチ］不完, **созда́ть**［サズダーチ］完 創る、創設する *create*：ついにミハイル王子は**созда́ть** университе́т「大学を創設する」ことにしたと発表しました。自分で創れば単位もTOEFLも関係なく卒業できるからだそうです。名づけて「マックハリー外語大学」。もう無茶苦茶です。誰か止めて。

сок［ソーク］男 ジュース *juice*：ロシア語の初級ではДа́йте, пожа́луйста, сок.「ジュースをください」という表現を教えます。海外に出かける飛行機がロシアのだったら、機内のドリンクサービスで使えると思ったのですが、失敗でした。だってFAさんに注文するには、апельси́новый сок「オレンジジュース」とかя́блочный сок「アップルジュース」のように、果物を表わす形容詞を知っていなければなりませんものね。

C

солга́ть ［サルガーチ］ 完 → лгать

солда́т ［サルダート］ 男 兵士 *soldier*：就活は現代の兵役です。といっても義務ではありませんし、逃げても犯罪ではないのです。それなのに多くの人が、就活はしなければならないと勘違いしています。Ты не **солда́т**.「君は兵士じゃないんだ」。

со́лнце ［ソーンツェ］ 中 太陽 *sun*：すでにお話しましたが、地下が苦手です。閉所恐怖症気味のせいかもしれません。Све́тит **со́лнце**.「太陽が照っている」のが好きなんです。そういえば*Пусть всегда́ бу́дет* **со́лнце**「いつまでも太陽があるように」という歌がありましたが、まさに同じ気持ちです。ただし地下鉄は例外で、むしろ好きです。

соль ［ソーリ］ 女 塩 *salt*：薄味が好みなので、買って来たお惣菜にさらにдоба́вить **соль**「塩を加える」ことはなく、むしろ塩辛くて困ることが多いです。そういうときは和食だったら豆腐を、洋食だったらキュウリを加えると、味が和らぎます（またもやエプロンメモ風）。

сообща́ть ［サアプシャーチ］ 不完 ， **сообщи́ть** ［サアプシィーチ］ 完 知らせる、伝えている *inform*：多くの人が**сообща́ть** по телеви́дению「テレビで伝えている」ことを信じてしまいます。とはいえ、どんな情報だって鵜呑みにしないように心がけましょう。とくに天気予報はテレビだろうが新聞だろうが、当たるとは限りません。

со́рок ［ソーラク］ 数 40 *forty*：この単語集では数詞はまとめることにしていますが、これだけは例外的にエッセイを添えます。три́дцать「30」にはтри「3」、пятьдеся́т「50」にはпять「5」がそれぞれ入っていますが、**со́рок**「40」にはчеты́ре「4」がありません。昔のロシアでは黒テンの毛皮40枚をまとめて**со́рок**という袋に入れたからで、この40枚が外套一着分だったそうです。（→ де́сять）

сосе́д ［サスィセート］ 男 隣人 *neighbor*：いまどきМой **сосе́д** по кварти́ре — иностра́нец.「マンションの隣人は外国人です」なんてまったく珍しくありませんよね。ところが世界の人々と話がしたいという人に限って、隣人には挨拶すらしません。なぜでしょうか。

состоя́ние ［サスタヤーニエ］ 中 状態 *condition*：確かに**состоя́ние** здоро́вья「健康状態」はいろいろ気になります。だからといって健康診断でよい数値を出そうとして頑張るのは、果たして正しいことなのでしょうか。そもそも健康は数値で計れるのでしょうか。

сосчита́ть ［サスィターチ］ 完 → счита́ть

социали́зм ［サツィアリーズム］ 男 社会主義 *socialism*：わたしが習ったロシア語教科書にはВ СССР уже́ постро́или **социали́зм**.「ソ連ではすでに社会主義を建設した」という例文がありました。時代は変わり、その教科書の改訂版ではТам уже́ постро́или гости́ницу.「そこにはもうホテルを建設しました」に替わりました。

социа́льный ［サツィアーリヌイ］ 形 社会的な *social*：未来のことは分かりません。だから不安でしかたがない。そこでсоциа́льное **страхова́ние**「社会保険」に入ったりするのでしょう。ところが外国語選択には保険が利きません。一か八かの一発勝負です。

сою́з ［サユース］ 男 連合 *union*：旧ソ連国歌は**Сою́з** неруши́мый респу́блик свобо́дных「自由な諸共和国の揺るぎない連合」と歌っていましたが、結局は揺るぎまくってしまいました。Европе́йский **сою́з**「ヨーロッパ連合、EU」は大丈夫なんでしょうか。

спаси́бо ［スパスィーバ］ 助 ありがとう *thank you*：ロシア語を知らない人でも、これだけはご存じということがあります。そういう方は、もう一歩踏み出しましょう。感謝の意を強めるときは「どうも」という意味でо́ченьが使えません。正解は<u>Большо́е</u> **спаси́бо**.「どうもありがとう」。

C

спать ［スパーチ］不完 眠る *sleep*：昔から**спать** кре́пким сном「ぐっすり
と眠る」ということがほとんどありません。夜中に何度も目が覚めますし、
そのまま眠れなくなることも多いです。そういうときは決して起き上がら
ず、ベッドの中で静かに考え事をします。この単語集に書いた話も、真夜
中に目をつぶって考えたものがいくつも収録されています。

спеть ［スピェーチ］完 → петь

специа́льность ［スピツィアーリナスチ］女 専門 *speciality*：未来の大学院
生へ。大学院に進むためには、自分の専門を決めなければなりません。
Кака́я у вас **специа́льность**?「あなたの専門は何ですか」とくり返し尋
ねられることになりますが、多くの場合は卒業論文が最初の専門となりま
す。いわばあなたの「名刺」になるわけですから、きちんとしたものを書
く必要があります。ただし勉強が進まなければ、何を専門に選んだらよい
かさえ分かりません。早くから心配しても始まらないのです。

специа́льный ［スピツィアーリヌイ］形 特別な *special*：外国語を学ぶの
に**специа́льная** цель「特別な目的」はいりません。むしろないほうが続
きます。たとえば環境問題に関心があって、ある外国語を始めるとします。
そういう人はゴミを減らしたり自然を保護したりすることに熱心で、単語
を覚えたり文法を理解したりする時間がないのです。

спи́сок ［スピーサク］男 目録 *list*：未来の大学院生へ。何かを研究すると
きには、必要文献に目を通すことが不可欠です。そのときに欠かせないの
が**спи́сок** книг「文献目録」です。英語学でしたら田島松二『わが国の英
語学100年－回顧と展望』が、少なくとも20世紀までは系統的にまとめら
れています。

спорт ［スポールト］男 スポーツ *sports*：本当にごめんなさい、Меня́
совсе́м не интересу́ет **спорт**.「わたしはスポーツにまったく興味があり
ません」ので、お話することはないです。

спра́шивать ［スプラーシヴァチ］不完, * **спроси́ть** ［スプラシーチ］完 尋ねる *ask*：書店でА́нна Петро́вна **спра́шивает** продавца́.「アンナ・ペトローブナさんが店員に質問しています」。ちょっと本を探してくださいな、自分で探すのはイヤですからね、ここにメモしてありますから助かるでしょ、えっ、どうしてないんですか、出版社が潰れた？ じゃあ在庫がないか、さっさと見に行ってらっしゃい！ ……ねえ、どうしてそんな命令口調なんですか。もう少し丁寧に質問できませんか。（このエピソード、実在のモデルあり）

* **сра́зу** ［スラーズゥ］副 すぐに、一度に *at once*：大学教員として По́сле уро́ка студе́нты **сра́зу** ушли́.「授業の後で学生たちはすぐに帰りました」というのは、ちょっと寂しいです。何か質問があったり、ロシアに関してお喋りしたい学生が数名残ったりするのが、ふつうだと信じているからです。とはいえオンライン授業では、まず無理ですね。

среда́ ［スリダー］女 水曜日 *Wednesday*：かつて『外国語の水曜日』（改訂版は『外国語の水曜日再入門』）という本を書きました。В **сре́ду** бы́ли уро́ки ру́сского языка́.「水曜日にロシア語の授業がありました」ので、そのときの様子を描いたのです。今では水曜日に授業はありません。もちろん、外国語は何曜日に勉強したっていいんです。

среди́ ［スリヂー］前 +生 ～の間 *among*：「情報弱者」ということばがあるそうですが、わたしは昔から популя́рный **среди́** молодёжи「若者の間で流行っている」ことに疎かったので、いまさら何の不便も感じません。流行に敏感な人は大変ですね。

сре́дний ［スリェードニイ］形 ❶ 真ん中の *middle*：Я **сре́днего** ро́ста.「わたしは中背です」が、とくに背が高くなりたいと願ったことはありません。❷ 平均の *average*：そのほかにも **сре́дняя** оце́нка「平均点」とか **сре́дняя** зарпла́та「平均賃金」とか、そういうことはどうでもよかったです。比べても仕方がありません。しかも比べれば、だいたい惨めになります。

C

* **сре́дство** ［スリェートヴァ］ 中 手段 *means*：Язы́к — **сре́дство** обще́ния люде́й.「言語は人間のコミュニケーション手段です」が、だからといって道具ではありません。道具扱いする人の言語は雑で荒っぽく、相手の心に届きません。

ста́вить ［スターヴィチ］ 不完, **поста́вить** ［パスターヴィチ］ 完 立てる *stand*：アンナおばさんが**поста́вить** ва́зу на стол「花瓶をテーブルの上に置きます」。その中に花を挿して、生け花でも始めるのでしょうか。いや、隠しマイクを仕掛けたようです。このシロウト探偵、今度はなにを企んでいるのでしょうか。

стака́н ［スタカーン］ 男 コップ *glass*：ソビエト製の**стака́н** для воды́「水飲み用コップ」が好きでした。ガラスが分厚いので重たいけれど、おかげで唇をつけたときに当たりが柔らかいのです。当時のものは持っていませんが、なるべく似たようなものを見つけて、毎日のように使っています。

станови́ться ［スタナヴィーッツァ］ 不完, * **стать** ［スターチ］ 完 なる *become*：子どものころ、Кем вы хоте́ли **стать**?「何になりたかったですか」。わたしは幸せなことに、まったく覚えていません。つまり夢が実現しなかったからと悔やむことはありませんし、初志貫徹して狭い人生を突っ走ったわけでもなさそうです。

ста́нция ［スターンツィヤ］ 女 駅 *station*：東京では品川と田町の間に新しく駅が設置されましたが、中途半端にカタカナを交えたその名称については、Как называ́ется э́та **ста́нция**?「その駅は何という名前ですか」と尋ねるのも恥ずかしいです。

стара́ться ［スタラーッツァ］ 不完, **постара́ться** ［パスタラーッツァ］ 完 努力する *try*：ミハイル王子が一生懸命に勉強しています。やはり大学をきちんと卒業することを目指すのだそうです。がんばれ。いつだってОн **стара́ется** изо всех сил.「彼は全力を尽くしています」。ただ、それが続かないんですよね。ほら、もう居眠りを始めた。

ста́рший［スタールシイ］形 年上の *elder*：基本的には**ста́ршее** поколе́ние「年上の世代」と付き合わないのですが、ハプスブルク帝国が専門家の某ドイツ語教師は例外です。話が面白くて、しかも説教臭くないからです。

* **ста́рый**［スタールイ］形 古い *old*：中途半端な古さの**ста́рые** кни́ги「古書」は、かえって手に入らないことがあります。1969年に出版された種田輝豊『20ヵ国語ペラペラ』は当時ベストセラーだったのに、その後は手に入れることが難しくなっていました。それがちくま文庫で復刊されることになったのは、誠に喜ばしいことです。解説はわたしが書きました。

* **стать**［スターチ］完 → станови́ться

* **статья́**［スタチヤー］女 論文、記事 *article*：未来の大学院生へ。大学院ではнау́чная **статья́**「学術論文」を書くことが求められます。何かを調べてまとめることは、科学の基本です。大切なのは内容なのですが、残念ながら論文は数で評価されてしまうのが実情です。だからといって、似たようなテーマで量産するのは恥ずかしいことです。

стекло́［スチクロー］中 ガラス *glass*：おや、Разби́то **стекло́** в окне́.「窓のガラスが割れています」。これは事件でしょうか。アンナおばさんはさっそく調査を始めます。隣の公園ではキャッチボールをする子どもたち。あまりにも明白で、探偵の出番はどうやらなさそうです。

стена́［スチナー］女 壁 *wall*：На **стене́** виси́т фотогра́фия.「壁に写真がかかっています」。若い女性ですが、いったい誰でしょうね。えっ、アンナおばさんですって？　まさか！

стихи́［スチヒー］複 詩 *poetry*：俳句や川柳は17文字で表すяпо́нские традицио́нные **стихи́**「日本の伝統詩」です。わたしはとくに興味があるわけではありませんが、何人かの教え子とメールをやりとりするとき、その件名はお互いに5・7・5で送ることにしています。就活中の教え子が作った傑作を1つ。「就活や　乗り換えばかり　上手くなり」。

сто ［ストー］ 数 100 *hundred*：何事も慎重に。**сто** проце́нтов「100パーセント」保証できることなんてめったにありません。いい切るのは危険です。

> **数字100～900**
>
> сто「100」、две́сти「200」、три́ста「300」、четы́реста「400」пятьсо́т「500」、шестьсо́т「600」、семьсо́т「700」、восемьсо́т「800」、девятьсо́т「900」。英語などと違ってどれも1語ですから、このまま覚えていただくしかありません。

* **сто́ить** ［ストーイチ］ 不完 値段である *cost*：外国で買物をするときには、Ско́лько э́то сто́ит?「これはいくらですか」と質問すれば簡単です。問題は値段の数字を聴き取ること。こういうときに自信がなければ、電卓を用意して相手に押してもらうといいらしいです。なるほどね。でもわたしは失敗しながらも、自分の耳を頼りに払うことにしています。いつまでも電卓に頼っていては、聴き取れるようになりませんから。

* **стол** ［ストール］ 男 机 *desk, table*：ロシア語では英語のような区別がなく、пи́сьменный **стол**「事務机」も обе́денный **стол**「食卓」も同じ単語が使えます。でも考えてみれば、わが家は食卓で採点したり手紙を書いたりすることがありますから、ちょうどいいかも。

* **сторона́** ［スタラナー］ 女 側 *side*：物事はいつも多角的に見るよう心がけましょう。с друго́й **стороны́**「他方では」というもう1つの可能性を、頭の隅に置くわけです。

* **стоя́ть** ［スタヤーチ］ 不完 立っている *stand*：あのう、すみませんが、Не сто́йте у двере́й.「ドアのところに立たないでください」。後ろがつっかえているんです。困ります。お友だちとお喋りしたいのなら、もうちょっと脇へ寄ったらいかがでしょうか。これじゃ誰も中に入れません。ええと、そもそもわたしの話、聞こえていますか。

* **страна́** [ストラナー] 囡 国 *land*：彼が日本を去る決心をしたのは、2つの
理由からでした。1つは若者に対する労働条件の悪さ。もう1つは劣悪な
気候条件。日本の猛暑が耐えられないのだそうで、いまでは寒い国に住ん
でいます。**Он не хо́чет жить в свое́й стране́.**「彼は自分の国に住みたく
ない」。わたしだって暑いのは苦手ですが、それでも日本に住むつもりで
す。彼が日本を去ったことが、いまでもとても寂しいです。

стро́ить [ストローイチ] 不完 建てる *build*：街の中心に**стро́ить** большо́е
высо́кое зда́ние「大きくて高い建物が建設中」です。なんでも、新しい
ショッピングモールだとか。こうしてまた便利になり、一方でわたしの好
きだった商店街が消えていきます。

студе́нт [ストゥヂェーント] 男／**студе́нтка** [ストゥヂェーントカ] 囡 大
学生 *student*：かつて自分はлени́вый **студе́нт** /лени́вая **студе́нтка**「怠け
者の学生」だったと嘆く人がいます。でも資格を目指したり、就活の点数
稼ぎにボランティア活動をしたりするくらいなら、散歩して街を眺めたり、
小説を読んだりするほうが心が豊かになっていいじゃありませんか。

стул [ストゥール] 男 椅子 *chair*：イリフ＋ペトロフのДвена́дцать **сту́льев**
『12の椅子』はソビエトを代表するユーモア小説です。何度も映像化され
ており、わたしはアンドレイ・ミローノフ主演のドラマ版が好きですが、
レオニード・ガイダイ監督の映画版も捨てがたいです。でもそれだけでは
ありません。トマス・グティエレス・アレア監督の*Las doce sillas*は舞台を
キューバに変えていますから雰囲気が違って面白いですし、戦前に作られ
たチェコ版 *Dvanáct křesel*は当時の人気喜劇俳優ヴラスタ・ブリアンが主
役という点が注目です。12脚揃いの椅子に隠されたダイヤモンドを追う
人々というモチーフが、世界各国でこんなに受け入れられているのです。

суббо́та [スボータ] 囡 土曜日 *Saturday*：アクショーノフ『星の切符』の
中で、登場人物が**суббо́та, суббо́та,** хоро́ший вечеро́к「土曜日、土曜日、
楽しい夕べ」と鼻歌を歌う場面があります。いったいどんな歌なのか、気
になってインターネットで調べてみれば、簡単に聴くことができました。

C

* **суд** ［スート］囲 裁判、裁判所 *court*：これはこれは、砂漠の国のお姫さま、オンライン越しでもお怒りのご様子がわかります。えっ、ミハイル王子を подáть в **суд**「裁判に訴える」ですって？　壺やジュウタンの代金を払っていない？　ははあ、どうやら返品するのを忘れているのですね。伝えておきますから、どうか穏やかにお願いします。そもそもお金のない王子に、物品を送りつけるのが問題なんですよ。

судьбá ［スヂバー］囡 運命 *fate, destiny*：占いは信じませんが、ロシア人には好きな人が多いです。あるロシア人日本語通訳は手相に凝っていました。彼女の希望でわたしは自分の両手を見せたのですが、曰く、あなたは прóтивиться **судьбé**「運命に逆らっている」、生まれたときから定められたものを、これまで力づくで変えてきたといわれました。なんだかうれしくなって、これだけは信じることにしています。

сýмка ［スームカ］囡 カバン *bag*：英語に興味があれば、外出のときには носи́ть кни́гу в **сýмке**「本をカバンに入れて持ち歩く」ことにしましょう。たくさんだと重いので、1冊だけ選ぶとしたら、和田誠訳『オフ・オフ・マザーグース』はいかがですか。検定対策本よりも面白くて、洒落ていて、1つ1つが短いからいつでもやめられます。

существовáть ［スシィストヴァヴァーチ］不完 存在する *exist*：かつてラジオ講座用に作ったスキットで、もっとも気に入っているのは次の会話です。Смотри́! Там летáющая тарéлка!「見て！あそこに空飛ぶ円盤が！」Летáющие тарéлки не **существýют**. Э́то ковёр-самолёт.「空飛ぶ円盤なんて存在しません。あれは空飛ぶジュウタンです」。

счастли́вый ［シィスリーヴィ］形 幸せな、幸福な *happy*：もちろんミハイル王子だって**Счастли́вый** принц「幸福の王子」です。王子が幸福なのは、オスカー・ワイルドの専売特許ではありません。ただミハイル王子の場合は、ツバメ以外もこき使うんですよね……。

сча́стье [シィャースチエ] 中 幸福 *happiness*：嵐は過ぎ去りましたが、マックハリー王国は大きな被害を受けました。ミハイル王子は**к сча́стью**「幸いにも」怪我はしませんでしたが、大切なお城が水浸しです。しばらくはお掃除しなければなりません。ツバメもわたしも懸命にお手伝いです。

* **счита́ть** [シィターチ] 不完, **сосчита́ть** [サシィターチ] 完 ❶数える、計算する *count*：ロシアのレストランでは、計算間違いがよくあります。そういうときは落ち着いて、**Сосчита́йте** ещё раз.「もう一度計算してください」。❷ (счита́тьのみ) みなす、思う *consider*：気がつきましたか。いやいや、間違いは誰にでもありますから。Я **счита́ю** его́ хоро́шим официа́нтом.「わたしは彼のことをよいウエイターだと思っています」。

съесть [スイェースチ] 完 → есть

сыгра́ть [スィグラーチ] 完 → игра́ть

сын [スィーン] 男 息子 *son*：У меня́ два **сы́на**.「わたしには息子が2人います」が、どちらもニセ息子です。2人とも外国語と酒が好きなところは、ニセ親父に似ています。息子同然の扱いならば、可愛がられているとお思いでしょうが、そうでもないです。つまりなぜニセ息子かといえば、弟子ではないから。弟子だったら、わたしのいうことを聞くはずです。

сыр [スィール] 男 チーズ *cheese*：子どものころ、テレビでアメリカの漫画を観ながら、ды́рки в **сы́ре**「チーズの穴」が不思議でなりませんでした。当時はプロセスチーズしかなかったのです。でもこういう不思議の1つ1つが、外国への興味をそそります。その場ですぐに分からないほうが、むしろ楽しいんです。

сюда́ [スュダー] 副 ここへ *here*：ミハイル王子、Иди́те **сюда́**.「ここに来てください」。そうそう、そうしたらこの箱を開けてください。中に何がありますか。そうですね、王子の靴です。それも左だけ。わたしの家にありましたよ。昨晩はいったい、どうやって帰宅したのですか。

C

179

スミルノフは生きている

サムイル・マルシャークの戯曲『森は生きている』では、主人公の娘が真冬の森で1月から12月までの精霊に出会いますが、皆さんには今夜、ロシア語の月の名称に出会っていただきましょう。英語に似ているので、併記して紹介します。

マーイ
май 5月 May

йは英語のyに対応することが再確認できます。ロシア語の月の名称は、文のはじめでなければ小文字で書きます。

アーヴグスト
а́вгуст 8月 August

ロシア語のyは唇を突き出した［ウ］の音です。また英語の2番目のuがロシア語ではвになっています。вはvやwだけでなく、uに対応することもあるのです。ラテン語はvとuの区別がありませんでしたし、wは「ダブル・ユー」というくらいですから、関係はあります。

マールト
март 3月 March

chとтの対応はともかく、ロシア語では［ル］を巻舌で発音します。

ウォッカの銘柄にスミノフというのがあるのですが、ご存じでしょうか。創業者の名字に由来するこのウォッカは、古くはロシア皇室御用達でしたが、ロシア革命を機に海外へ逃れ、フランス、アメリカなどを経由して、今ではイギリスの会社で作られています。Smirnoffと表記するため日本語でもスミノフで通っていますが、それは英語風の読み方を採用したから。ロシア語ではСмирно́вで、発音も［スミルノーフ］となります。「ル」はしっかり巻いてください。おや、最後のвはどうして「フ」なのでしょうか。вは本当に注意が必要な文字。でもここでは深入りしません。

　　　＊　　　＊　　　＊

すでにご存じの文字で紹介できる月の名称はここまで。もっと知るためには、新しい文字に登場していただきます。これが文字といいますか、それ自体では音を持たない、少々やっかいなヤツなのです。

ь

これは前の音を変える記号です。単語のはじめに来ることがないので、小文字だけにしておきましょう。ьは口を［イ］の形にして発音することを示します。

アプリェーリ
апре́ль 4月 April

最後にьがあるので、［ル］ではなくて［リ］となるのです。

月の話は明日の晩も続きます。

Т

✱✱ **так** ［タ́ーク］副 そのように *so*：文法はすべて正確なのに、ネイティブスピーカーから**Так не говоря́т.** 「そうはいいません」といわれるとガッカリしますよね。それでもめげずに勉強を続けていれば、いずれあまりいわれなくなります。それを信じて続けるしかありません。

✱ **та́кже** ［タ́ーグジェ］副 同じように *also*：お祝いをいわれたときにはなんて応えたらいいのか、意外なことに辞書や会話集にはあまり載っていません。祭日の**С пра́здником!** 「おめでとう」でしたら、**И вас та́кже.** 「おめでとう」、つまり「あなたにも同じようにおめでとう」なんていいでしょう。ただし誕生日のお祝いをこれで返したら、ヘンですけど。

✱✱ **тако́й** ［タコ́ーイ］代 そのような *such*：だれだって**Я не тако́й челове́к.** 「わたしはそんな人間ではありません」と思うこともあるでしょう。でも自分の思いどおりに理解してほしいというのは、無理じゃないですか。

✱✱ **там** ［タ́ーム］副 そこで *there*：呼び鈴が鳴ったら**Кто там?** 「どちらさまですか」と尋ねます（→ロシア語深夜便 第1夜）。「そこにいるのは誰？」ということです。この単語は大文字で書けばTAMで、こうなるとラテン文字と変わりません。チェコ語はラテン文字を使う言語ですが、TAMは「そこで」という意味に加え、「そこへ」にもなります。ロシア語のような**там**と**туда́**の区別がないのです。チェコのドアにTAMとあったら、「そこへ」「向こうへ」、つまり「押」です。

танцева́ть ［タンツァヴァ́ーチ］不完 踊る *dance*：**Прекра́сный арти́ст танцу́ет в бале́те.** 「美しいアーチストがバレエで踊る」のは、だれにもイメージしやすいでしょう。かつてロシア語学習者にはバレエ・ファンが多く、ロシア人男性ダンサーにファンレターを書きたい一心で勉強を始める日本人女性も珍しくありませんでしたが、そういう人は減りました。いまは韓流スターに憧れ、韓国語を勉強しているのではないでしょうか。

твёрдый [トヴョールドゥイ] 形 硬い *hard*：ナッツが大好きで、できれば殻つきがいいです。**твёрдый оре́х**「硬いクルミ」を割りながら、ビールを飲むのは楽しいですよ。

* **твой** [トヴォーイ] 代 君の *your*：学生同士だったら **Как твоё и́мя?**「君の名前は何ていうの」のように親称を使ってかまわないですし、むしろ相手はそれを望むでしょう。それでもわたしは外国人として、丁寧な **ва́ше** を使うほうをお勧めします。大切な場面で「タメ口」を使ってしまうといけませんから。

теа́тр [チアートル] 男 劇場 *theater*：ロシア語学習者だからといって、ロシア事情に詳しいとは限りませんが、**Большо́й теа́тр**「ボリショイ劇場」はさすがに知られているようです。分かりやすいので、形容詞の説明によく使います。

телеви́зор [チリヴィーザル] 男 テレビ *television*：家では **Мы не смо́трим телеви́зор.**「わたしたちはテレビを見ていません」。2015年3月末日でアナログ放送が終了したのに、テレビがデジタル対応でないからです。とはいえ不自由ではありません。本を読む時間と、DVDを観る時間が増えました。つまり外国語に触れる時間が多くなったのです。

телефо́н [チリフォーン] 男 電話 *telephone*：固定電話は誰が出るか分かりません。ときには自分が希望する相手を呼んでもらわなければならないこともあります。しばらくすると相手が出て、**Я у телефо́на.**「わたしですが」と答えます。わたしは電話のもとにいますよという意味です。携帯電話の時代になって、こういうことはなくなりました。

те́ло [チェーラ] 中 体 *body*：街ゆく人を眺めながら、**те́ло челове́ка**「人体」というのは実に多様なものだと感じます。身体能力も当然ながらまちまちです。他の人ができることでも自分ができるとは限りません。それはきっと心の中もそうなんでしょう。

тёмный ［チョームヌイ］形 暗い *dark*：旧ソ連をひとりで旅していたとき のこと。ある町でデパートを巡り、外に出ようとしたら1階でおばあさん から声をかけられました。女性服売り場はどこですか。先ほど通ってきた ばかりで覚えていましたので、3階ですよと教えて差し上げました。それ にしても外国人に聞くなんて不思議です。後で気づいたのですが、わたし はそのとき**тёмные очки**「サングラス」をかけていたのでした。つまり 目元さえ隠せば、ロシア人に見えるということ。さらには喋ってもバレな かったわけです。◆**темно́** ［チムノー］述 暗い *dark*：いくらロシア人に 見えたからといって、調子に乗るとロクなことはありません。その日も **Ста́ло темно́.**「暗くなった」ら、さっさとホテルに帰りました。外国で ひとりのときは気をつけるに越したことはありません。

температу́ра ［チムピラトゥーラ］女 温度 *temperature*：もともと**У меня́ ни́зкая температу́ра.**「わたしは体温が低い」のです。ふだんから36度に 達しないことも多く、病気が流行ってあちこちで体温測定されても、問題 になることはまずありません。反対に平熱が高めの人は、いろいろ困るで しょうね。

* **тепе́рь** ［チピェーリ］副 今では *now*：真剣に授業を受けた後、**Тепе́рь мо́жно идти́ домо́й.**「もう家に帰っていいですよ」と先生からいわれると、 正直ホッとしました。だから自分が教えるときも延長はせず、早めに「も う帰っていいですよ」を心がけています。

тёплый ［チョープルイ］形 暖かい・温かい *warm*：ロシア語がお上手です ね。そんな風にいわれたら、**Спаси́бо за тёплые слова́.**「温かいお言葉 をありがとうございます」と答えるようにしています。カッコいいでしょ？ ◆**тепло́** ［チプロー］副／述 暖かく・温かく／暖かだ・温かだ *warm*：こ とばは徐々に慣れますが、いつまで経っても難しいのが防寒対策。ロシア で冬に**тепло́ одева́ться**「温かく着込んでいる」ことは必要ですが、ひと たび建物内に入ると暖房が非常に効いていますので、体温の調整が大変で す。気をつけないと風邪を引きそうです。

Т

183

тетра́дь ［チトラーチ］ 囡 ノート *notebook*：わたしの授業では**тетра́дь** по ру́сскому языку́「ロシア語ノート」を1冊用意してください。毎回の授業で練習する和文露訳問題は、左に日本語、右にロシア語を書いてまとめておくと分かりやすいです。バラバラなルーズリーフを使っていると、いつの間にか散逸してしまいますよ。

тётя ［チョーチャ］ 囡 おばさん *aunt*：わたしのことを**Дя́дя!**「おじさん」と呼ぶのは構いませんが、もう1人のロシア語担当教員であるX先生を**Тётя!**「おばさん」と呼んだら、たぶんブッ飛ばされますから注意しましょう。

те́хника ［チェーフニカ］ 囡 技術 *technique*：かつては旧ソ連に**нау́ка и те́хника**「科学と技術」を期待してロシア語を始めた人がいたそうですが、今ではまったく聞かなくなりました。それでも神田神保町の古書街には、ときどき旧ソ連時代の技術書が軒先に並んでいたりします。面白がって手に取るのですが、書名を理解するだけでも大変です。◆**техни́ческий** ［チフニーチスキイ］ 厖 技術の *technical*：世の中の**техни́ческий** прогре́сс「技術の進歩」について行けません。パソコンは更新されるたびに使い方が分からなくなるし、ホテルに宿泊しても新型テレビはスイッチの場所さえ見当もつきません。あと、これは技術ではないですけど、どうして鉄道をみんな繋げちゃうんですか？

ти́хо ［チーハ］ 副 静かに *quiet*：あるソビエト作家のエッセイ風小説にあったのですが、都会人はラジオで天気予報が流れると、**Ти́хо!**「静かに！」といって急に耳をそばだてるのだそうです。あまりの緊迫した雰囲気に、戦争でも始まったかとビックリするとか。

＊＊**то** ［ト］ 囷 それなら *then*：ミハイル王子、ぐずぐずしていても始まりません。**Е́сли идти́, то пойдём.**「行くのだったら行きましょう」。もちろんロシア語の授業ですよ。

това́р［タヴァール］男 商品 *goods*：買物はいつも大変です。とくに**това́ры широ́кого потребле́ния**「日用品」は、いくら買い足しても必ずなにか不足しています。慌てなくていいときもありますが、今日中に手に入れないとピンチということも。こんなことをいっている傍から、ああ、今日は朝から雨だというのに、トイレットペーパーが……。

това́рищ［タヴァーリシィ］男 同僚 *comrade*：いまどき**Това́рищ!**「同志！」と呼びかけることはありませんが、中途半端な知識の持ち主がこれ見よがしに使ったりすることがあり、恥ずかしいです。

* **тогда́**［タグダー］副 そのとき *then*：学生に**Тогда́ я был мо́лод.**「そのときわたしは若かった」のですよと話しても、信じられないといった顔をされることが増えました。やれやれ、わたしも歳をとりましたね。でも、本当に君たちと変わらない若造だったのですよ。

* **то́же**［トージェ］副 ～もまた *also*：ある人がこんなメールを送ってきました。**Я то́же профе́ссор университе́та.**「わたしも大学教授です」。同じ研究者のよしみで、オンラインの講演を無料でやってください。しかしわたしも大学の教員です。謝金くらい捻出できないはずがないことは、よくよく知っているつもりです。

⁂ **то́лько**［トーリカ］副 ～だけ *only*：人はレッテルを貼ると安心します。わたしには「ロシア語教師」というレッテルを貼ります。ところが**Я зна́ю не то́лько ру́сский, но и други́е языки́.**「わたしはロシア語だけでなく、他の外国語も知っています」というと、なんだか捉えどころがないようで、相手の明らかに戸惑っている様子が伺えることもあります。

торго́вля［タルゴーヴリャ］女 商業 *trade*：外国語を活かした仕事のひとつに**вне́шняя торго́вля**「外国貿易」があります。でもわたしはビジネスについてなにも知りません。ということで、期待しないでください。

тот ［トート］⑭ あの *that*：ミハイル王子が悩んでいます。2割引きでさらに50％オフと、半額から20％安くなるのだったら、どっちがお得かな。それってоднó и то же.「同じこと」ではないですか。

тóчно ［トーチナ］⑮ まさに *precisely*：黒田さん、そろそろエッセイのネタが尽きてきたんじゃありませんか？　**Тóчно!**「そのとおり！」ここまで来て、アイディアがなかなか浮かばなくて、苦しんでいます。

трéбовать ［トリェーバヴァチ］不完，**потрéбовать** ［パトリェーバヴァチ］完 要求する、必要とする *require*：ご存じのようにИзучéние инострáнных языкóв **трéбует** мнóго врéмени.「外国語学習は多くの時間を必要とします」。ところが、たとえば楽器は演奏できるようになるためには、さらに時間がかかりますよね。それでもやりたい人はたくさんいます。つまり、なにが楽しいかということです。

трéтий ［トリェーチイ］数 3番目の *third*：黒田ファンクラブで、得意な外国語の順位の話になりました。トップは英語という人が多いですが、それ以外の外国語に自信がある人もいます。興味深いことに英語以外が得意な人は、2番目も英語ではありません。フランス語が1番で、イタリア語が2番。中国語が1番で、韓国語が2番。だから英語は**трéтий** инострáнный язы́к「第3外国語」になってしまうのです。

три ［トリー］数 3 *three*：大学院時代は中世ロシア語に取り組んでいたので、当然ながら中世文学にも親しみました。中村喜和編訳『ロシア中世物語集』は主要な作品がほとんど邦訳されていて、これを読めば全体像が把握できます。もちろん収録されていないものもあります。その1つが《*Хожéние за три мóря*》*Афанáсия Ники́тина*『アファナーシイ・ニキーチンの3つの海の物語』という15世紀のトヴェーリの商人による旅行記です。インドに向かう途中で遭遇する奇想天外な物語で、多分にフィクションも含まれていますが非常に面白く、また中村先生による邦訳もないので、いつか自分で訳してみたいと憧れています。いまだに実現できていませんが。

три́дцать ［トリーッツァチ］ 数 30 *thirty* → де́сять

трина́дцать ［トリナーッツァチ］ 数 13 *thirteen* → оди́ннадцать

три́ста ［トリースタ］ 数 300 *three hundred* → сто

тро́е ［トローエ］ 数 3人、3個 *three*：英語教師のCくん、Pくんといっしょに行動することが多いので、飲みに行くときはたいていНас **тро́е.**「わたしたちは3人です」。このくらいの人数だとテーブルでも声が届くし、ちょうどいいですね。3人集まれば、話題は決まって外国語のこと。

труд ［トルート］ 男 勤労、苦労 *labor*：教師という仕事は、у́мственный **труд**「頭脳労働」であると同時に、физи́ческий **труд**「肉体労働」でもあります。だから年齢を重ねると、だんだんつらくなってきます。なんといっても、授業中は立ちっぱなしですからね。

тру́дный ［トルードヌイ］ 形 難しい *difficult*：最近、Э́то о́чень **тру́дный** вопро́с.「これは非常に難しい問題だ」というつもりで、「これは非常に悩ましい問題だ」と日本語で表現する人が増えています。これがわたしにはどうにも受け入れられません。悩ましいというのはsexyという意味で捉えてしまっているからです。ロダンの「考える人」を指して、悩ましい姿といえるでしょうか。◆**тру́дно** ［トルードナ］ 副／述 難しく／難しい *hard*：もちろん、外国語はどれも難しいです。ところでロシア人がВам **тру́дно** говори́ть по-ру́сски?「ロシア語を話すのは難しいですか」と質問するときは、ちょっと嬉しそうな顔をしている気がします。自分の母語って外国人には難しいだろうなってつい想像しちゃうんですよね。あなたも外国人には日本語が難しいって考えていませんか。

туда́ ［トゥダー］ 副 そこへ *there*：旅行するときбиле́т **туда́** и обра́тно「往復切符」はあまり買いません。多少は安いんでしょうけど、先が決められてしまうようで楽しくない。まずはЯ пое́ду **туда́.**「そこへ行く」ことにして、それから先は後で考えます。

＊**тут** ［トゥート］副 ここ *here*：最近、探し物が増えました。**Тут** лежáт мои очки.「ここにわたしのメガネがあります」というのに、それが見えないんです。あっ、そうか、メガネをかけていないから見えないんだ。

＊**ты** ［トゥィ］代 君 *you*：親子、兄弟、夫婦などの親しい関係だったら、これを使うのがふつうです。たとえば学生同士だったら、はじめはвы「あなた」でもДавáйте перейдём на **ты**.「親しく呼び合うようにしよう」といわれるでしょう。それが自然なんですが、馴れ馴れしくなり過ぎないように、よく注意してください。わたしは基本的には使わないようにしています。だって、永遠に外国人なんですから。

＊**тысяча** ［トゥィースィチャ］数 千 *thousand*：1980年代のソビエト人は、日本の中古車が憧れでした。もちろん実際に購入するのは限られた人でしたが、たとえ旅行者でもバスの車窓から見える中古車販売店に熱い視線を送り、その安さに感激していたものです。でも彼らは勘違いしていました。たとえばフロントガラスに「50」と書いてあれば「50万円」のことなのに、ロシア語の数量表現には「万」の位がないので、代わりに「千」を想像してしまうのです。たとえば50の千でしたら5万円。Эта подéржанная маши́на стóит пятьдеся́т **тысяч** иéн.「この中古車は5万円です」となれば、そりゃ日本人でも色めき立つことでしょう。

тяжёлый ［チジョールイ］形 重い、難しい *heavy*：ハシェク『兵士シュベイクの冒険』という長編小説を読んでいるのですが、とにかく**тяжёлая** кни́га「重い本」なので、持ち運ぶことができません。だからベッドに寝転がって、毎晩少しずつ読むことにしています。チェコ語版の原書です。◆**тяжелó** ［チジロー］副／述 重く、難しく／重い、難しい *heavily*：チェコ語は難しくないかですって？　そりゃもちろん、Мне óчень **тяжелó** чита́ть.「わたしには読むのがとても難しい」に決まっています。それでも毎日少しずつ進めていけば、いつか最後のページに辿り着きます。この単語集と同じように、必ず終わりが来るのです。

デカブリストの乱とユリウス暦

ь

昨夜の最後に登場した文字は、前の音を変える記号で、口を［イ］の形にして発音することを示していました。月の名称にはьがたくさん使われます。

ию́нь 6月 June
イユーニ

ию́ль 7月 July
イユーリ

あまりにも音が似ていて、ロシア人でさえ聞き返さなければ分からないことがあります。どうしてジューンとジュラーイのように、はっきり区別しないんでしょう。

сентя́брь 9月 September
スィンチャーブリ

октя́брь 10月 October
アクチャーブリ

ноя́брь 11月 November
ナヤーブリ

дека́брь 12月 December
ヂカーブリ

デカブリストдекабри́стの乱をご存知ですか。ロシアの青年貴族士官が1824年12月14日に起こした蜂起事件です。デカブリストが「十二月党員」とも訳されるのは、дека́брьだからです。

この12月14日はユリウス暦による日付です。ロシアでは10月革命まで

ユリウス暦が用いられ、ロシア正教会では今でも使います。一方わたしたちがふだん使っているのはグレゴリオ暦でして、両方を比べますと19世紀で12日、20世紀以降では13日分ずれています。グレゴリウス暦ではデカブリストの乱が12月26日となりますが、12月には変わりありません。

一方1917年の社会主義革命は、一般に10月革命Октя́брьская револю́цияといいます。ユリウス暦の10月25日に始まったからなのですが、グレゴリオ暦では11月7日なので、つまり11月に10月革命となってしまいました。

янва́рь 1月 January
インヴァーリ

февра́ль 2月 February
フィヴラーリ

「2月」に見知らぬ文字がありますが、英語と比べればどんな音か想像つきますよね。団子の串刺しみたいな面白い形のфは英語のfに対応します。

「2月」にはいろいろ問題があって、まず3番目の文字が英語はbなのにロシア語がвで例外的ですし、最後のльも英語と対応していません。

今夜はハードでした。

у [ウ] 前 +生 ～のところに *by*：子どものころはжить **у** роди́телей「両親のところに住んで」いました。ところがあるとき両親が郊外に家を買い、最初に父が、つぎに妹が、最後に母がそちらへ引っ越し、わたしだけが残ってしまったのです。大学を卒業するころから結婚するまで、5年以上は一人暮らしでしたが、料理、洗濯、掃除などの家事は自分でこなしていました。

убира́ть [ウビラーチ] 不完，**убра́ть** [ウブラーチ] 完 片付ける *clean up*：片付けにはコツがあります。**убира́ть** кни́ги на по́лку「本を書棚に片付ける」のように、出したものは元に戻せばいいのです。とはいえ、そもそも書棚がいっぱいだったら戻す場所がありません。問題はここです。

* **уви́деть** [ウヴィーヂチ] 完 → ви́деть

у́гол [ウーガル] 男 角、隅 *corner*：見間違いじゃありません。はっきり見たのです。子どものころ、同じ敷地内に住む祖母の家のв углу́ коридо́ра「廊下の隅」で、白いものが左右に揺れていました。そこは絶対に何にもないはずなのに、まるで生きているかのように動いているのです。時刻は夕暮れ時、ビックリしたわたしは母親に伝えたのですが、夕食の準備に忙しくて相手にしてくれません。食後にもう一度見に行ったのですが、そのときには消えていました。

удава́ться [ウダヴァーッツァ] 不完，**уда́ться** [ウダーッツァ] 完 成功する *succeed*：わたしは大学院出たての、かなり若いうちにМне удало́сь поступи́ть на рабо́ту.「うまく就職できました」。これは単に運がよかっただけで、それ以上ではありません。その後はあちこち勤務先が変わりましたが、これも運命なんでしょう。

уезжа́ть ［ウイジジャーチ］不完，**уе́хать** ［ウイェーハチ］完 出発する
leave：かつてソビエトのホテルには各階におばさんがいて、その人が鍵
の受け渡しをしていました。肝心なときに不在で困ったり、口うるさく小
言をいったりすることもあったけど、次の町に移るときにВы **уезжа́ете**?
「もうご出発ですか」といって名残惜しそうにしてくれると、なんだかホ
ロリとしました。

уж ［ウーシ］／＊**уже́** ［ウジェー］副 もう、すでに *already*：わたしが教え
ているのは大学生ですから、Вы **уже́** не де́ти.「あなたたちはもう子ども
ではありません」。それでも中には子ども時代に欠けてしまったなにかを、
必死に取り戻そうとしている学生も見受けられます。大人になるためのス
テップは、飛ばすことができないようです。

у́жинать ［ウージナチ］不完，**поу́жинать** ［パウージナチ］完 夕食をとる
have supper：すでにお話しましたが、わが家は夕食が早いです。家にいれ
ばМы **у́жинаем** в пять часо́в ве́чера.「わたしたちは夕方5時に夕食をと
ります」。ところが週2回は大学で6時まで授業があるのです。だから終わ
るころには、かなりお腹が空いています。

у́зкий ［ウースキイ］形 狭い *narrow*：大通りではなく、гуля́ть по у́зкой
доро́ге「狭い道を散歩する」のが好きです。ところが最近は裏道まで車
がグイグイと進入してきて、残念ながらゆっくり歩けません。カーナビの
せいでしょうか。

У

узнава́ть ［ウズナヴァーチ］不完，**узна́ть** ［ウズナーチ］完 分かる、知る
get to know：久しぶりに会った人からВы **узнаёте** меня?「わたしのこと
分かりますか」といわれると困ります。一生懸命に思い出そうとしている
ときもそうですが、あまりにも風貌が変わったことに驚いているときはな
おさらです。心を準備する時間がほしいのです。

уйти́ ［ウイチー］完 → уходи́ть

украи́нский ［ウクライーンスキイ］ 形 ウクライナの *Ukrainian*：わたしの最初の著作は*Слова́рь-ми́нимум украи́нского языка́*『ウクライナ語単語集』です。大学院生のころから、興味を持って勉強してきました。それ以来、ロシア語と対照しながら学ぶウクライナ語教材を、少しずつ作っていて、気がつけば30年以上が過ぎていました。

┌─ ちょっとだけウクライナ語講座 ─

ウクライナ語の文字 ï は、й＋иのつもりで発音する［イィー］です。例：ïжа［イィージャ］食べ物、Київ［クィーイィウ］キエフ（首都）、Украïна［ウクライィーナ］ウクライナ。

* **у́лица** ［ウーリツァ］ 女 通り *street*：ヨーロッパの街では通りの名称と番地さえ分かればあとは簡単で、それを頼りに探せば見つかります。分からなければГде нахо́дится э́та у́лица?「この通りはどこにありますか」と尋ねて教えてもらえばいい。ところがその番地表示が高いところにあったり、夕暮れ時はよく見えなかったりしますから困ります。

улыба́ться ［ウルィバーッツァ］ 不完 , **улыбну́ться** ［ウルィブヌーッツァ］ 完 微笑む *smile*：いいえ、ミハイル王子、Краси́вая де́вушка улыба́ется мне.「きれいな女の子がわたしに微笑みかけています」とお考えなら、残念ながらそれは勘違いですよ。彼女は王子の後ろに立っている、別の青年に微笑みかけているのです。

уме́ть ［ウミェーチ］ 不完 できる *can, be able*：スポーツは全般的にダメなんですが、Я уме́ю ката́ться на лы́жах.「わたしはスキーが滑れます」。皆さんから意外だっていわれますが、ウソじゃありません。子どものときからやっていましたので、実は得意なんです。だいたいどんなゲレンデでもこなせる自信があります。でも最後に滑ったのが30代半ばくらいで、それ以降はぜんぜんやっていません。

умира́ть ［ウミラーチ］ 不完 , **умере́ть** ［ウミリェーチ］ 完 死ぬ *die*：縁起でもない動詞ですが、不完了体と完了体を区別するにはよいかもしれません。不完了体はЯ умира́ю.「わたしは死のうとしています」、完了体はЯ умру́.「わたしは死んでしまいます」。

университе́т ［ウニヴィルスィチェート］ 男 大学 *university*：око́нчить **университе́т** 「大学を卒業する」のは大切なことです。中退を考える学生には、明確な目的がない限り思い止まるように諭します。とはいえわたし自身が大学を2つも中退しているので、イマイチ説得力がありません。

упа́сть ［ウパースチ］ 完 → па́дать

* **у́ровень** ［ウーラヴィニ］ 男 水準 *level*：バブルのころは貧乏な大学院生で、その崩壊後は大学に勤めるようになったので、жи́зненный **у́ровень** 「生活水準」の感覚が世間とずれている気がします。いずれにせよ、つつましい生活なのですが。

уро́к ［ウローク］ 男 授業 *lesson*：大学では**уро́к** ру́сского языка́ 「ロシア語の授業」が90分続きますが、ずっと集中させるのは無理です。だから教師は語学のレッスン以外にも、いろんな小ネタを用意するわけです。

* **усло́вие** ［ウスローヴィエ］ 中 条件 *condition*：原稿依頼を受けるときの необходи́мые **усло́вия** 「必須条件」の1つは、依頼の手紙やメールでわたしの名前が正しく記載されていることです。「龍之介」じゃなくて「龍之助」。これが間違っているようでは、校正も覚束ないですから。

услы́шать ［ウスルィーシアチ］ 完 → слы́шать

успева́ть ［ウスピヴァーチ］ 不完, **успе́ть** ［ウスピェーチ］ 完 間に合う *be in time*：ミハイル王子は今日も朝から優雅にお茶を飲んでいますが、Вы **успе́ете** на пе́рвый уро́к? 「1限の授業に間に合いますか」。確か今日は大切なプレゼンがあるのですよね？

успе́х ［ウスピェーフ］ 男 成功 *success*：残念ながら Моя́ кни́га не име́ла **успе́ха.** 「わたしの本は大して成功しませんでした」ということはよくあります。出版社には申し訳ないのですが、たくさん売れるより少数の人がクスリと笑ってくれるほうがうれしいです。

у

устава́ть ［ウスタヴァーチ］ 不完 ，**уста́ть** ［ウスターチ］ 完 疲れる *become tired*：Я о́чень **уста́л** от рабо́ты.「仕事でとても疲れました」というとき、わたしはとにかく寝ます。変な気分転換はしません。眠れなくてもベッドで横になる。何もしない時間が体を休めます。これこそが、健康の秘訣なんです。あっ、ついに話しちゃった。

у́тро ［ウートラ］ 中 朝 *morning*：実はДо́брое **у́тро**!「おはようございます」がない言語って、けっこうあるんです。主なところではフランス語と韓国・朝鮮語、ロシア語と同じスラブ系ではポーランド語なんかがそうです。だからといって、「おはよう」のない言語地域が寝坊というわけではありません。◆**у́тром** ［ウートラム］ 副 朝に *in the morning*：かくいうわたしは**У́тром** я встаю́ по́здно.「朝は起きるのが遅い」です。つまり朝は寝床でグーグーグー。早起きなんて大嫌いで、さしたる用がなければ8時、9時までゆっくり寝ています。だから「おはようございます」は不要かもしれません。

уходи́ть ［ウハヂーチ］ 不完 ，**уйти́** ［ウイチー］ 完 去る、出かける *leave*：通訳として旧ソ連を飛び回っていたころのこと。ある冬、日本からの親善団体を連れてモスクワに着いたのですが、現地では何の準備もできていません。仕方がないので同行した添乗員といっしょに、主催する組織の本部に行きました。受付で担当者を呼び出そうとしたら、Он **ушёл** в о́тпуск.「彼は休暇に出かけました」とのこと。あのときは泣きましたね。

уча́сток ［ウチャースタク］ 男 区画、用地 *plot*：部署 *part, section*：20世紀末、東南アジアの団体旅行に参加しました。あるおじさんはいつもカメラを手にしていたのですが、観光名所は撮影しないで、**уча́сток** земли́「1区画の地所」ばかり写真に収めていました。空地を求めていたようですが、いま考えると商売のためにиме́ть свой **уча́сток**「自分の土地を所有する」のが目的だったのかもしれません。いまその国は日本との関係が密接ですから、おじさんは先見の明があったわけですが、観光客としては相当に怪しげでした。

уче́бник ［ウチェーブニク］男 教科書 *textbook*：いつも Я пишу́ уче́бники
ру́сского языка́.「わたしはロシア語の教科書を書いています」。ロシア語
に限らず、書きかけの語学教科書はいろいろあるのです。ひとりでいろん
な企画を立てて、目次を作ったり、スキットをまとめてみたり。結局は日
の目を見ていない原稿も多く、そういうものはファイルの中で眠ったまま
ですが、プリントアウトすれば結構な量になることでしょう。それでも凝
りもせず、また新しい教科書を思いついては、あれこれ書き散らしていま
す。その一方で、書きかけの小説やフィクションは1つもありません。

учени́к ［ウチニーク］男 生徒 *pupil*：いま **учени́к** сре́дней шко́лы「中学
生」や**учени́к** повы́шенной сре́дней шко́лы「高校生」で、将来は外国
語を目指したい方へ。必要なのは国語と歴史です。外国語は後でも間に合
います。ただし英語は入試の配点が高いです。

учёный ［ウチョーヌイ］❶ 形 学問の *scholarly*：**учёная** сте́пень「学位」
には縁がなかったですね。論文を書くのが苦手だからでしょう。偉い学者
は研究に熱心ですが、わたしは違うようです。❷ 男 学者 *scholar*：すでに
お話しましたように、日本で学者といえば暗黙のうちに理系です。あとは
テレビでコメントしているのが**изве́стный учёный**「有名な学者」でしょ
うか。少なくとも外国語なんてお呼びじゃありません。それでもわたしは
外国語がやりたかったので、別に後悔していません。

учи́лище ［ウチーリシィェ］中 専門学校 *school, college*：同僚の語学教師に
よれば、**медици́нское учи́лище**「医療専門学校」の生徒は専門科目だけ
でなく、外国語も真面目に勉強するそうです。真面目な医療従事者は頼も
しいですよね。外国語学部生もそうあってほしい。

учи́тель ［ウチーチリ］男／**учи́тельница** ［ウチーチリニツァ］女 先生
teacher：わたしがロシア語や言語学を教えれば、学生は誰から習ったか忘
れることはまずありません。ところが**учи́тель англи́йского языка́**「英語
教師」として接した元教え子から、授業を受けた記憶がまったくないとい
われたときはショックでした。これが英語を教えるつらさです。

учи́ть ［ウチーチ］不完, **вы́учить** ［ヴィーウチチ］完 この動詞の使い方は難しいです。❶ +対「〜に」+与／不定形「〜を」**教える** *teach*：ここにロシア人の先生がいるとします。Она́ у́чит меня́ ру́сскому языку́.「彼女はわたしにロシア語を教えてくれます」。❷ +対「〜を」**覚える** *learn, memorize*：ロシア人の先生は詩の暗唱を求めます。Ка́ждую неде́лю мне ну́жно **учи́ть** одно́ ру́сское стихотворе́ние.「毎週わたしはロシアの詩を1つ覚えなければなりません」ということもあります。大変ですが詩を暗唱することは大切ですし、おかげで動詞учи́тьの使い方も覚えられます。

учи́ться ［ウチーッツァ］不完 **勉強する** *learn, study*：アンナおばさん、Вы рабо́таете и́ли у́читесь?「あなたは社会人ですか、それとも学生さんですか」と尋ねられたからといって、若く見られたとは限りませんよ。いまどきは年齢に関係なく勉強する人が多いのですから。

Ф

фа́брика ［ファーブリカ］女 **工場** *factory*：заво́дは重工業の工場ですが、фа́брикаは軽工業の工場で、たとえば бума́жная **фа́брика**「製紙工場」や тексти́льная **фа́брика**「紡績工場」などがそうです。重工業と軽工業で、合わせて「各種工場」と訳せばいいと、ロシア語専門学校で教わりました。

фами́лия ［ファミーリヤ］女 **名字** *surname*：金田一さんという先輩がいます。大学院生のころに、学会発表などでお世話になりました。彼を「金田一さん！」と звать по **фами́лии**「名字で呼ぶ」ときは、若手の刑事になった気分がしたものです。理由は分かりますよね？

февра́ль ［フィヴラーリ］男 **2月** *February*：Четы́рнадцатого **февраля́** — День свято́го Валенти́на.「2月14日はバレンタインデー」ということをロシア人が知るようになったのは、ごく最近です。かつて2月の東京でロシア人観光客を案内していたら、あちこちにあるсе́рдце「心臓」のマークはどういう意味かと質問されたくらいですからね。

фильм ［フィーリム］ 男 映画 *film, movie*：цветно́й **фильм**「カラー映画」
だけじゃなくて、чёрно-бе́лый **фильм**「白黒映画」も好きな人は、本当
の映画ファンだと思います。こればかりは舞台演劇にはできない、映画だ
けの世界です。ミハイル王子は映画館で知り合った女の子と、今日も古い
白黒のディズニー映画を熱心に観ています。

* **фо́рма** ［フォールマ］ 女 ❶ 形 *form*：子どものころから顔が кру́глая **фо́рма**
「丸い形」だといわれ続けてきましたが、そんなに丸いですかね。 ❷ 制
服 *uniform*：みんなと同じ格好が嫌いで、наде́ть шко́льную **фо́рму**「制
服を着る」のもイヤでした。ふん、どうせ丸顔には似合いませんよ。

фотогра́фия ［ファタグラーフィヤ］ 女 写真 *photography*：心ひそかに困る
のは、Роди́тели пока́зывают мне **фотогра́фии** своего́ ребёнка.「親御さ
んがわたしに自分の赤ちゃんの写真を見せる」ときです。いったいどんな
コメントをしたらいいのか、見当がつきません。一方で上手な受け答えを
して、相手を喜ばせることができる人もいます。尊敬します。

францу́зский ［フランツースキイ］ 形 フランスの *French*：この単語集をま
とめるために、様々な対訳辞典を参考にしました。*Larousse Dictionnaire
Français-russe Et Russe-français* には、**францу́зско**-ру́сский слова́рь「仏露
辞典」と ру́сско-**францу́зский** слова́рь「露仏辞典」の両方が収録されて
います。例文が豊富で便利です。ついでにフランス語も思い出せます。

футбо́л ［フドボール］ 男 サッカー *soccer*：言語と関係のないものに刺激さ
れて外国語を始める最たるものといえば、サッカーではないでしょうか。
Я люблю́ игра́ть в **футбо́л**.「私はサッカーをするのが好きです」という
方も、Я люблю́ смотре́ть **футбо́л** по телеви́зору.「私はテレビでサッカー
観戦をするのが好きです」という方も、とにかくサッカーファンは多いで
す。でもボールを蹴ったり、それを見たりするのに、ドイツ語もポルトガ
ル語も、もちろんロシア語もいりません。だから学習も続かないのです。
外国と関係あることが、すべて言語に結びつくわけではないのですから、
それは仕方ありません。それで続けられたら、むしろすごいことですよ。

Ф

アルプスは一万尺だから複数形？

Ы

数字の61ではありません。2文字に見えるかもしれませんが、これで1文字。ьとІは離しすぎないように。

これはとてもロシア語らしい音で、カナやローマ字で表すのは無理なんですが、強いて示せば「ゥイ」あるいは「ウィ」が近い。二日酔いの朝に出そうな音です。

この発音にはコツがあります。まず何か棒状のもの、たとえばボールペンか鉛筆を用意します。つぎにそれを横にして、歯の間に挟んで「イ」と発音してください。縦はダメ。それじゃアイスキャンディーを食べているみたいですが、そうじゃなくて、イヌが骨をくわえるみたいに横にするのです。そうすれば歯と歯の間がイヤでも開きますよね。隙間を開けながら「イ」と発音する。これがポイントです。

はじめは難しいかもしれませんが、慣れてくると楽しくなるようで、わたしの教え子なんか日本語の「イ」をすべてыと発音して喜んでいます。おバカです。

ムィー
Мы わたしたち

20世紀ソビエトの作家エブゲーニイ・ザミャーチンは*Мы*『われら』という長編小説を書きました。舞台は26世紀の「単一国家」都市。そこで は個人が否定され、市民は番号で呼ばれる怖い世界なのですが、そのような状況で規則に逆らって恋に落ちる男女の物語です。二人の行方はどうなるのか、最後までワクワクと楽しめます。

ыは単語の最後によく登場します。複数形の語尾がыだからです。ロシア語だって複数形があるのですよ。

アーリプィ
А́льпы アルプス山脈

英語でAlpsというところからもお分かりのように、アルプスの「ス」は複数形の語尾ですね。それがロシア語ではыなので、Альпыとなります。льの部分の発音は「リ」です。

ヤー　　ピアニースト
Я пиани́ст.
わたしはピアニストです。

ムィー　　ピアニースティ
Мы пиани́сты.
わたしたちはピアニストです。

ピアニストはロシア語でも［ピアニースト］なので分かりやすいですね。ただし複数形になりますと、形がちょっと違います。

今夜は夢もあれこれ複数見そうです。

хара́ктер ［ハラークチル］ 男 性格 *character*：У него́ хоро́ший **хара́ктер**.
「彼はよい性格です」と評されるような人とは、どうも気が合わないよう
です。その結果、わたしの周りには個性的な変わり者ばかりです。類は友
を呼ぶのでしょう。

хлеб ［フリェープ］ 男 パン *bread*：旧ソ連は外食産業が発達していませんで
した。1980年代に旅行したとき、食事をする場所がどうにも見つからな
くて、仕方ないからパン屋で**чёрный хлеб**「黒パン」を買って公園のベン
チで食べていたら、隣のホームレスも同じものを食べていて……。

ход ［ホート］ 男 歩行、運行 *motion*：わたしもカミさんもそろって、Мы идём
бы́стрым **хо́дом**.「速足で歩く」のが常です。歩いていると何人も追い抜
きます。人のペースはそれぞれですから、ゆっくりな方もいて、もちろん
それは自由です。ただ恐れ入りますが、道を開けていただけませんか。

ходи́ть ［ハヂーチ］ 不完 不定 行く（歩いて通う）*walk*：もちろんРебёнок не
уме́ет **ходи́ть**.「赤ちゃんは歩くことができません」。わたしは頭が重かっ
たのか、歩くどころかハイハイするのも遅かったそうです。代わりに仰向
けになり、足を曲げ伸ばしすることによって、頭の方へ進んでいたと、後
に聞かされました。それを見た父親は、イカみたいだと思ったそうです。
自分の息子に対する表現とは信じられません。

хозя́ин ［ハズィャーイン］ 男 持ち主、主人 *owner, master*：拝啓、**хозя́ин**
соба́ки「犬の飼い主」様。お願いがございます。指定されていない場所
で放し飼いにするのはやめてください。世の中には泥棒ではなくても、犬
が苦手な人がいるのです。

хозя́йство［ハズィャーイストヴァ］中 経営、家事 *economy*：ときどきВы помога́ете жене́ по **хозя́йству**?「奥さんの家事を手伝っていますか」と質問されるのですが、これは心外です。手伝うもなにも、家事はカミさんと2人でやっていて、しかもカミさんは仕事が忙しいですから、わたしがやることが多いのです。それに対して「偉いですね」といわれるのは、もっと心外です。

холо́дный［ハロードヌイ］形 寒い、冷たい *cold*：暑がりなので、1年の半分は**холо́дный** душ「冷たいシャワー」を浴びています。授業中は水筒に入れた、氷入りの**холо́дная** вода́「冷たい水」を飲んでいます。多くの方から変だといわれますが、**холо́дный** взгляд「冷たい視線」にも平気です。
◆**хо́лодно**［ホーラドナ］述 寒い *cold*：さらにわたしが担当する授業では、真夏でもВ аудито́рии **хо́лодно**.「教室が寒い」ので、学生からは「シベリア」といわれています。

* **хоро́ший**［ハローシイ］形 よい *good*：**хоро́ший** учи́тель「よい先生」って、どんな人をいうのでしょうね。やさしい先生？　説明がうまい先生？外国語の場合は、生徒にたくさん話をさせるのがよい先生ではないでしょうか。自分は黙っているので、一見すると怠けているように見えますが、誤解してはいけません。◆* **хорошо́**［ハラショー］副 よく、上手に *well*：さらに細かいことは気にせず、物事はВсё идёт **хорошо́**.「すべてうまく行っている」と考える教師のほうが、よい授業をすると信じています。雑なわけではありません。雑を装って、生徒を安心させるのです。

****хоте́ть**［ハチェーチ］不完 したい、ほしい *want*：どの言語を話すかで、自分の行動が違ってくる気がします。わたしの場合、同じЧто вы **хоти́те**, чай и́ли ко́фе?「お茶とコーヒーとどちらになさいますか」という質問に、日本語だったら「おかまいなく、どちらでも」と答えるのに、ロシア語だとКо́фе, пожа́луйста, с молоко́м.「コーヒーをお願いします、ミルクを付けて」となっちゃうんですよね。

хоте́ться ［ハチェーッツァ］ 不完 ～したい気がする *want*：夜になるとすぐにМне хо́чется спать.「眠たくなってきます」。そうでないのは、誰かと楽しく飲んでいるときだけです。こういうときは目が冴えます。

хоть ［ホーチ］ 助 せめて *even if*：あまりにも無口な人はやはり困ります。Скажи́те хоть одно́ сло́во.「せめて一言でもいいですからいってください」と促したら、Да.「はい」としか答えない。確かに一言ですが、それじゃ困るんです。だってこれは会話の授業なんですから！

* **хотя́** ［ハチャー］ 助 ～だけども *although*：大学生はアルバイトは熱心です。でもХотя́ он чу́вствует себя́ пло́хо, он пришёл на рабо́ту.「彼は体調が悪かったが、それでも仕事に来た」となると、少しやりすぎではないですか。そういうときは家で休みましょう。

худо́жественный ［フドージストヴィンヌイ］ 形 芸術の *art*：ミハイル王子はクリエーターを目指しています。常日頃からхудо́жественный вкус「芸術的センス」を磨くのに余念がありません。それは結構ですが、やはり勉強もしましょうね。とくに外国語。

Ц

цвет ［ツヴィェート］ 男 色 *color*：女性の持ち物は赤系、男性は青系といった区別が嫌いです。だから男女でペアになっているものを使うときは、カミさんが青系、わたしが赤系を選んでいます。ささやかな抵抗ですが、それ以前に赤系が好きなんですよね。あなたはいかがでしょうか。Како́й цвет вы лю́бите?「どんな色が好きですか？」。

цвето́к ［ツヴィトーク］ 男 花 *flower*：ミハイル王子は映画館で知り合った女の子にбуке́т цвето́в「花束」を贈りました。これからも仲良くしてくださいね。女の子は花粉のせいで鼻がムズムズしながらも、ニッコリ微笑んでこういいます。これからもよろしくお願いいたしますね。

> гвозди́ка「カーネーション」、ла́ндыш「スズラン」、ли́лия「ユリ」、
> ро́за「バラ」、сире́нь「ライラック」、фиа́лка「スミレ」、черёмуха「ウ
> ワミズザクラ」。花の名前はやはり歌と結びつきます。ла́ндышや
> сире́нь, черёмухаをキーワードにして検索すれば、ソビエト時代に流
> 行った歌が聴けますよ。

це́лый［ツェールイ］形 **全体の、まるまる** *whole*：人に話すと驚かれるので
すが、**це́лый** год「1年中」アイス枕を使っています。頭が冷えると気持
ちよく眠れるのです。それにほら、頭寒足熱っていうじゃありませんか。
それを実践しているわけです。

цель［ツェーリ］女 **目的、目標** *purpose, target*：自分の興味がないことに他
人が熱心に取り組んでいると、с како́й **це́лью**「どういう目的で」やって
いるのかと不思議に感じます。でもそれはお互いさまでして、皆さんはわた
しが多くの外国語を学ぶ目的をお尋ねになりますが、わたしは野球や株
取引やゲームをする目的が理解できないのです。

цена́［ツィナー］女 **値段** *price*：値段は安いほうがいいに決まっていますが、
ときにはНу́жно купи́ть по дорого́й **цене́.**「高値で買わなければならない」
こともあります。とくに本はそうで、値段で躊躇しているうちに売り切れ
てしまったらひどく後悔することになります。

центр［ツェーントル］男 **中心** *center*：未来の大学院生へ。大切なのは
Како́й язы́к нахо́дится у вас в **це́нтре?**「どの言語があなたの中心にある
のか」ということです。外国語はたくさん学べば学ぶほど視野が広がりま
すが、それでも専門家になろうというのであれば、中心となる1つを選ば
なければなりません。一方、プロになろうというわけでなければ、中心を
決めずにいろいろ齧って楽しむことができます。そのほうが自由です。大
学院に進むばかりが、外国語とつき合う方法ではありません。

ブーニンとキーシン

1980年代半ばの日本ではロシア・ピアニストブームが巻き起こりました。1985年にショパン国際ピアノコンクールで優勝したスタニスラフ・ブーニンСтанислáв Бýнинがテレビで紹介されたことがキッカケだったようですが、ほかにも10歳でデビューしたエブゲーニイ・キーシンЕвгéний Кúсинなんかも注目されて、来日コンサートは大騒ぎだったようです。「ブーなんとかのチケットちょうだい」ってなことをいう客までいたそうですから、ふだんはピアノに興味のない人までが熱狂したんでしょうね。

そのブーニンとキーシンが並んで「わたしたちはピアニストです」というとしたら、Мы пианúсты.となります。そんな場面が実際にあるかどうかはともかく、複数だからпианúстではダメなんです。

Брáтья Карамáзовы
カラマーゾフの兄弟

ブラーチヤ　カラマーザヴィ

いわずと知れたドストエフスキーの長編小説。Карамáзовыも最後がыで終わっていますから、やっぱり複数形。名字も複数形になるんですね。

ただし複数形の語尾がいつでもыとは限りません。брáтьяはбратの複数形ですが、別の語尾がつく例外です。

Карамáзовыから最後のыを取れ

ばКарамáзовと単数になりますが、日本語訳でもお分かりのように最後の音は［フ］となります。ブーニンの名前もСтанислáв「スタニスラフ」でしたし、ウォッカの銘柄もСмирнóв「スミルノフ」でした。ロシア語のвは語末で［フ］の音になるのです。

Горбачёв ゴルバチョフ

ガルバチョーフ

日本で人気の高い旧ソ連の政治家といえば、いまだに彼でしょう。共産党書記長および最初で最後のソ連大統領の名字はロシア語で書くとこうなります。ёはいつでもウダレーニエがあるのでした。最後はвと書いて、発音は［フ］。ちなみにгорбというのは「こぶ」のこと。発音は［ゴールプ］で、最後のбは［プ］となります。他の文字でも、後に来ると音の変わることがときどきあります。

Конёк-Горбунóк
せむしの子馬

カニョーク　-　ガルブノーク

童話に登場する魔法の子馬で、絵本やアニメーションを通して日本でも知られています。現在では表現を改めて「イワンの子馬」としているようです。

今夜は魔法の夢を見るかもしれません。

чай ［チャーイ］圏 茶 *tea*：大学生のころ、家庭教師のアルバイトをしていました。あるとき担当する中学生のところに行ってみれば、本人は勝手に遊びに行ってしまい、家には小学3年生の弟がひとりで留守番をしていました。お兄ちゃんの部屋で帰宅するのを待っていると、気を遣った弟がお茶を持ってきてくれました。それがなんともсла́дкий **чай**「甘いお茶」で、とても飲めたものじゃなかったのですが、小学3年生が一生懸命淹れてくれたお茶ですから、我慢して全部飲み、その後はファミコンで遊びました。弟は喜んでいました。家庭教師をすっぽかすのはともかく、お兄ちゃんには常日頃から、心優しい弟と遊んであげてほしかったです。

* **час** ［チャース］圏 時 *hour*：かつて旧ソ連にいるとКото́рый **час**?「何時ですか」と尋ねられることが多かったです。何でそんなに時間が気になるのか不思議だったのですが、一説によれば外国人に話しかけたくて、そのキッカケにしていたそうです。さらに「タバコは吸いますか」や「マッチを持っていますか」も同様だとか。ところがわたしときたら、いいえ、タバコは吸いません、だからマッチは持っていませんなんて、ずいぶん無粋な答えをしていて、いま思い返すと恥ずかしいです。

ча́стный ［チャースヌイ］形 個別の、私的な *private*：ご自身の**ча́стная** жизнь「私生活」をSNSに公開する方が増えてきました。一方で年齢すら秘密にしている方もいます。それぞれですね。

ча́сто ［チャースタ］副 しばしば *often*：Мы **ча́сто** встреча́емся.「わたしたちはよく会っています」という人が、いつの間にか疎遠になってしまうことがあります。別に喧嘩したわけではないのに、最近はすっかりご無沙汰。おそらく人間にはそれぞれ軌道のようなものがあって、ある時期はいっしょに進んでいたのに、時とともに方向が違ってしまう。わたしはそんなふうに考えています。

* **часть**［チャースチ］⑤ 部分、部品 *part*：情報とは**ча́сти** маши́ны「車の部品」みたいなものです。1つではどうしようもありません。たくさん集まって組み合わせると、たとえば自動車になって動くことができます。このように体系化されたものが知識です。とはいえ、自動車は動けばいいというものではありませんね。シートが固くてはお尻が痛いし、タイヤが悪いとガタガタ揺れます。滑らかに走るためには、走行とは直接に関係ないけれど大切なものがいろいろあります。それが教養ではないでしょうか。これは言語について考えるためのたとえ話です。

часы́［チスィー］⑲ 時計 *clock, watch*：いつもкарма́нные **часы́**「懐中時計」を持ち歩いています。ある人が腕時計を外したら、手首に日焼けしないで白い部分が残っていました。テニスをやっている人でしたから、そのせいなんでしょうが、わたしはなんだかイヤだなと感じました。わたしはテニスなんかしないから、そんな心配は不要なんですが、それ以来ずっと懐中時計です。

чей［チェーイ］⑰ だれの *whose*：ソビエト時代は飛行機の座席が決まっていないことがありました。自分の座席番号の場所に行くと、知らないロシア人が座っています。丁寧に**Чьё** э́то ме́сто?「こちらはどなたの席でしょうか」と尋ねても、自分が先に来たのだから好きなところに座るのだと主張して、一歩も譲りません。困ってフライトアテンダントに相談したら、空いている席に適当に座ってくださいとのこと。とほほ。

** **челове́к**［チラヴェーク］⑱ 人 *person, man*：かつて旧ソ連のエレベータに乗ると、内部に重量制限が表示されていました。たとえば4 **челове́ка** 360 килогра́мм「4名360キロ」といった感じです。ということは、1人当たり何キロの計算かといえば……。◆**челове́ческий**［チラヴェーチスキイ］⑲ 人間の、人間的な *human*：大学生のレポートって、どうしてあんなに不機嫌なんでしょうか。ほとんどすべての文が「である」で終わっていて、相手を批判し、威圧するような表現ばかりなのです。もっと**челове́ческое** сло́во「人間味のあることば」を書いてください。だって、理解し合うために外国語を学んでいるのでしょう?

Ч

* **чем** ［チェーム］接 より *than*：高度成長期でしたから、**Чем** бо́льше, тем лу́чше.「大きいことはいいことだ」といわれて育ちましたが、わたしは小さいもののほうが好きです。本でもコンピュータでも、なるべく小型サイズを選びます。さらに分量も少ないほうがよくて、外食すると分量が多くて困ります。

* **че́рез** ［チェリス］前 ＋対 ～を通して *through*：かつて旧ソ連の郵便事情は非常に悪かったので、確実に届けたいときにはпереда́ть письмо́ **че́рез** дру́га「友人を通して手紙を渡す」ことがよくありました。そこまでしなくても、外国から送るよりは国内から送ったほうがマシだろうと考えるらしく、現地に出かけることが多かったわたしは、よく頼まれました。あるとき依頼された手紙は宛名がラテン文字で書いてあり、それを見たモスクワの郵便局員が「これは外国に送るのか？」といわれて驚きました。よく見てくださいよ、ペテルブルグって書いてあるじゃないですか。それとも英語が読めないんですか？

* **чёрный** ［チョールヌイ］形 黒い *black*：ミハイル王子はУ него́ **чёрные** во́лосы.「黒い髪をしています」。ファッションにはそれなりに気を遣っている王子ですが、髪を染めることには興味がないようです。自分の黒髪の美しさに気づかずに色を変える人が多い中、王子は一貫しています。そんなところも、映画館で知り合った女の子はうれしいのです。

чёрт ［チョールト］男 悪魔 *devil*：これを使った口語や俗語はたくさんありますが、中でも驚きや不満を表わす**Чёрт** возьми́!「ちくしょう」は教科書にも出てくるくらいですから、もっとも無難な罵り言葉なんでしょう。それでもあまり使わないほうがいいですよ。

четве́рг ［チトヴェールク］男 木曜日 *Thursday*：現在、У нас семина́р по **четверга́м**.「わたしたちのゼミは毎週木曜日にあります」。受講生はヨーロッパ・ロシアの「マイナー」言語について交代で発表していきます。今週はルーマニア語、来週はラトビア語というように、多様な言語に触れることができるのです。

четвёртый ［チトヴョールトゥイ］ 数 **4番目の** *forth*：わたしのロシア語人生を振り返ってみますと、大学院を卒業するまでが**часть пéрвая**「第1部」、大学で教えるようになるのが**часть вторáя**「第2部」、その後フリーランスの語学教師となるのが**часть трéтья**「第3部」でしょうか。だとすれば、フリーランスから再び大学教師となってゼミを担当するようになった現在は、ロシア語人生の**часть четвёртая**「第4部」です。

четы́ре ［チトゥィーリェ］ 数 **4** *four*：**четы́ре** человéка「4人」で遊ぶゲームといえば麻雀ですよね。わたしも高校生のころは面白がって多少はやりましたが、大学生になったのをキッカケに止めました。以来、その手の遊びは一切しません。

четы́реста ［チトゥィーリスタ］ 数 **400** *four hundred* → сто

четы́рнадцать ［チトゥィールナッツァチ］ 数 **14** *fourteen* → оди́ннадцать

* **числó** ［チスロー］ 中 数 *number*：大学院時代は**двóйственное числó**「両数」を研究していました。古い時代のロシア語には**еди́нственное числó**「単数」でも**мнóжественное числó**「複数」でもない、2つだけを示す両数というカテゴリーが存在しており、そのことを調べていたのです。当時、是非とも参考にしたかったのが *Истóрия двóйственного числá в рýсском язы́ке*『ロシア語における両数の歴史』という専門書でしたが、ウラジーミルという地方都市の出版で、しかもたったの1000部しか印刷しなかったので、図書館ですら見かけない稀覯本でした。八方手を尽くしたのですが、とうとう見つかりませんでした。それが先日、海外の古書店を通してやっと入手することができたのです。実に35年ぶりの出合いです。

чи́стый ［チーストゥイ］ 形 **きれいな、清潔な** *clean*：べつにオシャレじゃなくていいんです。**чи́стая** одéжда「清潔な服装」を心がけさえすれば、それで充分ではないですか。こう見えて、洗濯は頻繁にしているのですよ。着替えが少ないこともありますけど。

чита́ть ［チターチ］不完, **прочита́ть** ［プラチターチ］完 読む *read*：Моя́ жена́ мно́го **чита́ет**.「うちのカミさんは読書家です」。とにかく本を読んでいます。だいたいはミステリーですが、怪談やホラーも好きで、さらに読書後にはその恐怖話をわたしに話して聞かせるのです。ああ、今夜も眠れそうにありません。

＊**что** ［シトー］代 なに *what*：外国語の入門書には**Что** э́то?「これはなんですか」という例文が必ず出てきます。ところがこれに相応しい会話文を作るのは一苦労です。入門書ですから難しい単語は使えません。でも一目見れば分かるようなものを尋ねるのはバカげています。さてどうするか。ここが教科書ライターの腕の見せどころです。

＊**что́бы** ［シトーブィ］接 〜するように *in order to*：本人の意向を完全に無視して**Роди́тели** хотя́т, **что́бы** сын стал врачо́м.「両親は息子を医者にしたがっています」というようなことがよくあります。それに素直に従う息子も少なくありません。一方わたしは、父親の仕事だけは絶対に継ぎたくありませんでした。それを貫いたことが誇りです。

что́-нибудь ［シトーニブチ］代 なにか *anything*：原稿の依頼のときに困るのがНапиши́те **что́-нибудь** интере́сное.「何か面白いものを書いてください」というもの。そりゃこちらもプロですから書きますけどね、そちらも少しは企画を立ててくださいよ。

＊**что́-то** ［シトータ］代 なにか *something*：授業中 Она́ отве́тила **что́-то**.「彼女はなにか答えました」が、わたしには聞こえませんでした。声の小さい学生は本当に困ります。しかも最近はマスクをしているので、聴き取るのがさらに大変です。

чу́вство ［チューストヴァ］中 感覚、感情 *sense*：У него́ нет **чу́вства** ю́мора.「彼にはユーモアのセンスがない」という人に限って、駄洒落とかいいたがるんですよね。大学教師に多いです。

чу́вствовать ［チューストヴァヴァチ］不完, **почу́вствовать** ［パチュー
ストヴァヴァチ］完 感じる *feel*：具合が悪くなったあとで、心配してくれ
た人からКак вы себя **чу́вствуете**?「ご気分はいかがですか」と聞かれた
ら、ふつうはよくなりましたっていいますよね。そういわなきゃならない
空気を感じて、気分がさらに悪くなるのです。

чуть ［チュッチ］副 わずかに *a little*：「ちょっと」に音が似ているので、な
んとなく覚えやすい。「ほんの少し」は**чуть-чуть** ［チュッチチュッチ］。

шаг ［シャーク］男 一歩 *step*：外国語学習は**шаг за ша́гом**「一歩一歩」進
むことが大切だといわれています。それはそうですが、ときには集中的に
勉強することも必要です。現地に出かけるのもいいですが、朝から晩まで、
自宅で外国語漬けになる日を作るのはいかがですか。

ша́пка ［シャープカ］女 帽子 *cap*：ロシアに赴任していたアベちゃんから
聞いた話。寒い冬の日、без **ша́пки**「帽子をかぶらずに」出かけようと
したら、下宿のおばさんに叱られたそうです。そんなことをしたら脳味噌
が凍ってしまうとか。本当でしょうか。でもアベちゃんなら凍るかも。

шар ［シャール］男 球 *sphere, ball*：地図にはいろいろな図法がありますが、
どれにも利点と欠点があります。モルワイデ図法は面積が正しいですが、
大陸の形が歪んでしまいます。正距方位図法も大陸の形は歪むものの、中
心からの距離と方位が正確です。メルカトル図法は経度と緯度の角度がい
いですが、赤道から離れるほど面積が広がってしまいます。どれも一長一
短なのです。結局、земно́й **шар**「地球」を平面で完全に表すことは不可
能で、だからいろんな図法が共存して、お互いに補い合っているのです。
同じことが文法にもいえると思います。1つの文法理論だけで世界のあら
ゆる言語を説明することはできません。ここはやはり図法と同じく、いろ
んな理論が共存してほしいですね。

шестна́дцать ［シスナーッツァチ］数 16 *sixteen* → оди́ннадцать

шесто́й ［システローイ］数 6番目の *sixth*：**шесто́е** чу́вство「第6感」って、やっぱりなんだかある気がします。とくに悪い予感は当たりますから。

шесть ［シェースチ］数 6 *six*：ミハイル王子は結局のところ、Он учи́лся в университе́те **шесть** лет.「彼は大学で6年間在学していました」。医学部でもあるまいし、勉強が大好きだったのか、はたまた小学校と間違えていたのか。とにかくなんとか卒業できました。

шестьдеся́т ［シェズィヂスィャート］数 60 *sixty* → де́сять

шестьсо́т ［シスソート］数 600 *six hundred* → сто

широ́кий ［シローキイ］形 広い *wide*：モスクワに行くと、その**широ́кая** доро́га「広い道路」に圧倒されます。都会っ子のわたしにはもちろんうれしいんですが、それにしても歩行者は信号が青の間に渡れるのか心配でした。でもそんな疑問はすぐに解決します。モスクワは道が広い分、歩行者用の地下道も充実しているのです。

шко́ла ［シコーラ］女 学校 *school*：わたしの教え子たちはсре́дняя **шко́ла**「中学・高校」時代が楽しくなかった者が多数を占めます。かくいうわたしもその1人。勉強にもスポーツにも興味がなく、退屈な日々を過ごしていました。でもそのおかげで、大学時代が充実したのだと自負しています。

шту́ка ［シトゥーカ］女 個 *piece*：この単語1つでпять **штук** яи́ц「卵5個」、пять **штук** карандаше́й「鉛筆5本」、пять **штук** тетра́дей「ノート5冊」のように幅広く使えます。一方で日本語は「個」「本」「冊」などを使い分けなければなりません。ところが最近はなんでも「個」で済ませてしまう人がいます。「わたしは弟より5個年上だ」なんていうのを聞くと、表現が貧しいなあって思ってしまいます。

шум［シューム］男 物音 *noise*：授業中は**шум в кла́ссе**「教室の雑音」が好きです。シーンとしていたら、それはみんなが居眠りしている証拠。それよりも授業に触発されて、隣の人と話がしたくなるほうがずっとうれしい。だってことばの話をしているんですから。ということで、遠慮なくガヤガヤしてください。

шу́тка［シュートカ］女 冗談 *joke*：なんでもかんでも**Э́то шу́тка.**「冗談だよ」で済まされてはかないません。しかも言語文化が違うと、笑いのツボが分からなくて困ります。冗談が分からない人と思われたくはありませんが、心の中で**Мне не до шу́ток.**「冗談じゃないよ」と呟くこともありました。こういう場合は複数形を使います。

щека́［シィカー］女 頬 *cheek*：ロシアやヨーロッパでは**поцелова́ть в щёку**「頬にキスをする」のがとても自然です。アンナおばさんもキスが大好き。会うたびにわたしの頬にキスをしようと抱きついてきます。親愛の情はうれしいのですが、人前でやられるとちょっと恥ずかしいのが本音です。でも力が強いから、逃げ出せません。

щётка［シィョートカ］女 ブラシ *brush*：小田空のマンガ『目のうろこ』の中に、チェコでホームステイする著者が、きれいに整えられた部屋とは対照的に、使い古されて歯の欠けた**щётка для воло́с**「ヘアブラシ」が大切に使われていることに感動する話があります。これに触発されたわけではないのですが、わたしも歯の欠けたスケルトンブラシを、相変わらず使っています。10代で買ったものですが、なんとなく捨てられません。そういうものが周囲にたくさんあります。

政治家が多すぎる！

ロシア人の名字にはвで終わるものが多いです。Горбачёвのほかにも、ブレジネフБре́жнев、アンドロポフАндро́пов、メドベージェフМедве́девなどが挙がります。最後は「フ」の音。

またинで終わる名字もいろいろありまして、こちらはレーニンЛе́нинのほか、スターリンСта́лин、エリツィンЕ́льцин、プーチンПу́тин……。

ロシアは政治家のイメージが強すぎます。かつて勤めていた大学で、わたしの顔を見るたびに当時の大統領だったエリツィンの話をする外国語教授がいまして、正直なところ閉口しました。その教授は根っからの政治好きで、学内政治にも熱心でした。

もうすこし楽しい話をしましょうよ。人名と食べ物の関係はいかがですか。

бефстро́ганов
ビフストローガナフ
ビーフストロガノフ

細切りの牛肉を玉ねぎやキノコといっしょに炒めてサワークリームのソースで和えたこの料理は、日本でもけっこう知られています。ストロガノフСтро́гановはロシア人の名字です。ビーフストロガノフの語源は、貴族のストロガノフが考案したとか、美術アカデミー総裁のストロガノフにちなんでつけたとか、諸説あるようです。

シャリャーピンステーキというのもあります。Шаля́пинは20世紀初頭に活躍したロシアのバス歌手でしたが、来日の際、歯痛に悩む彼のために、帝国ホテルのシェフが牛肉をおろしタマネギに漬け込み、柔らかくしたステーキを出し、それ以来、彼の名前にちなんでシャリャーピンステーキとして知られるようになりました。ということは、日本生まれの料理なんですね。

でもロシア料理といったら、やっぱりこれでしょう。

борщ
ボールシー
ボルシチ

最後の文字щはшと違い、右下に小さな「しっぽ」がついています。なんて微妙なんでしょう。どんな音を示すかといえば、静かにしてほしいときにいう「シー！」に似た感じで、さらに微妙です。

Хрущёв
フルショーフ
フルシチョフ

同じщの文字がソビエト時代の首相の名字にもあります。日本ではフルシチョフとして知られており、どうやらщの音は日本語で「シチ」と表すようですね。

あれ、やっぱり政治家の話になってしまってる。今夜はいったいどんな夢を見るんだろう……。

экза́мен ［エグザーミン］ 男 試験 *examination*：未来の大学院生へ。ここまでいろいろお話してまいりました。否定的な意見も多くありましたが、それでも大学院で勉強したいとお考えでしたら、覚悟して進んでください。大学院で勉強するためにはしっかりとした卒業論文を書くことと、сдать **экза́мен**「試験に合格する」ことです。とくに**экза́мен по иностра́нным языка́м**「外国語の試験」では、あなたが実力のあることをしっかりと示してください。なお最近は卒業論文や試験を求めない大学院もあります。わたしには信じられませんが、それを判断するのはあなたです。

эконо́мика ［エカノーミカ］ 女 経済、経済学 *economy, economics*：大学時代、経済学の授業は1つも履修しませんでした。現代社会を生きていく上で欠かせない知識といわれますが、どうにも興味が持てなかったのです。**Но́белевская пре́мия по эконо́мике**「ノーベル経済学賞」も理解できません。功績を称えるべき学問分野は、もっと他にもあるのではないでしょうか。◆**экономи́ческий** ［エカナミーチスキイ］ 形 経済の *economic*：いくら経済学に興味がないからといって、自分の**экономи́ческое положе́ние**「経済状態」には責任を持たなければなりません。わたしの方針は1つだけ。稼ぐ以上に使わないこと。

эне́ргия ［エネールギヤ］ 女 エネルギー、活力 *energy*：いつでもс большо́й **эне́ргией**「元気いっぱい」のアンナおばさん。この単語集でもたくさん活躍していただきました。いろいろ面倒なことはありますが、彼女のそばにいると、こちらも元気で楽しくなります。

эта́ж ［エターシ］ 男 階 *floor*：エレベータに乗ったらНа пя́тый эта́ж.「5階です」のように対格を使ってお願いします。ヨーロッパでは1階に当たるところがthe ground floorで、2階がthe first floorということもありますが、ロシアは日本と同じですから、混乱することはありません。

エЮЯ

＊**э́то** ［エータ］ 代 **これ**、**それ** *this*：あいさつ以外で最初に覚えたロシア単語かもしれません。このあとに単語を置けば、なんだって表現できます。Секре́т.「秘密です」だけでは英単語を発音しているみたいですが、これが **Э́то секре́т.**「それは秘密です」になると、急にロシア語らしい表現になる気がしませんか。

＊**э́тот** ［エータト］ 代 **この** *this*：ロシア語でも **э́тот свет**「この世、現世」に対して **тот свет**「あの世、来世」。こういうところはロシアも日本も同じ発想のようです。

ю́ность ［ユーナスチ］ 女 **青春時代** *youth*：未来の大学院生へ。大学院時代の友人マスダに再会しました。実に20年ぶりです。久しぶりに飲み交わしながらあれこれ思い出を語り合っていると、彼が突然、あのころは **на́ша ю́ность**「俺たちの青春時代」だったよなと、少し恥ずかしそうにいいました。わたしも恥ずかしいけど、こればかりは認めざるをえません。大学院は学位をとるためだけの場所ではないのです。自分では意識していませんでしたが、わたしが未来の大学院生にもっとも伝えたかったのは、このことなのかもしれません。

юг ［ユーク］ 男 **南** *south*：東ヨーロッパの **на ю́ге**「南に」、かつてユーゴスラビアという国がありましたが、「ユーゴ」の部分はこの単語と関係があります。ロシア語で書くと **Югосла́вия** ですが、ユーゴスラビアのセルビア語では Jyгославиja と綴ります。ю が jy、я が ja となるのが面白いですね。ちなみにセルビア語は、キリル文字でもラテン文字でも書くことができ、ラテン文字なら Jugoslavija です。

カレーは飲むもの、
ボルシチは食べるもの

ロシア料理の定番といえばборщ。赤い色をしたあのスープです。ロシア料理として有名ですが、その発祥はウクライナだともいわれています。

昨晩、最後の文字щは静かにしてほしいときにいう「シー！」に似た感じだとお話ししました。つまり「ボールシー」という感じなのです。

ボルシチに欠かせないのがビート。あの赤い色はビートでして、トマトスープではありません。もちろんトマトを入れてもいいし、ジャガイモ、ニンジン、タマネギ、キャベツなどが入ることもあります。肉も牛肉のほか、豚肉だって使います。地方ごとにさまざまな変種があるのです。

日本ではスープやみそ汁は「飲む」といいますが、ロシア語では違います。

Я ем борщ.
ヤー イェーム ボールシー
わたしはボルシチを食べます。

具がたくさん入ったボルシチは、「食べる」のほうが相応しいのではないでしょうか。емは「食べる」という意味の動詞の単数1人称形。знаю「知っている」やчитаю「読む」と違って、юで終わらないのは不規則活用だからです。

それにしても、フリガナは［ボールシー］なのに、日本語ではどうしてボルシチなんでしょうね。щの文字はモスクワでは［シー］なのですが、ペテルブルグなどでは［シチ］と発音します。ボルシチはかつてペテルブルグがロシア帝国の首都だった頃に日本に紹介されたため、そうなったのではないかと考えられます。フルシチョフも同じ原則でしょうか。

［シー］と［シチ］の2つの発音のうち、ロシアでは現在［シー］のほうが優勢となっており、外国人にも「シー」という音を教えます。

щи キャベツスープ
シー

本当はキャベツだけじゃなくて、ホウレンソウなども入り、場合によっては肉が入ることもあるようです。これも具だくさんなので、動詞はやはり「食べる」です。щиを日本の露和辞典で引くと「シチー」という訳語があてられていますが、それで分かる人は限られていますし、分かっていれば引きませんよね。ちなみに、英語のstewとは関係ありません。

カレーは飲み物といった豪傑がいましたが、ボルシチやシチーはよく噛んで食べることをお勧めします。

消化が悪いとよく眠れませんからね。

я ［ヤー］ 代 わたし *I*：教え子たちがペテルブルクを何人かで歩いているう
ちに、道が分からなくなってしまいました。スマホによるナビゲーション
なんか存在しなかった1990年代のことです。一人が勇気を出し、代表し
て道行くおばあさんに話しかけます。Скажи́те, пожа́луйста, где **я**?
「少々伺いますが、わたしはどこにいるんでしょうか」。おばあさんは笑い
ながら教えてくれたそうです。でも文法は完璧だし、何よりも質問の前に
Скажи́те, пожа́луйста「少々伺いますが」をつけたところが素晴らしく、
この話を聞いたわたしは、笑うどころか胸が熱くなりました。

я́блоко ［ヤーブラカ］ 中 りんご *apple*：ロシアの諺に **Я́блоко** от я́блони
недалеко́ па́дает.「リンゴはリンゴの木の近くに落ちる」というのがあり
ます。この親にしてこの子あり、といったところでしょうか。でもわたし
というリンゴは、落ちたときにコロコロ転がったのか、木からずいぶん離
れてしまいました。

┌─ フルーツ盛り合わせを彩る7つの果物 ─────
анана́с「パイナップル」、арбу́з「スイカ」、виногра́д「ブドウ」、гру́ша
「ナシ」、ды́ня「メロン」、пе́рсик「モモ」、я́года「イチゴ」。анана́сが
苦手です。子どものころに沖縄へ行って食べ過ぎてしまい、それ以来ダメ
なのです。そこで悟ったのは、単語は好きなものと同じくらい、嫌い
なものを覚えておく必要があること。苦手なものは避けたいですからね。

явля́ться ［イヴリャーッツァ］ 不完 , **яви́ться** ［イヴィーッツァ］ 完 ある、
現れる *appear*：いつもは遅刻ばかりのミハイル王子が、Сего́дня о́н
яви́лся во́время.「今日は時間どおりに現れました」。いったいどうした
のでしょうか。いえいえ、彼も大人になったのです。彼の将来に期待しつ
つ、おバカな王子の物語はこれで終わりといたしましょう。

* **язы́к** ［イズィーク］ 男 言語 *language*：わたしは現在、институ́т иностра́нных языко́в「外国語大学」に勤めています。ロシア語のほかに言語学を教えているのですが、学生たちはさまざまな外国語を学んでいて、そのためいろんな発想が飛び出します。外国語を学ぶ人こそязыкозна́ние「言語学」を学んでほしいです。

яйцо́ ［イィツォー］ 中 卵 *egg*：あるフランス映画を観ていたら、主人がメイドにсвари́ть **яйцо́** всмя́тку「卵を半熟卵に茹でる」にはお湯が沸騰してから3分半がちょうどいいのだと強調する場面があり、それからは自分でも3分半を守っています。でも本当に好きなのはяи́чница「目玉焼き」で、これは寺村輝夫『おしゃべりなたまごやき』の影響でしょう。

янва́рь ［インヴァーリ］ 男 1月 *January*：アンナおばさんはс января́ э́того го́да「今年の1月から」探偵事務所に勤めることになりました。いよいよ本格的に仕事を開始するわけですね。頑張ってください。でも遅刻と派手過ぎる服装はダメですよ。

япо́нец ［イポーニツ］ 男 ／**япо́нка** ［イポーンカ］ 女 日本人 *Japanese*：確かにЯ **япо́нец**, моя́ жена́ то́же **япо́нка**.「わたしは日本人で、妻も日本人です」し、それぞれ外国語を教えています。でも日本語は教えられません。日本人というだけで、日本語が教えられるわけではないのです。

япо́нский ［イポーンスキイ］ 形 日本の *Japanese*：Мой родно́й язы́к — **япо́нский**.「わたしの母語は日本語です」。いくら外国語を学んでも、母語を超えることはありません。それでも外国語を学ぶことによって、母語そのものが豊かになります。わたしはロシア語をはじめとするさまざまな外国語を学びながら、日本語の文章修業をしてきました。

　　さて、この単語集は日本語の文章修業に役立つのでしょうか。そもそもロシア語学習の参考になりましたか。これは読者のみなさんに委ねるしかありません。

エюя

めったに使わない文字を集めてみた

「ロシア語深夜便」もこれが最終夜。今夜は長めなので、少し夜更ししていただきます。

＊　　＊　　＊

ここまで紹介してきた文字は32字です。ロシア語で使う文字は33字ですから、残るはあとたった1つ。

とはいえ、これは覚えなくてもいいかもしれません。だって、めったに出てこないんです。この文字を使わなくても、ロシア語の入門書どころか、かなり高度な文法書すらまとめることができちゃいます。でも、そういわれるとかえって興味をそそられるかもしれませんから、きちんと紹介しておきましょう。

ъ

すでに紹介したьによく似ていますね。ьは前の音を変える記号でしたが、ъもやっぱり記号でして、そのため単語のはじめに来ることはありません。ここでは小文字だけにしておきましょう。

ъは分離記号です。前の子音と後の母音を離して発音するときに使います。

パドョーム
ПОДЪЁМ 上昇

もしъがなければ［パヂョーム］みたいに読んでしまいますよね。そうならないために、ъの記号が活躍するのです。

この記号は意外なところで使えます。日本人の名前です。たとえば「健一」でしたら、Кенъитиのようにнとиの間にъを置きます。そうすれば［ケニチ］にならなくてすみます。

それでもこの記号が使われることは本当に少ないんです。米重文樹編『パスポート初級露和辞典』（白水社）は理想的な学習辞典で、ここには初級から中級で必要な約7000語が収められていますが、この辞典の見出し語中でъが含まれる文字はたった33語。全体の0.5％以下です。

въезд, въездной, въезжать, въехать, объединение, объединённый, объединить, объединиться, объединять, объединяться, объезжать, объект, объективный, объём, объявить, объявление, объявлять, объяснение, объяснить, объясниться, объяснять, объясняться, отъезд, подъезд, подъезжать, подъём, подъехать, субъективный, съезд, съездить, съезжать, съёмка, съесть

ちょっと挙げすぎでしょうか。この中からいくつか取り上げてみましょう。

съезд 大会
<ruby>съезд<rt>スイェースト</rt></ruby>

ソ連はсъездが多く、парти́йный съезд「党大会」とか、всесою́зный съезд「全ソ大会」、さらにはСъезд наро́дных депута́тов СССР「ソ連人民代議員大会」といった、長ったらしい名称がたくさんありました。

最後の音にも注目しましょう。съездの発音は［スイェースト］で、まるで末尾がстと綴られているかのようです。

ロシア語ではГорбачёвのように、最後がвなのにフと読むようなことがこれまでもときどきありました。ロシア連邦第2の都市Санкт-Петербу́ргは［ピチルブールク］のように発音し、最後がグじゃなくてクとなります。その旧名レニングラードЛенингра́дは［リニングラート］のように最後がト。こういうのを有声子音字の無声化というのですが、съездは最後の1文字だけでなく、2文字揃って無声化しています。

по́езд 列車

これも最後の2文字が無声化しています。さらにウダレーニエのないеは発音がイになっていますね。

めったに使わないъを、これほど取り上げる本も珍しいでしょう。ふつうはめったにお目にかかりません。四葉のクローバー並みです。

それでも、ひょっとするとъがたくさん使われている文を目にすることがあるかもしれません。その場合には、2つの可能性が考えられます。

ひとつは1918年の正書法改革以前に書かれたもの。その頃のロシア語では、単語の最後にъがたくさん使われていました。18世紀の詩人ロモノーソフの作品の一節にПесчинка какъ въ морскихъ волнахъ... というのがありますが、現代ロシア語の正書法に合わせれば、最後のъはすべて削除の対象です。

もう1つは、ъがあまりに多い文はロシア語でないことも考えられます。

次の例はブルガリア語です。

Бълга́рия ブルガリア

ブルガリア語ではъが母音を示しますので、よく出てくるんです。ブルガリア語の入門書で調べたところ、ъは英語のherのeの音に近いと説明されていました。

この深夜便はロシア語以外も登場するんですねえ。ロシア語だけでなく、他の外国語にまで夢を広げたいのです。

＊　　　＊　　　＊

こうして、曲がりなりにもロシア語の文字がひと通り読めるようになりました。この続きはロシア語でも、あるいは他の外国語でも構いませんので、ご自身で工夫しながら、勉強していってください。　　　　　　（完）

エッセイ集としてのあとがき

　担当編集者からあとがきを書くようにいわれました。解説がなければ理解できないほど、本書は難解なものではないはずですが、ページが余っているようですし、最後に1つ言い訳をしましょう。

　本書の特徴は愚痴が多いことのようです。そんなつもりはまったくないのですが、日常を綴っていると、そんな印象を与えてしまうらしい。

　それもいいではありませんか。

　愚痴は文化かもしれません。夏目漱石も野村克也も、みんな愚痴っぽかったのです。ところが最近は前向きな至言が好まれるようで、本書も明るい話題を増やしてほしいという声がありました。それをサラリと無視した結果、こんな本になったわけです。

　学生たちは授業中のわたしの愚痴を、楽しそうに聞いてくれます。本書を読めば、相変わらずだな、とか、授業中よりおとなしいじゃん、とかいって、笑ってくれることでしょう。これは心の余裕です。

　現在の大学の授業には余裕がありません。雑談をする教師は少数派で、外国語講師の多くが淡々とカリキュラムを進めるだけ。その傾向はオンライン授業が導入されてからますます強まり、消化しきれないほどの知識を無駄なく詰め込んでくださる効果的な授業のおかげで、学生はヘロヘロなのです。

　そんな中でロシアに関する知識とか、外国語学習へのヒントとか、ときには日常の愚痴とか、いろんな要素がにぎやかに詰まっている授業は、学生にとって目先が変わって面白いのでしょう。あるいはくだらない話の間は休憩しているのかもしれません。しかし休憩だって余裕です。

　夏目漱石や野村克也はいつまでも人の心に残っています。本書が読者の心になにか残せれば、愚痴も無駄ではないことの証になりそうです。

単語集としてのあとがき

　外国語単語集のあとがきなんて聞いたことがありません。何を書けばいいのでしょうか。

　最初にもご注意申上げましたが、本書に実用性だけをお求めの読者は、ご不満の多かったことでしょう。その結果、いまは自ら単語集を作ろうという闘志に燃えているのではないでしょうか。自分だったら、こんなヘンテコな本より数倍優れた単語集をまとめてやる！　そう、その意気です。しかも読者は自分だけですから、他に配慮する必要はありません。独善的で偏っている単語集でいいんです。ヘンに気を遣いすぎて、多くの意見が平均化された参考書は頭に入りません。思想がないからです。では思想とはなにかといえば、そもそも思想は愚痴でして……、あ、やめましょうね。

　単語集を作るためには本来、頻度数データが必要です。しかし自分用でしたら、市販の単語集や入門書巻末の語彙を参考にして、単語を選ぶといいでしょう。これはどんな外国語にしても同じです。かくして語学書がまた売れる。みんなウインウイン。既存のものに満足せずに、自分であれこれ工夫する。これこそが外国語学習なのですね。

　とはいえ、本書はわたしひとりで作ったわけではありません。ロシア語は藤枝・グトワ・エカテリーナさんにチェックしていただきました。また大修館書店企画推進部の富永七瀬さんからは、どの辺りが面白くて笑えるかという貴重なご意見をたびたびいただきました。おかげで書くときの励みになりました。ここに感謝します。

2022年9月

黒田龍之助

[著者紹介]

黒田龍之助（くろだ　りゅうのすけ）
1964年東京都生まれ。上智大学卒業。東京大学大学院修了。スラブ語学専攻。現在、神田外語大学特任教授、神戸市外国語大学客員教授。主な著書に『ニューエクスプレスプラス ロシア語』『つばさ君のウクライナ語』『寝るまえ5分の外国語』『外国語の水曜日再入門』『ロシア語の余白の余白』『羊皮紙に眠る文字たち再入門』『チェコ語の隙間の隙間』『寄り道ふらふら外国語』（以上、白水社）、『初級ロシア語文法』『初級ウクライナ語文法』『ぼくたちの外国語学部』（以上、三修社）、『ロシア語だけの青春』（現代書館）、『はじめての言語学』（講談社現代新書）、『外国語をはじめる前に』（ちくまプリマー新書）、『ポケットに外国語を』（ちくま文庫）、『外国語を学ぶための言語学の考え方』（中公新書）、『物語を忘れた外国語』（新潮文庫）など。

[ロシア語校閲者]

藤枝・グトワ・エカテリーナ
ノボシビルスク生まれ。現在、東京大学特任講師。

にぎやかなロシア語メモ
あるいは眠られぬ夜の外国語のために
© KURODA Ryunosuke, 2022 　　　　　　　NDC880／iv, 221p／21cm

初版第1刷 ―――― 2022年12月10日

著　者―――― 黒田龍之助
発行者―――― 鈴木一行
発行所―――― 株式会社 大修館書店
　　　　　　　〒113-8541 東京都文京区湯島2-1-1
　　　　　　　電話03-3868-2651（販売部）／03-3868-2293（編集部）
　　　　　　　振替00190-7-40504
　　　　　　　[出版情報] https://www.taishukan.co.jp

装幀・本文デザイン＆組版 ― 渡辺夏子（明昌堂）
印刷所―――――――― 八光印刷
製本所―――――――― ブロケード

ISBN978-4-469-21392-8　　Printed in Japan